Leben und Sterben aus medialer Sicht

Von Harald Knauss

Edition ElfenOhr

Copyright 2008 Harald Knauss, Edition ElfenOhr,
Fischmarkt 3, 77652 Offenburg
Lektorat: Hans Wulf von Uslar
Grafik und Satz: Patricia Stöhr
Fotos: Harald Knauss
Zeichnungen S. 20, 36, 121–123: Ursula Schäfferer
Titelbild: Herbst am See, Ölgemälde von Harald Knauss
Druck: druckhaus köthen GmbH, 06366 Köthen/Anhalt
ISBN 978-3-9812332-0-9

homepage: www.mediale-welten.com

Printed in Germany, 2008

Inhalt

Vorwort 7

Einführung 9

1. Die Seele, der unsterbliche Aspekt eines Wesens 15
1.1 Übungen um das Seelenbewusstsein zu stärken 40

2. Warum diese Angst vor dem Tod? 43
2.1 Angst vor dem Gericht 50
2.2 Angst vor Verlust des Körpers 53
2.3 Ängste aus vergangenen Leben 55
2.4 Angst vor dem Unbekannten 57
2.5 Angst vor Vorstellungen und Bildern 59
2.6 Angst vor den Jenseitigen 61
2.7 Angst vor Trennung, Isolation, Verlust und Einsamkeit 64
2.8 Übungen für die Ängste 66

3. Den Blick auf die Wiederauferstehung richten 73
3.1 Übungen: „Der Blick nach vorne“ 83

4. Das Leben als Wanderschaft 85
4.1 Die vier Wege des Sterbens in der Astrologie 102
4.2 Übung zum Prozess der Ein- und Auskleidung 109

5. Die drei großen Phasen des Sterbeprozesses 111
5.1 Die Rückerstattung – Phase I 113
5.1.1 Die drei Lebensfäden 115
5.1.2 Die drei Austrittspforten 118
5.1.3 Das ätherische Doppel 120
5.2 Die Läuterung – Phase II 124
5.2.1 Prozess der Läuterung 126
5.3 Die Vereinigung – Phase III 129
5.4 Praktische Konsequenzen für unser Denken 131

6. Zeiten – Zyklen – Krisen 137
6.1 Bewusstsein und Zeit 137
6.1.1 Übungen zum Thema Zeit 158
6.2 Die Lebenszyklen 160
6.2.1 Übungen zu den Zyklen 173
6.3 Lebenskrisen 175
6.3.1 Übung zum Thema „Krisen“ 192
6.4 Schattenarbeit 193
6.4.1 Übung zum Thema Schatten 202

7. Medialität, die Brücke zur anderen Seite 203
7.1 Rationales und ganzheitliches Denken und Wahrnehmen 207
7.2 Was ist ein Medium? 212
7.3 Sterben aus medialer Sicht 219
7.4 Die Erwerbung medialer Fähigkeiten 224
7.5 Die spirituelle Grundlage der Medialität 227
7.6 Beispiele aus der Praxis 229

8. Abschluss 235

Anhang 240
Bibliographie 240
Vita des Autors 241
Informationen und Kurse 242

Widmung

Dieses Buch möchte ich meinen Lehrern und Inspiratoren widmen, die stets ihren ureigenen Weg gegangen sind, die ihr Leben gewagt haben und zur Verwirklichung brachten, gleich wie die öffentliche Meinung dazu auch stehen mochte. Da sind zunächst jene Menschen zu nennen, die ich nicht persönlich gekannt habe, aber deren Denken mich tief inspiriert hat. Das ist an erster Stelle Herman Hesse, der mir als Jugendlicher die träumende Magie des Lebens eröffnete und dessen „Eigensinn" mich faszinierte; August Äppli, dessen Idee von den „Lebensordnungen" mich tief inspirierte; Albert Schweitzer, dessen Kulturkritik mich auf den Weg brachte und dessen Ethik mir Orientierung wurde; Herman Wirth, dessen Forschungen mir die uralten Wurzeln der eigenen Kultur näher brachten; Alice Bailey, deren Wissen eine ewig sprudelnde Quelle für mein Bewusstsein in diesem Leben sein wird.

Dann gibt es jene Menschen, denen ich das Glück hatte, persönlich zu begegnen. Da ist mein Gitarrenprofessor Mario Sicca zu nennen, der mit seinem Spürsinn für Potenziale mir die meinen eröffnete und für den Musik vor allem lebendige Philosophie ist; der Astrologe und Künstler Thomas Ring, dessen Denken mir einen Blick für das große Ganze gab; meine wunderbaren englischen medialen Freunde Margaret Pearson, Mary Duffy, Ray Williamson, Chris Batchelor und Tom Johanson, die mich meinem Seelenweg näher brachten und deren einfache, tiefe, natürliche Menschlichkeit mich begeisterte; Eugen Widmaier und Jenny Schmid, die mich das Leben genießen lehrten; die behinderten Menschen, die mich während meiner Ersatzdienstzeit zu mir selbst brachten und nicht zuletzt meine Eltern, die mich so sein ließen, wie ich bin.

Ihnen allen sei von Herzen Dank. Ich bin so, wie ich bin, aber ohne sie hätte ich nicht sein können, was ich bin.

„Tod ist der letzte Schluss der Erkenntnis,
dass wir in jedem Augenblick ins Unbekannte gehen.
Hier muss alles Klammern an Sicherheit aufhören,
und wo immer die Vergangenheit weggeworfen und
Sicherheit aufgegeben wird, wird das Leben neu.
Tod ist das Unbekannte, in dem wir alle
vor der Geburt gelebt haben."

Alan Watts

Vorwort

Mit dem Tod verbindet mich eine lange, geheimnisvolle Bekanntschaft. Als ich geboren wurde, starb die Großmutter meiner Mutter, die von allen sehr geliebt und geachtet wurde. Ich bekam wohl von diesen traurigen Umständen nicht viel mit, denn ich wuchs zu einem sehr fidelen Kind heran. Als ich zehn Jahre alt war, starb einer meiner Großväter überaus plötzlich an einer unbekannten Krankheit. Meine Großmutter kam über diesen Schicksalsschlag nie hinweg und er legte sich fortan wie eine dunkle Wolke über ihr Leben. Ihre Verbindung zum Friedhof wurde inniger als zum Leben und sie entwickelte einen mystisch übersteigerten Totenkult, der auch auf andere Familienmitglieder übergriff. Heute weiß ich, dass in dieser Familie, verborgen und wahrscheinlich auch unterdrückt, eine hohe Begabung an Kreativität und Medialität vorhanden war. Da sie sich dessen nicht bewusst waren, konnten sie nicht damit umgehen und irgendetwas Destruktives hat letztendlich von ihrem Leben Besitz ergriffen. Als ich 12 Jahre alt war, verstarb auf höchst tragische, eigentlich kuriose Weise ein junger Onkel von mir, der ebenfalls mit dieser Atmosphäre verwoben war. Ich konnte es damals nicht definieren, aber wenn ich jemals den beängstigenden Hauch des Dunklen gespürt habe, dann war es während dieser Zeit. Das gab mir alles viel zu denken und so beschäftigte ich mich schon in jungen Jahren mit Novalis, dem Dichter der „Hymnen an die Nacht", um bei ihm eine Antwort auf die Sinnfragen zu finden, die sich mir stellten. Es folgten Schriften von Meister Eckhard oder Johannes Tauler, die mich begeisterten. So begann mein langer Weg des Suchens, der mich über sehr viele spirituelle Stationen schließlich bis zur Medialität geführt hat, mit der ich in England bekannt geworden war. Zunächst betrieb ich die Studien und Schulung rein für mich selbst, zumindest war ich damals davon überzeugt. Heute weiß ich, wie die Seele mit sanfter Hand das Leben eines jeden Menschen dahin führt, wo er seine Bestimmung findet.

Ein weiterer Schritt, mich mit dem Leben und dem Sterben zu beschäftigen, war der Tod meiner anderen Großmutter. Sie hatte ein schweres, unheilbares Leiden, was mit unsäglichen Schmerzen verbunden war. Sie verlangte um Sterbehilfe, was damals aber völlig undenkbar war. So nahm sie die Sache selbst in die Hand und beschaffte sich Tabletten. Wie die Rekonstruktion nachher zeigte, hat sie wohl keinen leichten Tod gefunden, da sie zu wenig von der Wirkung der Mittel verstand. Es war für sie kein leichter Gang hinüber, einsam, in der Nacht und ohne Unterstützung. Der Aspekt der Freiheit, der unweigerlich mit Leben und Sterben verbunden ist, zog nun meine Aufmerksamkeit auf sich.

Heute haben wir ja eine aktuelle, gesellschaftliche Debatte über eben dieses Thema, die Freiheit auch im Sterben. Es soll nicht so scheinen, als würde ich mich hauptsächlich mit dem Tod beschäftigen, denn als Künstler bin ich stets dem Leben auch ganz nahe. Aber das Phänomen des Todes und des Sterbens war eine wichtige Antriebskraft für mein Suchen, auf künstlerischer wie spiritueller Ebene. Es hat dreißig Jahre gedauert, bis mich ein guter alter Freund gelehrt hat, wie wichtig es ist, das Leben auch ausgelassen zu feiern. Er hatte sich der Meinung der alten Griechen angeschlossen, dass man die Kunst Feste zu feiern beherrschen sollte, denn nur dann könne man auch sein eigenes Sterben später einmal feiern. Ich befand, dass sein Lebensmotto nicht von der Hand zu weisen war. Bei meinen medialen Lehrern in England war mir zudem stets aufgefallen, wie sie voller höchstem Humor und tiefstem Ernst sein konnten, wie sie ausgelassen in der Bar tanzen und doch kurze Zeit später einen spirituellen Gottesdienst abhalten konnten. „Medialität", in seiner Mitte, im Hier und Jetzt sein, ich begann langsam zu lernen, was das wirklich bedeutete. Spiritualität und Medialität bedeutet nicht, jemanden umzuformen, ihn zu ändern, sondern ihn dort abzuholen, wo er gerade in seinem Leben steht und mit ihm in die Mitte des Lebenskreises zu treten.

Durch die langjährige mediale und heilerische Arbeit haben sich mir viele Türen zu den Fragen des Lebens geöffnet, wurden mir viele Aspekte offenbar. Immer bewusster wurde mir, dass das Leben ohne Ende ist, dass es eigentlich keine vielen Leben gibt, sondern nur ein einziges, aber ewig fortdauerndes. Viele Gesichter mag Leben für uns haben, die Kulissen und das Stück mögen sich verändern, aber hinter allen Erscheinungen webt das Göttliche, Eine, das immer ist. So komme ich auf diesem Weg dem Mittelpunkt meines Lebens immer näher und möchte meine Erfahrungen und Erkenntnisse mit den beiden großen Kräften des einen Lebens weitergeben. Aus ganz unterschiedlichen Blickwinkeln bin ich die ewig junge Frage um den Sinn des Lebens angegangen, so dass jedes Kapitel eigentlich eine Meditation über einen bestimmten Aspekt darstellt. Theoretisch wird sich diese uralte Frage ja nie befriedigend beantworten lassen, denn der Sinn des Lebens beruht eben im Sein. Aber Worte können zur Inspiration werden, zu lebendigen Bildern, die dem Bewusstsein eines Lesers ein kreativer Anstoß zu sein vermögen auf dem Weg der eigenen Suche. Zu fast jedem Kapitel habe ich einen praktischen Teil geschrieben, der hilfreiche Übungen zum jeweiligen Thema enthält. Es ist meine Absicht, zuerst etwas im Leser anzuregen, etwas in ihm in Bewegung zu setzen, was über eine Übung dann zum inneren Erleben werden kann. Wahr und wirklich ist nur das, was wir selbst innerlich erleben.

Oberhaslach in den Vogesen, den 6.1.2008

Einführung

Die letzten Jahrhunderte haben eine enorme technische Entwicklung eingeleitet, so dass Wissenschaftler heute tiefer in die Räume des Makro- und des Mikrokosmos eindringen können. Sie erforschen die Tiefen des Meeres mit seinen fremdartigen Lebewesen und sie stoßen ins Weltall vor. All diese faszinierenden, oftmals auch beängstigenden Entwicklungen haben uns aber nicht einen Schritt näher an die Beantwortung jener uralten, grundlegenden Fragen gebracht, die da lauten:
„Was ist Leben, was bedeutet Sterben, was ist der Sinn des Lebens?"

Nach wie vor stehen diese mächtigen Fragen für jeden einzelnen von uns ungelöst im Raum und für das menschliche Kollektiv bekommen sie aufgrund der globalen Lage sogar noch drängendere Bedeutung. Wenn wir die faszinierenden, von den Raumsonden aufgenommenen Bilder unseres wunderbaren Planeten betrachten, so sehen wir ihn als ein leuchtendes blaues Juwel inmitten eines finsteren Weltalls. Unsere lebendige Erde ist ein absoluter Ausnahmeplanet. Alle anderen Planeten, die wir bisher durch wissenschaftliche Untersuchungen kennen, sind nicht in dem Sinne lebendig zu nennen, wie wir das für unsere Erde definieren. Es sind riesige, tote Planeten. Darin erschließt sich uns als Betrachter die ganze Spannkraft und Dramatik unserer Lebensfragen. Die Erde wie auch jedes einzelne Lebewesen ist objektiv, materialistisch gesehen ein verschwindend kleiner Punkt innerhalb des großen Weltalls. Eigentlich sind wir angesichts der äußeren Dimensionen ein winziges „Nichts" und doch sind wir alles, da sich in und durch uns die Macht des Lebens ausdrückt. Der Grashalm, der sich durch die dichte, dunkle Asphaltdecke schiebt, mag ein gutes Bild dafür sein. Wir sind Botschafter des nie versiegenden Lebens, sind Vermittler oder im Sinne Mozarts ein „Trotzdem" in dieser Welt. Daher galt uns Menschen stets die Sonne als das große Symbol des Lebens, weil sie uns im höheren Sinne gleich ist. Auch sie ist in ihren Licht- und Wärmestrahlen eine kosmische Botschafterin des Lebens. Licht und Wärme stehen für Erkenntnis und Leben. Aber nichts ist zufällig in der Sonne, sie ist nicht einfach ein Gasofen, sondern ihr Wirken erfolgt nach bestimmten Gesetzmäßigkeiten, die sich auf der Erde als Jahreslauf ausdrücken. Es wirkt eine höhere, kosmische, aktive Intelligenz in oder hinter der Sonne. Die Sonne ist ihr Medium. Das, worin die Sonne ihre Wirksamkeit entfaltet, ist die Dunkelheit, das, was vom Licht beschienen, von der Wärme durchdrungen wird, ist die unbelebte Materie. Aus dieser Urspannung Licht/Wärme – Dunkelheit/

Kälte heraus resultiert jene Polarität für uns Menschen, die wir Leben und Tod nennen. Unsere Vorfahren erkannten in dieser Urpolarität das Abbild des ganzen Erdenlebens, denn der Wechsel von Licht und Dunkel bestimmt dieses. Das eine kann nicht ohne das andere sein und beide können sich sogar vertauschen. So können wir im hellsten Licht nichts mehr sehen und es gibt jene Dunkelheit, in der uns höchstes Bewusstsein aufgehen kann.

Der Jahreslauf war unseren Vorfahren das äußere Abbild von inneren Vorgängen. In seinem Kreis, der das Ganze und Göttliche darstellt, liegen alle Gesetze des Lebens verborgen. Wer den Kreis versteht, steht in der Einheit, weiß um Leben und Tod. Und verstehen kann ihn nur, wer in der Mitte ist. Ihm erschließt sich der Weg der Mitte, die Medialität. Der Begriff „Medialität" wurde in der modernen Esoterikszene ziemlich verwässert, da seine Wurzeln nie berücksichtigt wurden. Medialität und Jahreslauf gehörten ursprünglich zusammen. Betrachtet man die ganz frühen Bildsymbole der Menschheitsgeschichte, so sieht man, dass für unsere Vorfahren vor allem zwei magische Punkte im Jahreslauf der Sonne wichtig waren, an denen nämlich die Spannung der Polaritäten am deutlichsten wahrnehmbar ist. Das ist zum einen der Sonnenhöchststand, die Sommersonnenwende und ihr Tiefststand, die Wintersonnenwende.

Jahreslauf der Sonne

Würde die Sonne ewig steigen, so würde das Leben ebenso erlöschen auf der Erde, als wenn sie immer tiefer sinken würde. Leben beruht auf einer Balance der polaren Kräfte. Es gibt einen äußersten Grenzpunkt der Höhe und Tiefe,

wo sich die Sonne wenden muss, damit das Leben sich verwandeln und erneuern kann. Ist die Sommersonnenwende der höchste Punkt äußeren Wachstums, äußeren Entfaltens, so ist die Wintersonnenwende der höchste Konzentrationspunkt im Inneren. Was neu geboren wird, entstammt diesem Punkt, dem Samenkorn und was in dieser Welt gewachsen ist, kehrt wieder zum Samenkorn zurück. Die Sonne, damit das Leben, geht in einem schlangenförmigen Gang und das Labyrinth war das Sinnbild des Sonnenlaufes, wandelt zwischen dem engsten und weitesten Bogen.
Der ewige Kreislauf des Seins stellt sich damit als etwas dar, das nur Wandlung kennt und weder Anfang noch Ende hat. Der Lebensweg des noch nicht bewussten Menschen ist gleich dem Punkt, der um den Kreis herumwandert. Mal ist er das eine, mal das andere, ewiger Wandel. Der Weg des bewussten Menschen dagegen ist der der Mitte. Er stellt sich in diese enorme Spannung zwischen Licht und Dunkel, verbindet in sich Oben und Unten, Vorher und Nachher. Er ist, denn in ihm ist das Leben, sprich Bewusstsein, geboren. Aus der Spaltung des Kreises, Jahres oder Samenkornes entsteht das neue Jahr, das neue Leben, die neue Pflanze. Dort geschieht Leben. Wer also in der Mitte steht zwischen dem Spalt der beiden Pole, der ist Wissender des Lebens, ist Mittler oder Medium. Das uralte Symbol für Medialität oder Seherschaft war daher ein Abbild der Jahresteilung und ist das folgende:

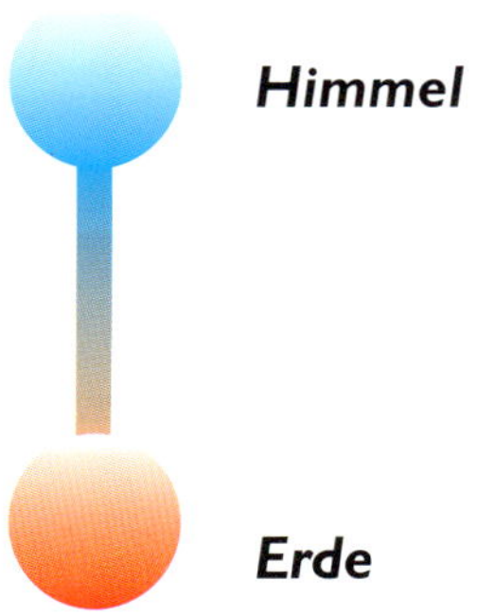

Die Fußspur Gottes

Dieses Symbol der Jahresteilung trägt auch den Namen „die Fußspur Gottes". Somit war ein Medium ein Mensch, der der Fußspur Gottes nachfolgte. Er verband in sich die Kenntnis von der Höhe, also der geistigen Welt, wie auch von der Tiefe, der natürlichen Welt. Er war vertraut mit den Gesetzen des „Lebens-Wandels", dem Gesetz der ewigen Wandlung. Magische Fähigkeiten, Hellsinne usw. resultierten nicht aus einer angeborenen Sonderbegabung, sondern waren Ergebnis oder Resultat des Lebenswandels und des Wissens vom Leben und Sterben, also des Wissens um die verschiedenen Welten. Ihr

Grundaxiom war stets: „In jeder Geburt liegt ein Tod, in jedem Sterben eine Geburt", wie wir das heute noch in der indischen Philosophie finden. Ein Medium war also stets ein weiser, im Leben erfahrener Mensch. Er beherrschte die Kunst des Lebens wie des Sterbens. In diesem Sinne konnte ein Medium auch seine Funktion als Lebensberater, Seelenarzt, Priester und Heiler ausüben. Dass in alten Zeiten die Medien vor allem weiblichen Geschlechts waren, zeigt sich daran, dass ein Medium nicht nur ein Wissen von Leben und Geburt hatte, sondern auch über praktische Fähigkeiten einer Geburtshelferin oder Hebamme verfügte. Die germanischen Hagedisen, später als Hexen verleumdet und verbrannt, waren in einer auslaufenden Epoche Stellvertreterinnen jener medial begabten und heilkundigen Frauen der alten Zeit, deren Seherschaft noch der römische Geschichtsschreiber Tacitus eindrucksvoll schildert. In Großbritannien blieb die alte Kultur länger erhalten als auf dem Kontinent, ging nie wirklich ganz verloren, weshalb es bestimmt kein Zufall ist, dass die spiritualistische Bewegung, in deren Mittelpunkt die Medialität steht, gerade im 19. Jahrhundert in England ihren Aufstieg nahm. Medien waren mit ziemlicher Sicherheit auch in alter Zeit keine jungen Menschen, sondern besaßen Lebenserfahrung. Die ältere Generation der Medien in England, die ich kennen lernen durfte, vertrat noch die Auffassung des „Seniorenprinzips", dass nämlich ein junger Mensch zunächst sein irdisches Leben erfolgreich verwirklichen sollte, bevor er sich ganz der Medialität zuwendet. Das heißt nicht, dass ein „jüngerer" Mensch sich nicht für Spirituelles interessieren sollte, nur ist die Gewichtung eine andere. In der Jugend gilt es die Seelenkräfte zu inkarnieren, sie in die Verwirklichung zu bringen. Der Mensch muss ab seiner Geburt ganz auf die Erde herabsteigen. Ungefähr ab der Lebensmitte setzt dann der Umkehrprozess ein und es gilt sich wieder aus dem Irdischen zu lösen. Die Kräfte der Exkarnation werden wieder stärker. Aus der Verbindung derselben mit der persönlichen Lebenserfahrung entsteht das, was wir als Reife, Weisheit und Medialität bezeichnen. Inkarnation und Exkarnation, Leben und Sterben gehören zusammen, sind die beiden Hälften des einen Kreises, der doch das unendliche, ewige Ganze ist. Ein Medium kennt die beiden Hälften des Seins, die sichtbare und unsichtbare, und hat somit Zugang zur Ganzheit.

I.

Die Seele, der unsterbliche Aspekt eines Wesens

„Jene, die den Weg der Achtsamkeit gehen,
haften nicht an Orten, Menschen, Dingen.
Wie Schwäne erheben sie sich vom See,
lassen Orte, Menschen, Dinge los."
Aus der buddhistischen Tradition

Die Leichtigkeit der Seele

Es gibt zwei Vorstellungen vom Leben als solchem. Zum einen jene ganz materialistische, die ausschließlich das sichtbare, stoffliche, be-greifbare Dasein als real anerkennt und daher das personifizierte Leben als einmalig, unwiederbringlich und linear im Ablauf betrachtet.

„Die Antwort der Naturwissenschaft ist die einfachste:
Der Tod ist das letztgültige Ende eines Lebewesens, das Erreichen der äußersten Grenze, an der alle Vitalfunktionen erlöschen. Ein Danach gibt es nicht."
(Johannes Hemleben, Jenseits, Rowohlt Verlag, Reinbek. 1975, S.13)

Man wird also geboren, lebt so gut wie möglich und stirbt wieder. Das war's dann, denn ein Leben ohne Körper gibt es nicht. Die Einmaligkeit eines Wesens beruht in dieser Vorstellung der Wissenschaft ausschließlich auf der spezifischen Zusammensetzung der Materie und ihrer Funktionen. Das bewusste Ich wird allein an den Gehirnfunktionen festgemacht. Löst sich der Körper beim Tod wieder auf, so bleiben irgendwelche seiner kleinsten Teilchen zwar im Kreislauf der Natur („Erde zu Erde, Asche zu Asche"), aber von dem Ich-Wesen oder der Person ist nichts mehr da. Sie ist unwiederbringlich ausgelöscht. Diese einseitig materialistische Vorstellung vom Leben hat sich bis jetzt aber, Gott sei Dank, nie als alleinige Option durchsetzen können, denn es gibt viel zu vieles in dieser Welt, was sich über sie nicht erklären lässt, ja sie auch widerlegt. Daher gab es stets auch andere Lehren vom Leben, die wir spirituelle oder geistige nennen. Diese gehen davon aus, dass es ein Mysterium des Lebens gibt und jedes Wesen einen geistig-seelischen Anteil besitzt, der außerhalb seines körperlichen, substanziellen Daseins und unabhängig von diesem existiert. Nach den spirituellen Lehren gibt es einen sichtbaren, greifbaren, offensichtlichen Körper mit einer charakteristischen Form, gleichzeitig aber auch einen unsichtbaren, verborgenen, ultraleichten Anteil, den man mit Namen wie Pneuma, Seele, Ätherkörper oder Geist belegte. Der Körper ist das verstofflichte, „zu Fleisch gewordene" Wesen, dessen irdische Daseinsform man nach den östlichen Lehren als „Inkarnation" bezeichnet. Erschaffen wird der Körper durch den sexuellen Akt zwischen Mann und Frau, weshalb in ihm auch Informationen der Familie, des Kollektivs und der Natur abgespeichert sind. Nur auf diese Weise kann er ja auf der Erde existieren und sich mit seiner äußeren Welt austauschen. Hätte er nichts von ihr in sich, dann könnte nie eine Kommunikation stattfinden. Alles, was wir im Außen erkennen, liegt auch in uns, davon wussten schon so große Geister wie Paracelsus und Goethe. Sie bezeichneten den Menschen als Zusammenfassung der Natur. In unserer Seele aber, die in anderen Disziplinen auch als „Es" oder als „der Denker" bezeichnet wird, sind wir ganz wir selbst, wissen nur um das ewig Göttliche. Die Seele existiert in einer Daseinsform, die „Exkarnation" genannt wird, denn sie ist nicht von stofflicher Natur. Bildlich könnte man sagen, dass der Körper das Fahrzeug ist und die Seele der unsichtbare Fahrer.

Beschäftigen wir uns mit den drei großen Eckdaten unseres irdischen Lebens, nämlich Geburt, Dasein und Tod, die den Halbkreis des sichtbaren, körperlichen Lebens, also der Inkarnation, ausmachen, so kommen wir doch nicht umhin, auch jene unsichtbare andere Hälfte des Kreises zu betrachten, die unter oder jenseits des Horizontes liegt und die wir als körperlosen Zustand oder Exkarnation bezeichnen.

Die obere Welt des Stofflichen ist uns schon recht gut bekannt und vom irdischen Standpunkt aus ist sie die Licht- und Tagseite des Daseins. Über die

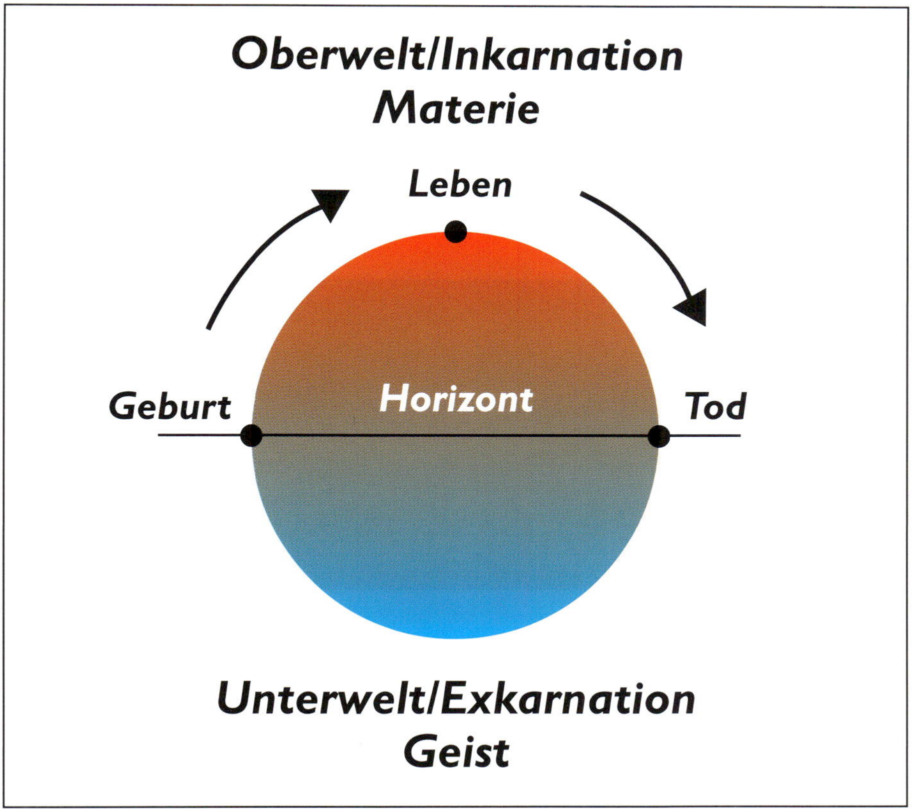

Die Welt als Dualität

untere Welt, die Nachtseite des Lebens, wissen wir dagegen wenig Konkretes. Sie bildet nach wie vor das Mysterium, das Gelobte Land, nach dem alle spirituellen Wege suchen. Liegt die obere Welt im Erfahrungsbereich unserer Sinne und unseres rationalen Erkennens, so liegt die untere jenseits davon. „Ich" oder „Ego" wird der irdische, körperhafte Anteil des Menschen in den esoterischen Lehren genannt, der die obere Welt bewohnt und „Seele" jener Anteil, der dem unbekannten, unteren Reich zugehört. Im Folgenden werde ich beide Begriffe in diesem Sinne verwenden.

Das Ego ist jener Anteil unseres Seins, der seit Urzeiten an die Entwicklung auf der Erde gekoppelt ist. Es ist gekoppelt an die Entwicklung des Gehirns, des Denkens. Unser heutiges Ego besteht aus drei Entwicklungsschichten:

1. Den ältesten, archaischen Anteil unseres Gehirns bezeichnet die Wissenschaft als „Reptilgehirn". Dieser Anteil beinhaltet einen Überlebensmodus, den man „Kampf-Flucht-Reaktionsmuster" nennt, der auf dem einfachen Gesetz von „Fressen oder Gefressenwerden" basiert. Die natürliche, auto-

matische Sensitivität, die jeder von uns besitzt, ruht in diesem uralten Teil unseres Gehirns, der ganz auf Mangel, Gefahr und Überleben konditioniert ist. Daher ist unser Spürsinn meist auf Ängste und Negatives ausgerichtet, eben um Gefahren zu vermeiden. Bei Fragen um Leben und Tod, wenn es ums nackte Überleben geht, zeigt sich schnell, wie dünn die kultivierte Kruste unseres Seins ist, denn die Reaktivierung des Reptilgehirns bedingt ein Abschalten der „moderneren“ Gehirnteile. Im extremen Überlebensfall ist uns auch heute zumeist jedes Mittel recht, werden Moral und Ethik schnell hinfällig. Der Überlebenswillen ist in unserer Natur seit Urzeiten verankert und stärker als unser relativ junges rationales Denken. Wenn es ums nackte Überleben geht, kann man nicht philosophieren, diskutieren oder ein Bild malen. Werten können und dürfen wir das nicht, denn so primitiv und wild dieser älteste Anteil unseres Egos auch sein mag, letztendlich hat er uns als Menschen überleben geholfen und tut das auch heute noch, wenn wir bedrohlichen Situationen ausgesetzt sind. In gewisser Weise liegt hier die Urantriebskraft unseres Lebens verborgen, weshalb ich diese Ebene oftmals als „Hefe“ für unsere Entwicklung bezeichne.

2. Die zweite Ebene des Egos ist das sogenannte limbische System, das uns mit der Welt der Säugetiere verbindet und in dem unsere vielfach differenzierten Gefühle und Gefühlskomplexe wurzeln. Eng verknüpft damit ist das Hormonsystem. Unsere Gefühle sind Trieb- und Antriebskräfte für unser Leben, nur herrscht in ihnen mehr Beweglichkeit oder Unabhängigkeit als auf der Ebene des Reptilgehirns.

3. Der jüngste Anteil des Egos ist das, was wir Verstand, Intellekt oder Vernunft nennen, das mit dem Vorderhirn in Verbindung gebracht wird. Wie jung und zart diese Ebene, wie schwach sie noch zumeist ausgeprägt ist, erkennen wir dann, wenn uns starke Gefühle hinwegschwemmen, zum Beispiel in einer Phase des Verliebtseins oder bei starkem Lampenfieber. Da entfallen schnell alle rationalen Kontrollmechanismen. Aber letztendlich ist es der Verstand, in dem unser differenziertes Ich-Bewusstsein ruht und der uns eine Charakteristik oder Persönlichkeit ermöglicht. Reptilgehirn und limbisches System lassen uns am Lebensmechanismus der Natur teilhaben, geben uns die Möglichkeit von tiefen Gefühlen, aber es ist der Verstand, der das „Ich-Bewusstsein“ und damit unsere Persönlichkeit, ja Biographie ermöglicht. Das ICH erlaubt uns eine Objektivierung und eigenständiges Gestalten, grenzt sich ab gegen ein Nicht-Ich. Erst in der Kristallisation und Abgrenzung können Begriffe wie Ich – Du, Mein – Dein, Innen – Außen usw. entstehen, kurzum, wird Erkenntnis möglich.

Die Evolution des menschlichen Bewußtseins

Unser Ego erlebt die Welt auf all diesen verschiedenen Ebenen als Wirklichkeit, aber im normalen Alltag sind wir uns meist nur eines Teils unserer Gefühle und unserer Gedanken bewusst. Viele tiefe und archaische Gefühle, die zum limbischen System und Reptilgehirn gehören, sind dagegen in das Unbewusste abgesunken und tauchen nur unter bestimmten Bedingungen in das Bewusstsein auf, also zum Beispiel in Extremsituationen, zu denen auch Krankheit zu rechnen ist. So haben Ärzte wie Dr. Kremer und Dr. Hamer herausgefunden, dass Krebs anscheinend mit ganz archaischen Mustern in uns verbunden ist, zum Beispiel scheint hinter dem Prostatakrebs bei Männern hauptsächlich ein „Revierkonflikt" zu stehen. Das wäre ein Lebensmuster, das wir im Tierreich finden, welches wir als Menschen aber auch seit der Frühzeit ausgeprägt haben und das heute im Unbewussten ruht. Völlig ausufernde, irrationale Kämpfe zwischen Nachbarn um Grenzhecken, Zäune oder Gartenzwerge entspringen ebenfalls solch tiefer, frühzeitlicher Ebene. In solchen Fällen können wir als Außenstehende uns ja nur wundern, wie wenig die Vernunft bei Erwachsenen in solchen Situationen zu greifen scheint, wenn uralte archaische Muster sie überrollen.

Der Verstand – *die Welt der Dualität*

Der Verstand ist entwicklungsgeschichtlich die Spitze unseres Egos und beruht auf der Fähigkeit zur Individualisierung, also zu einem abgegrenzten Ich-, Selbst- oder Eigenbewusstsein. Er erforscht die Außenwelt und macht Erfahrung möglich. Dies erreicht er, indem er differenziert und analysiert. Er grenzt die Dinge gegeneinander ab, um sie als solche erkennen zu können. Daher bedarf er einer festen, aber auch durchlässigen Körperform, denn nur in dieser ist Abgrenzung und Austausch möglich. Der Verstand arbeitet auf dem grundlegenden Muster, dass er die Welt aufteilt in ein Ich und ein Nicht-Ich. All unsere Empfindung und Erfahrung ist somit geprägt von Dualität oder Polarität. Ein „Ich" wird als Definition nur möglich, wenn es ein „Du" gibt. Dualitäten wie Sympathie und Antipathie spielen eine große Rolle. Wir streben nach wohltuenden Erfahrungen und vermeiden alles, was nach Schmerz und Leiden riecht. „Freude" können wir aber nur als solche erfahren und benennen, wenn wir auch den Gegenpol „Schmerz" erlebt haben. Indem wir beide Empfindungen vergleichen und gegeneinander abgrenzen, werden sie für uns begrifflich. Also erlaubt uns das Veränderliche, die Bewegung eine Wahrnehmung. Eine absolute Veränderungslosigkeit ist für unseren Verstand gleichbedeutend mit Nichtexistenz. Viele Tiere nutzen die Fähigkeit, unbeweglich mit ihrem Standort zu verschmelzen, so dass sie in ihrer Starre von unseren Sinnen, wenn nicht darauf geschult, kaum wahrgenommen werden. Leben und Bewegung oder Veränderung gehören daher für unser Wahrnehmungssystem unverbrüchlich zusammen.

„Ruhiges Wasser empfinden wir nur an dem Temperaturunterschied; sobald die Temperatur des Wassers gleich der des Fingers wird, wird das Wasser nicht mehr gefühlt. Wir verlieren jede Kenntnis von unserer Existenz, wenn keine Veränderungen des Bewußtseins mehr stattfinden. Absolutes Bewußtsein würde für uns als individuelle, menschliche Wesen dasselbe wie Nichtexistenz bedeuten, aus dem gleichen Grund, wie absolutes Licht ohne den leisesten Schatten oder ohne Veränderung der Farbe die Wirkung vollständiger Dunkelheit haben würde, aus Mangel an Kontrast, oder anders gesagt, aus Mangel an Veränderung. Daher ist der Tod zur Zeit ein notwendiger Teil des Lebens für uns, denn er gibt uns die größtmögliche Veränderung der Zustände und führt uns für eine Zeitlang in eine neue Ordnung der Dinge."

(Der Mensch nach dem Tode; Theosophische Handbücher, J. Th. Heller Verlag Nürnberg, 1907, S. 21)

Erst im Kontrast zum Tod entsteht für uns bewusst das, was wir Leben nen-

nen. Leben als Qualität ohne seinen Gegenpol „Tod" wäre für unseren Verstand nicht existent. Beide Kräfte oder Empfindungen sind daher wie die zwei Seiten einer Medaille und beide können nicht ohne einander sein. Der Mensch wurde in der Mythologie daher oftmals als Zwilling dargestellt oder als Haupt mit zwei Gesichtern, dem sogenannten Januskopf, um seine Aufgabe, den tiefen Zwiespalt des Lebens zu erkunden, auszudrücken. Die objektive Welt des verstandesmäßigen Erkennens, in der wir heutigen Menschen vorwiegend leben, ist die eine Seite der Dualität. Wenn wir daher das Jenseits als andere Seite betrachten und sie uns derart vorstellen, dass es da nur Freude und Fülle gibt, als ein Paradies des Überflusses, so entspringt dies wiederum unserem dualen Denken und wird in der Einheit oder Ganzheit keinen Bestand haben. Denn dort, wo Frieden und Freude herrschen, lauert im Verborgenen stets der andere Zwilling, nämlich Krieg und Leid. So kann es nicht verwundern, dass viele Kämpfer für den Frieden gewaltsam umgekommen sind. Dort, wo der eine Pol in seiner Energie hochkonzentriert ist, kann dieser ganz schnell in den Gegenpol umschlagen oder diesen hervorrufen. In einer solchen Weltsicht der Dualität wird es zwangsläufig, dass es zu Gott einen Gegenspieler, eben den Satan, geben muss, dass es eine Hölle oder ein Fegefeuer als Pendant zum Paradies oder Himmel braucht. Die Erfahrung „paradiesisch" können wir nur machen, wenn wir auch das Gegenteil, die Hölle, erlebt haben oder uns dieses zumindest vorstellen können. Um es in den Worten eines amerikanischen Vietnamveteranen zu sagen: „Ich bin sicher, dass ich in den Himmel komme, denn die Hölle habe ich schon gesehen."
Die Aufspaltung ergibt sich zwangsläufig und zeigt uns, dass wir der Dualität nicht entkommen können, solange wir die Welt vom Standpunkt unseres Egos oder unserer irdischen Persönlichkeit aus betrachten.

Der Geist – *Die Welt der Einheit*

Die indische Philosophie bezeichnet die vorher beschriebene Welt des dualen oder polaren Denkens als ein sich ewig drehendes Rad, was Licht und Schatten wirft, Gut und Böse erzeugt und Verpflichtungen bringt, die sie Karma nennt. Eins ruft zwangsläufig das andere in der Welt der Dualität hervor, weshalb der Verursacher so lange an eine Tat gebunden bleibt, bis er die Gegenseite selbst erfahren hat und somit ein Akt der Erkenntnis und des Ausgleichens stattfindet. Wenn wir uns daher mit Fragen um Leben und Tod beschäftigen, müssen wir aus dieser Art des dualen Denkens heraustreten und nach dem Ganzen, sozusagen der „Medaille"selbst, suchen. Aus diesem Grunde gab es in keiner alten Kultur einseitig Sterbe- oder Totenbücher, denn jede Lehre vom Tod oder vom Sterben beinhaltete stets gleichzeitig die Lehre vom Leben. Nur so wird ein Weg in die Ganzheit möglich. Das tibetische „Bardo Thödol" ist daher gleichzeitig ein Buch über das Leben wie über das Sterben, was heutzutage im Zuge des Marketings von Büchern gerne vergessen wird.

Der chinesische Weise Laotse nannte die göttliche Quelle, aus der alles Leben hervorgeht und in die es irgendwann zurückkehrt, das große „Nichts", die große „Leere", wobei er nicht in Mengeneinheiten oder Quantitäten dachte. Unter „Leere" versteht Laotse jenen ganz subtilen, feinen Zustand, der jenseits aller irdischen Erfahrung liegt und der sich nicht mit Worten beschreiben lässt. Alle Dualitäten heben sich in dieser „Leere" auf. Da der menschliche Verstand diesen Zustand der Leere nicht fassen und artikulieren kann, weil er jenseits der Worte und Begriffe existiert, ist er für diesen einfach nicht existent. Aber gerade dort, wo die Worte und Begrifflichkeiten aufhören, beginnt die geistige Welt. Sie beherbergt alle Fülle der Schöpfung, auch wenn sie für unseren Verstand ein „Nichts" ist. Daher betont die Bibel ebenfalls, dass man sich kein Bild von Gott machen sollte, da er bildlich nicht vorstellbar ist. Auch der Zen-Buddhist strebt nach dem „Leermachen", denn dort, wo unser Ego nicht ist, ist das Göttliche. In seinem berühmten Taoteking versucht Laotse in eindrücklichen Bildern unser Denken an dieses Geistige heranzuführen:

„Dreißig Speichen umgeben eine Nabe:
In ihrem Nichts besteht des Wagens Werk.
Man höhlet Ton und bildet ihn zu Töpfen:
In ihrem Nichts besteht der Töpfe Werk.
Man gräbt Türen und Fenster, damit die Kammer werde:
In ihrem Nichts besteht der Kammer Werk.

Darum: Was ist, dient zum Besitz.
Was nicht ist, dient zum Werk."

(Laotse Tao te king, E. Diederichs Verlag, Düsseldorf, 1978, S.51)

Alles, was körperhaft existiert, können wir benennen, festmachen, ja in Besitz nehmen. Es sind Dinge dieser Welt. Aber das, was nicht körperlich ist, macht das Schöpferische, Wesenhafte und Lebendige aus. Im Sinne des Bildes von Laotse entspricht der Körper der Wand des Topfes oder des Raumes, der Geist aber jener Leere, in der sich das Wesentliche ausdrückt. Die Seele ist es, die den Topf schöpferisch, kreativ verwendet und Lebenserfahrung daraus zieht. Aber das eigentliche Wesen des Topfes ist die Leere, denn nur in eine solche kann das Wasser oder der Geist einziehen.

Steinskulptur von Sylvain Chartier

Das bekannte englische Medium Ivy Northage sagte einmal zu ihren Schülern, als es um das Thema „Voraussetzungen für Medialität" ging: „ Je weniger von deiner Person anwesend sein wird, desto mehr an Geist wird sich einfinden." Also dort, wo die materielle Fülle zurücktritt, bleibt Raum für den Geist. Aus dieser Gleichsetzung von Geist und Leere heraus entstand auch die göttliche Verehrung, die unsere Vorfahren zum Beispiel dem Holunderbaum angedeihen ließen. Der Holunder ist als einer der wenigen Bäume in seinem Mark hohl, weshalb „der göttliche Geist durch ihn ziehen kann". Der Priester alter Zeit konnte diesen Geist für andere hörbar machen, indem er zum Beispiel eine Flöte aus Holunderholz fertigte und Musik damit erzeugte. Die Töne entstehen aus der Luft, dem Nichts, so wie auch unser Sprechen aus dem Nichts, aus der Luft entsteht. „Alles Wesentliche nimmt seinen Anfang im Unsichtbaren", sagte Laotse.

Ist unser Verstand oder Intellekt für die Erkenntnis und „Inbesitznahme" der objektiven Welt hilfreich, so kann er uns gar nichts für jene andere Welt helfen, die wir als die subtile, okkulte, verborgene, seelische oder geistige bezeichnen. Es wird für unseren Verstand ein ewig unerschöpfliches Rätsel bleiben, was Leben wirklich ist, denn er kann nur die Gesetze der Objektwelt erkennen, die körperlichen Gegebenheiten, nicht aber das Wesen an sich. Er existiert in der Welt der Wirkungen und Kräftebeziehungen, aber hat keinerlei Einblick in die Welt dahinter, die Welt der Ursachen. Daher kann er auch nicht erkennen, was Geist wirklich bedeutet, da dieser unabhängig von Objekt und Form ist. Beides, also Leben und Geist, sind Wesenskräfte, die, da nicht eingrenzbar und zeitlich fixierbar, dem Verstand unzugänglich sind. Schon tiefgehende Emotionen wie Liebe und Schmerz kann unser Verstand nicht ausloten. Er kann viele Facetten dieser Qualitäten aufzeigen, kann zum Beispiel physiologische Auswirkungen erkennen oder psychologische Muster, aber das Wesen selbst kann er nicht festmachen. Liebe und Schmerz in ihrer Ganzheit lassen sich nur individuell erleben und keine wie auch immer geartete analytische Beschreibung wird je die ganze Tiefe dieser Erfahrung wiedergeben können. Mit der Musik lässt sich in gewissem Sinne ein guter Vergleich zwischen Verstand und Geist wagen. Die moderne Musikwissenschaft kann zum Beispiel ein Werk von Mozart in all seine Teile zerlegen, kann diese wunderbar analysieren, und doch wird sie kein dem Genie Mozarts vergleichbares Werk mit all ihrem Wissen erschaffen können. Es braucht den Geist, um das Werk initiieren zu können. Alles andere ist und bleibt ein mangelhaftes Konstrukt des Verstandes.

Auch unser Leben wird von diesem allumfassenden, alles durchdringenden Geist initiiert. Wir kommen sozusagen aus dem Nichts in dieses Leben, obwohl wir zuvor stets da und existent waren. Wir gehen aus diesem Leben wieder zurück ins Nichts. „Nichts" meint dabei das Göttliche, über das nichts gesagt werden kann. Vergleichbar ist unser Leben dem Wachstum einer Pflanze. Zur Winterzeit ruht das Leben der Pflanze unsichtbar in der Wurzel unterhalb der Erdoberfläche. Im Frühling durchbricht die Pflanze die Erdoberfläche, wie bei einer Geburt wird das Leben nun im Äußeren sichtbar. Im Laufe der Monate entfaltet sich die Pflanze bis hin zu höchster Blüte, so wie auch unser Leben sich bis zur Mitte hin entfaltet und ausdifferenziert. Dann geschieht diese seltsame Wende, dass der geistige Pol seine Anziehungskraft wieder verstärkt, was den Rückzug der Pflanzenkräfte einleitet. Bis zum Spätherbst hat sich ihr Leben wieder bis in die Wurzel zurückgezogen. Auch wir Menschen verspüren ab der Mitte unserer Lebenszeit wieder verstärkt die Anziehungskraft des Geistes. Die Vorherrschaft der materiellen Welt und ihrer Werte wird uns dann weniger wichtig.
Unser Lebensstrom verhält sich wie Ebbe und Flut, was für kleinere Lebensabschnitte gilt, aber auch für die ganze Spanne zwischen Geburt und Tod.

„In der geheimen Stunde des Lebensmittags setzt die Geburt des Todes ein. Etwa zwischen dem 35. und dem 45. Jahr, wenn die Lebenskurve ihren Höhepunkt erreicht, setzt die große Wende ein. Leben bedeutet Aufstieg und Abstieg,

Werden und Vergehen, und angesichts dieser Lebens- und Todeseinheit hat man noch einzusehen, wie sehr Lebenwollen gleich Sterbenwollen ist. Nur der bleibt lebendig, der mit dem Leben sterben will.“

(C. G. Jung, aus „Im Umkreis des Todes“, Aniela Jaffe, Daimon Verlag, Zürich, 1980, S. 11)

Die folgende Abbildung stellt diesen Vorgang von Flut und Ebbe dar und wir können erkennen, wieso es in der Lebensmitte zu so heftigen, manchmal dramatischen Krisen kommen kann, da dort zwei unterschiedliche Zugkräfte zum Wirken kommen, die gefährlichen Wasserstrudeln gleichen.

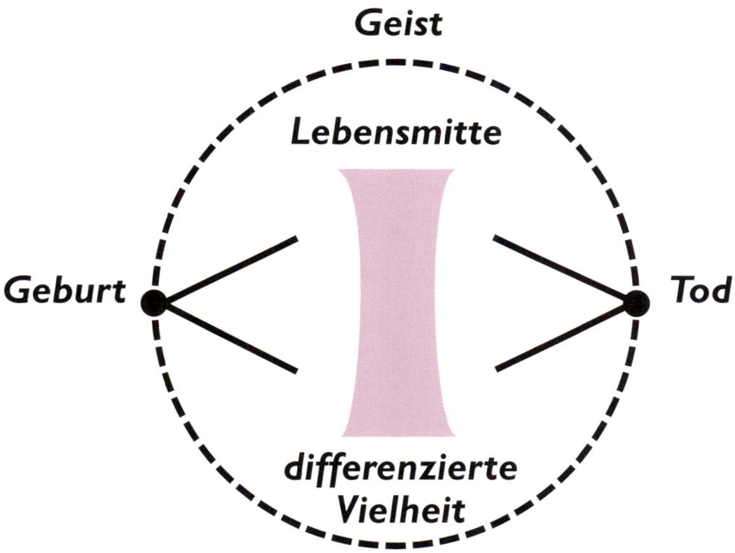

Flut und Ebbe des Lebens

Wir kommen aus der göttlichen „Leere“, manifestieren uns in der Welt der materiellen, formalen Vielheiten, erleben größtmögliche Differenzierung und kehren wieder in die göttliche „Leere“ zurück. Das ist wohl auch die wirkliche Botschaft, die in den Worten des großen Heilers und Lehrers Jesus steckt, wenn er sagt: „Werdet wieder wie die Kinder, denn ihrer ist das Himmelreich“ oder „Eher geht ein Kamel durch ein Nadelöhr, als dass ein Reicher in den Himmel kommt“. Alles Leben kommt aus der Leere und bedarf der „Entleerung“, um wieder in diese zurückkehren zu können. Daher können wir auch nichts Festes in jenes andere Leben mit hinübernehmen, sondern nur jene Anteile, die leicht oder feinstofflich genug sind.

Der Philosoph Gerardus van der Leeuw nennt diese „Leere“ das geistige Wesen des Menschen, das „Es“, denn es steht außer- oder oberhalb von Körper und Seele. Für ihn lässt es sich nur als Paradoxon darstellen, weil es über die Begrifflichkeit geht:

„Dieses Es hat weder einen Leib noch eine Seele. Dennoch ist es alles weniger als eine Abstraktion. Es scheint aber mit der Zeit, die unser ganzes Leben beherrscht, nichts zu tun zu haben. Unser psycho-physisches Ich hat eine Geschichte, es macht eine Entwicklung durch, der Wahrnehmer aber, der auch unser Ich ist, unser exzentrisches Ich, steht außerhalb des Verlaufs der Zeit, mit dem Tode entschwindet es nicht aus unserem Gesichtskreis (mit welchem dann ohnehin Schluss ist!), sondern wir aus dem seinigen."

(„Unsterblichkeit" von Gerardus van der Leeuw, Eranos Jahrbuch Bd. 18 Rhein Verlag Zürich, 1950)

Für Alice A. Bailey ist das Geistige im Menschen der „Denker". Der Geist denkt sein Ich, seine Qualitäten, seine Form und setzt die Energien der verschiedenen energetischen Ebenen in Schwingung, bis sein Werk in dieser irdischen Welt konkret erscheint. Solange der Geist denkt, belebt er sein Werk. Zieht er seine Aufmerksamkeit wieder ab, „ertönt sein Ruf", geht das Dasein auf der physischen Ebene zu Ende. Dieser Geist als Entität hat den Willen zum Dasein, zur Offenbarung und benutzt dafür die Materie und Formen, er selbst ist aber unabhängig davon. Gerardus van der Leeuw beschreibt dies in ähnlichen Worten:

„Das Es, welches das Leben und den Tod konstituiert, ist mithin grundsätzlich „jenseits". Es gehört nicht zum Menschen, es macht den Menschen."

(„Unsterblichkeit" von Gerardus van der Leeuw, Eranos Jahrbuch Bd. 18 Rhein Verlag Zürich, 1950)

Es ist ein stetes Ringen um Worte und Begriffe, um sich dem Geist zu nähern, da dieser außerhalb des Verstandes liegt und somit nicht fassbar ist. Am besten transportieren noch Sprachbilder, wie sie zum Beispiel Laotse verwendet, oder auch künstlerische Ausdrucksmöglichkeiten für uns eine Ahnung von der Größe und Erhabenheit jener „jenseitigen" Welt, aus der alles entstammt.

Die Seele – *die Welt der Beziehungen*

Wir haben zuvor das Ego betrachtet, unser irdisches Ich, dessen Symbol die Erde ist. Danach haben wir uns dem Geist genähert, als dessen Symbol stets die Sonne, also das Element Feuer galt. Die Erde verkörpert das Prinzip des Statischen, Passiven, was die Inder Tamas nennen. Die Sonne mit ihren linearen Strahlen verkörpert das aktive, zeugende Element, von den Indern Rajas genannt. Erde und Sonne bedürfen in ihrer Beziehung einer vermittelnden Kraft, die sich im Mond ausdrückt. Der Mond reflektiert das Sonnenlicht, je nach Stand zwischen Erde und Sonne. Er erzeugt die Schwingung, den Rhythmus – indisch Sattva –, der sich so schön in Ebbe und Flut widerspiegelt. Dieses zwischen Geist und Materie vermittelnde Prinzip wird im Menschen „Seele" genannt. Sie hat Anteil an beiden Welten und ist doch ganz eigenständig. In den alten Lehren wurde dies oftmals in Farbbeziehungen dargestellt.

Die irdische, stoffliche, feste Welt wurde mit der Farbe Schwarz verbunden, während die geistige oder himmlische mit der Farbe Weiß belegt wurde. Wesen, die beide Welten bewohnen, die zwischen ihnen wandern können, wurden als Schwarz/Weiß dargestellt. So war die germanische Göttin Holda oder Perhata („Frau Holle") eine jener Wesen, die einen schwarzweißen Mantel trug. Als Vogel war ihr die Elster heilig und der Holunderbaum, mit seinen weißen Blüten und schwarzen Früchten. Der Holunderbaum galt daher als Ort, wo ein Wechsel zwischen Diesseits und Jenseits stattfinden konnte, wo Seelen umgingen. Es ist die Seele und mit ihr der Seelengeleitvogel, die man als Wanderer der Welten ansah.

Es ist die Seele, die den Menschen entweder in die Inkarnation oder in die Exkarnation begleitet. Sie ist der unvergängliche Wesensanteil des Menschen, der schöpferisch über viele Leben seine Bewusstseinsentwicklung vorantreibt, bis irgendwann eine Verschmelzung mit dem Göttlichen oder Geistigen möglich wird. Betrachten wir die drei möglichen Manifestationsebenen unseres Seins im Vergleich.

EGO	SEELE	GEIST
Form Erscheinung	Vitalisierung Inspiration	Das Göttliche
Substanz	Qualität	Leben
Haben	Gestalten	Sein
Vergangenheit	Gegenwart	Zukunft
Verstand	Inspiration	Intuition
beharrend	strahlend	bewegend
Kraft, Erkenntnis	Liebe	Wille
passiv	rhythmisch	aktiv
abbauend	ausgleichend	aufbauend
Ind. Tamas	Ind. Sattva	Ind. Rajas

Wenn das Göttliche mit der Welt der Formen in Beziehung treten möchte, bedarf es der Seele. Wie das Ego das Fahrzeug der Seele ist, ist die Seele das Vehikel für die Offenbarung des göttlichen Geistes. Die Seele ist jenes Schwingungszentrum, das jedem Wesen seine besondere, einzigartige Qualität gibt und es mit dem im Leben zusammenbringt, was seine Erfahrung ausweiten wird. Erkennen lässt sich die Seelenenergie als Ausstrahlung und in der Fähigkeit zu schöpferischem Tun, dem Drang, das eigene Leben zu gestalten oder der Suche nach Erweiterung des Bewusstseins. Die Seele ist das lebensschöpferische und auch künstlerische Element in uns. Sie weiß um unsere wahre geistige Natur, die es auf der Erde zu verwirklichen gilt, gleich einem Künstler, der seine Vision in einem Werk gestalten möchte.
Die Kräfte der Seele können eine Brücke schlagen zwischen Welt und Geist, zwischen Sinneserfahrung und intuitiver „Gottesschau". Kunstwerke ermöglichen uns „Ahnungen", geben uns über die Ebene der Symbole und Archetypen einen Hauch des Erlebens der wirklichen Größe, Einheit und Schönheit der Schöpfung. So verwundert es nicht, dass sehr viele Menschen ab ihrer Lebensmitte beginnen, sich verstärkt für das Künstlerische, Kreative und Spirituelle zu interessieren, so wie sie sich zuvor vielleicht vor allem dem Materiellen und Verstandesmäßigen gewidmet haben. Der Verstand hilft uns ja, die Welt in Besitz zu nehmen, nützlich zu sein, Dinge ins Werk zu setzen, Erfolg zu haben und Erkenntnis zu sammeln. Das Kreative und Spirituelle hilft

uns aber, diese feste Welt auch wieder transzendieren und loslassen zu können, was spätestens mit dem Tode unabänderlich wird.
Wunderbar können wir die Unterschiedlichkeit von Seele und Verstand auch an der Verwendung unserer Sprache ersehen. Nehmen wir als Beispiel eine Blume, die wunderbare Rose. Ein biologischer Pflanzenführer vermittelt uns diese Blume mit folgenden Worten:

„Heckenrose: Sehr formenreiche Rosenart
mit bogig überhängenden Ästen,
reich mit kräftigen, hakenförmigen Stacheln
besetzt. Blätter spiralig angeordnet,
unpaarig gefiedert,
meist mit gut entwickelten Nebenblättern am
kahlen oder bestachelten, drüsigen Blattstiel.
Die 5 – 7 eiförmig elliptischen,
2 – 4 cm langen Blättchen sind am Rand
einfach oder doppelt gesägt …"

(Tier- und Pflanzenführer, BLV Verlag, München, 1992)

Nun betrachten wie eine andere, kreative Annäherung an diese Blume.

„Wie ein jungfräulich Erröten
zieht es durch die Lauben hin:
Oh, die Rose! – Ach, die Rose ist der Blumen Königin.
Und der Blitzstrahl ihrer Schönheit
trifft den Kühlsten eh' gedacht,
hat auf seinen bleichen Wangen
unversehens Glut entfacht.
Oh, die Rose atmet Liebe – ach,
die Rose lädt zum Fest,
Wenn ihr Kelch die roten Lippen
Aphroditens trinken läßt.
Und der Westwind, der voll Schalkheit
mit dem Blütenkleide spielt,
Hängt gefangen in den Ranken,
wenn er ihr ein Lächeln stiehlt,
Sie bestrickt, auch wenn sie lacht –
Oh, der Rose Zaubermacht!"

(Vom Glück mit der Natur zu leben,
Edith Holden, dtv-Verlag, München 1979)

Beide Darstellungen beschreiben dasselbe Wesen, aber jeweils in völlig anderem Kontext. Unser Verstand versucht die Rose ganz klar abzugrenzen, festzumachen, dass die Rose mit keiner anderen Blume verwechselt werden kann, was sich als hilfreich erweist, wenn wir in einen Blumenladen gehen, um eine Rose zu erwerben oder Pflanzenbestimmung betreiben. Für die Poesie dagegen ist es unwichtig, um welche Blume es sich begrifflich handelt. Für sie ist die Rose ein Geschehen, ein Erleben und sie ringt um Worte, diese Geschichte anderen mitzuteilen. Oscar Wilde drückte das in folgenden Worten aus: „Viel wichtiger ist es, dass jemand sich über eine Rosenblüte freut, als ihre Wurzeln unter dem Mikroskop zu untersuchen." Die Poesie, das erzählende Wort, kommt viel näher an die seelische Wirklichkeit der Rose heran. Poesie will keinen Nutzen, weshalb erboste schwäbische Bauern einst im Stuttgarter Landtag gegen den kunstfreudigen Fürsten den Satz skandierten: „Mer brauchet koi Kunst, mir brauchet Krombiera", also „Wir brauchen keine Kunst, wir brauchen Saatkartoffeln." Beide Seiten gilt es zu sehen. Zum einen die ganz konkrete Seite der Welt, die auf Nutzanwendung ausgerichtet ist und in der unser Verstand arbeitet. Zum anderen die künstlerische, poetische Seite, die der Welt Seele und erhebende Gefühle einhaucht.
Zusammenfassend können wir also festhalten, dass wir zwei polare Seiten der Wahrnehmung und des Ausdrucks haben, der sich auch über unser Denken ausdrückt. Zum einen haben wir den Verstand, der in der äußeren Welt verankert ist und wir besitzen ein kreatives, zeit- und begriffsloses Denken, das wir Inspiration nennen können, die uns eine andere Seite der Wirklichkeit erschließt. Der Verstand gehört zum Ego, die Inspiration zum Wesen der Seele. Je mehr wir also in das Inspirative hineingehen, was in einer Sensitivitäts- und Medialitätsschulung unumgänglich ist, desto stärker werden wir die Anziehungskraft der Seele verspüren.

Was lässt sich nun einheitlich über den Begriff der Seele beim Menschen finden? Die meisten Philosophen und spirituellen Lehrer sind sich in einem Punkt einig: der Mensch besteht aus zwei Wesensanteilen. Zum einen besitzt er eine klar umgrenzte Form, den irdischen Körper und damit eine objektive Wirklichkeit samt den dazugehörenden Sinnen und Organen. Das ist seine irdische Persönlichkeit, sein Ego. Jede materielle, körperliche Form existiert aus der Begrenzung oder Abgrenzung und besitzt auch eine begrenzte Zeit. Daher ist dieser Wesensanteil der vergängliche. Das Ego repräsentiert jene Kraft, die wir als Inkarnationskraft bezeichnen, die uns ermöglicht, uns als selbstbewusste Einheit mit der irdischen Sphäre zu verbinden. Es existiert in einer Dreiheit von Denken, Fühlen und Handeln und ist eine Teilwirklichkeit der Seele, die nur für das jeweils betreffende Leben geschaffen wurde.

Der andere Wesensanteil im Menschen ist der geistig-seelische und daher unvergängliche. Er ist die Matrix, das Original, das Urbild, das sich seine irdische Manifestation als Abbild erschafft. Dieser unvergängliche Wesenskern weiß um die Absicht für jedes Leben und steht mit der geistigen Welt in enger Verbindung. Seine Art des Denkens ist daher im Vergleich zum Verstand auf übergeordnete, ganzheitliche Einsichten gerichtet. Er ist der wirkliche Denker in uns, ist das, was denkt in uns, das, was aus der Stimme des Herzens spricht, ist Bewusstsein. Er ist der Lenker und Inspirator seines irdischen Daseins. Die Seele beinhaltet jene Kraft, die als Exkarnationskraft bezeichnet wird und ist jene Energie, die uns mit der geistigen Welt verbindet und uns hilft, dorthin wieder zurückzukehren. Beide, Seele und Ego, sind miteinander durch ein Energieband verbunden, das die Inder „Sutratma" oder „Silberfaden" nennen. So lange dieses Band existiert, lebt der Mensch in seinem Körper. Löst sich aber das Band, so fällt der Mensch ins Koma und wenn es sich ganz löst, dann tritt der Tod ein (zu Sutratma s. auch Kapitel 5.1.1).

Ist der Kontakt zwischen beiden nicht sehr eng und bewusst, so ist das Ego vor allem der Anziehungskraft der äußeren Welt ausgesetzt, die formend auf es einwirkt. Solange das Ego seine Aufmerksamkeit ganz auf die irdische Welt richtet, ist diese Anpassung überaus erfolgreich. Je besser seine Dreiheit von Denken-Fühlen-Handeln integriert ist, desto mächtiger ist seine Ausstrahlung. Aber das Ego reagiert nicht nur, es entdeckt irgendwann auch, dass es schöpferisch und gestaltend sein kann. Dieser schöpferische Wesensaspekt ist es, der das Ego verstärkt in Kontakt mit den Seelenkräften bringt, denn das Schöpferische ist eine wichtige Qualität der Seele, ist die Kraft der Bewegung. Aus diesem nun engeren Kontakt zwischen Seele und Ego bauen sich Spannungen auf, die anregend wirken und sich auf irgendeine Weise entladen. Spannungen entstehen deshalb, weil die Kräfte unserer beider Anteile grundverschieden sind. Die Seele möchte uns aus der Verstofflichung hinaustreiben, während das Ego uns verstärkt in den Stoff einbinden möchte. Künstler sind wie überhaupt schöpferisch kreative Menschen ganz besonders solchen Spannungen ausgesetzt, da sie die Zugkräfte der gegensätzlichen Pole meist intensiv empfinden. Aber ihre Werke wären ohne solche Energien nicht denkbar. Kunst ist für den Künstler nie gemütlich, bedeutet Herausforderung, Ringen und Wachstum. Dadurch lernt er eine Menge über kosmische Energien und ihre Qualitäten. Irgendwann wird in der Entwicklung dann jene Stufe erreicht, auf der die Anziehungskraft von Ego und Seele gleich stark ist. Es entsteht ein Gleichgewicht, eine Art „Patt-Situation", was unerträgliche Spannung nach sich ziehen kann. Oftmals entsteht dabei als Gegenreaktion jene Art der tiefen Depression, die die Esoteriker „Nacht der Seele" nennen oder, wie der

Heiler Tom Johanson: spirituelle Depression. Inkarnations- und Exkarnationskräfte sind in einer Hochspannung, die nicht selten zum Kurzschluss führt. Es ist diese Depression, die sich nur über einen spirituellen Weg heilen lässt, die keiner klinisch therapeutischen Behandlung zugänglich ist. Was ist aber der Grund dafür? Der Mensch erlebt in dieser Situation bewusst als Ego die Qualität der Vergänglichkeit, des Sterbens, des Todes, denn diese gehört zum Ego. Unerträglich ist es dem Ego zu sterben, denn es kennt nur dieses eine Sein. Es weiß nichts von der geistigen Welt, von den vielen Leben. Abgrundtiefe Angst und Verzweiflung stellen sich daher ein, was zu Kurzschlusshandlungen führen kann. Ist dieser Zustand aber überwunden und der Einfluss der Seelenkraft dann stärker als der des Egos, dann bricht jene Zeit der Erleuchtung an, in der es keine Wirklichkeit des Todes mehr gibt. Daher streben alle echten spirituellen Wege danach, den Menschen in näheren Kontakt mit seiner Seele zu bringen. In der nachfolgenden Abbildung wird die Beziehung zwischen Ego und Seele in ihrer Entwicklung dargestellt.

Die Entwicklung des Kontaktes zwischen Ego und Seele

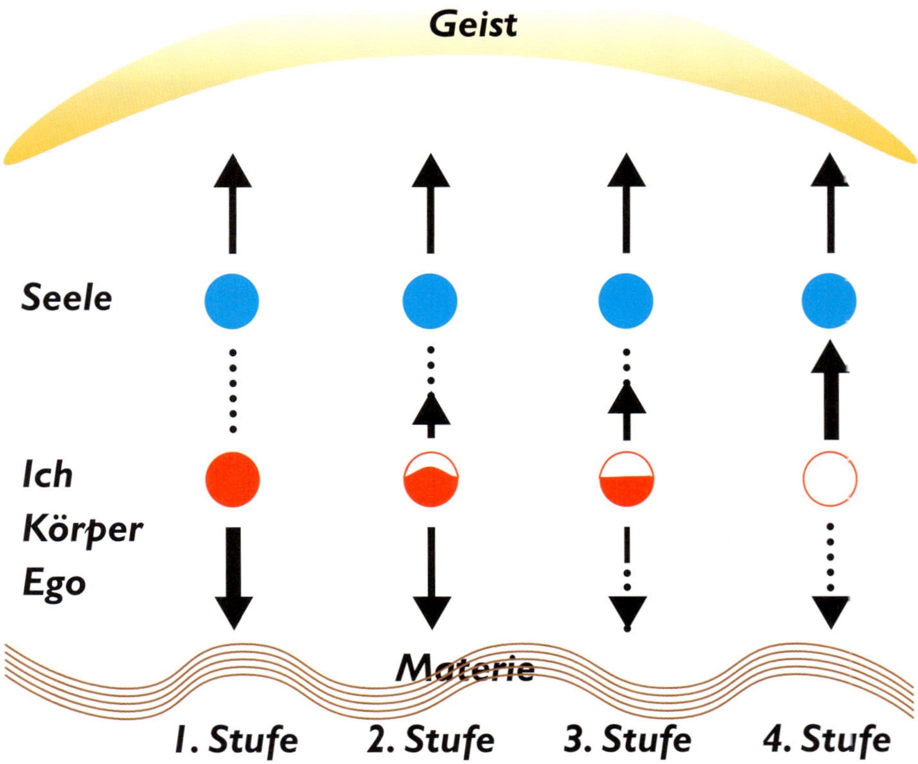

Es macht nun wenig Sinn, zwischen Ego und Seele zu wägen. Die Seele braucht das Ego als irdisches Fahrzeug, als Möglichkeit einer objektiven Manifestation auf der Erde, so wie das Ego die Seele braucht, um schöpferisch, inspiriert und auch unsterblich zu sein. Unser Problem als inkarnierte Menschen liegt darin, dass wir unsere Seele vergessen, sobald wir tiefer in die irdische Sphäre eingedrungen sind, uns mit ihr ganz verbinden und der Fokus unserer Sinne und unsres Denkens ausschließlich auf die äußere, objektive Welt gerichtet ist. Die Seite des „Habens", eine Qualität der Inkarnationskraft, wird stärker in uns als die Seite des „Seins". „Haben" sagt, ich brauche ein erfolgreiches, langes Leben, deshalb muss ich planen. „Sein" sagt, jeder Augenblick ist die ganze Fülle, ich existiere ganz in jedem Moment. Hierher passt Luthers Ausspruch vom Apfelbäumchen: „Auch wenn ich wüsste, dass morgen die Welt zugrunde geht, würde ich heute noch einen Apfelbaum pflanzen." Ihn interessiert nicht ein drohender Weltuntergang oder sein bevorstehender Tod, sondern nur das, was im Moment wichtig ist: das Pflanzen des Apfelbäumchens. Für unseren Verstand erscheint im Normalfall unser Leben lang, im Verhältnis zum Beispiel zu jenem einer Fliege. Betrachten wir aber die Erkenntnisse moderner Sinnesforschung, so zeigt sich, dass die Fliege ein Vielfaches mehr von der Welt innerhalb einer Sekunde erlebt als der Mensch. Ist also ihr Leben wirklich kürzer, erlebt sie es als kürzer? Ist es kürzer, aber viel erfüllter? Darüber lässt sich trefflich spekulieren. Erleuchtete Menschen erreichen wohl einen ähnlichen Grad der Fülle des Lebens wie die Fliege, denn sie sind bereit jederzeit zu gehen, zu sterben. Es gibt nichts mehr, nach dem sie sich sehnen und zwar nicht aufgrund einer Verneinung des Lebens, sondern aus dem Erleben absoluter Erfüllung heraus. Die Fülle des göttlichen Lebens ist ihnen allgegenwärtig geworden. Das Ego treibt die Wissenschaft an, das irdische Leben des Menschen um einige hundert Jahre zu verlängern. Es hat allerdings keine Idee, womit es diese Länge des Lebens sinnvoll füllen will. Spirituelle Lehren dagegen streben nicht nach einem langen Leben, sondern ausschließlich nach Gotteserfahrung. Nur auf diesem Weg heben sich die irdischen Koordinaten von Zeit und Raum auf.

Betrachten wir nochmals das Verhältnis Seele – Ego. Das Ego, unsere Persönlichkeit setzt sich aus drei Qualitäten oder Manifestationsebenen zusammen, nämlich: Körper (materielle Ebene) – Emotion (Astralebene) – Denken (Mentalebene). Diese drei bilden das Ego, die Manifestation der Seele in der dreifachen Welt. Da das Ego ein Spiegelbild der Seele ist, ist deren Manifestation ebenfalls dreifach. Die Inder nennen die seelische Denkebene „Manas" (Bewusstsein), die Entsprechung zur Emotionalebene „Buddhi" (Kraft der Anziehung und Abstoßung, allumfassende Liebe) und die Entsprechung zur Körperebene „Atman" (Kraft des Einhauchens und Belebens, geistiger Wille).

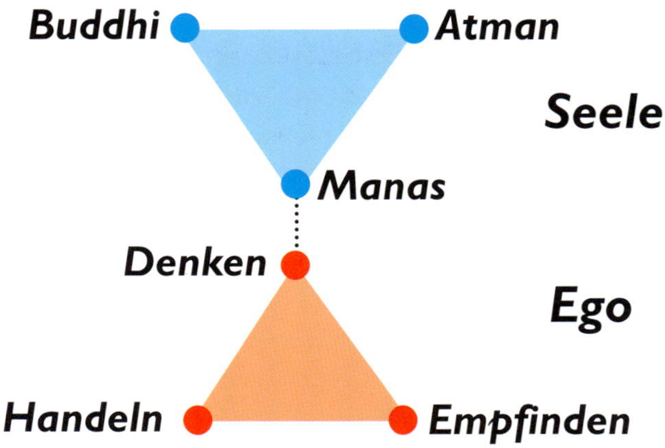

Die Ebenen des Menschen

Daraus ergibt sich jenes Zeichen, das in vielen alten Kulturen als „Mutterzeichen" galt, denn es symbolisiert das Stirb und Werde, das Vergehen und Entstehen, den unendlichen Kreislauf des Lebens. Aus der Mutter kommt das Leben und dorthin kehrt es wieder zurück, um neu geboren zu werden. Himmel und Erde vereinigen sich in diesem Symbol. Die Sanduhr gleicht ihm ebenfalls, indem sie ein Oben und ein Unten hat. Wir sind wie der Sand in dieser Uhr: gleich, ob wir oben oder unten sind, wir sind stets.

Kehren wir aus der unteren, irdischen Welt zurück in die geistige, so zerfallen zwar die Bestandteile unseres Egos, weil die zusammenhaltende Kraft der Seele sich zurückzieht, aber die Essenz und bewusste Erfahrung dieses Lebens nehmen wir als unvergängliche Anteile mit hinein in unsere Seele.

Halten wir also fest: Der Mensch besteht aus zwei grundlegenden Anteilen, er ist vergänglicher Körper und unvergängliche Seele zugleich. Für unser Verhältnis zum Leben und zum Tod ist ganz entscheidend, von welchem Standort aus wir beide betrachten, von jenem des Ego oder jenem der Seele. Vom Ego aus gesehen bestimmt Angst unser Leben und Sterben. Die Angst etwas zu verlieren, nicht zu bekommen, nicht zu erreichen, sinnlos zu sein. Vom Standpunkt der Seele aus ist Leben und Sterben wie der Ein- und Ausatem, ein Offenbaren und Sich-zurückziehen.

In den frühen Kulturen stoßen wir überall auf ganz unterschiedliche Vorstellungen von der Seele des Menschen. Im Hinduismus wird der Seelenanteil als das ewige Atman bezeichnet, das Ego als Ahamkara. Zusammen ergeben sie das Dritte, den Jivan, den Wanderer durch alle Inkarnationen. Selbst der Apostel Paulus spricht dem Menschen noch einen irdischen Leib zu, der der Verwesung anheimfällt und einen „pneumatischen", also feinstofflichen Leib, in dem seine Auferstehung erfolge. Erst später radierte die westliche christliche Kirche solche Lehren aus. Die Ägypter nannten dagegen verschiedene Anteile des Menschen „Seele", die Erden- und die Himmelsseele, und belegten sie mit unterschiedlichen Lauten:

1. Ba-Seele: das transzendente, ewige Ich – der Vogel – der Stern, der im All schwebt – die Seele, die der Barke des Sonnengottes folgt.

2. Ka-Seele: der stoffliche Doppelgänger – die Vitalseele – sie folgt dem Mond und geht beim Tod mit dem Körper in die Unterwelt ein. Die Stoffe und Substanzen werden der Erde und ihren belebenden Naturgeistern zurückgegeben. In vielerlei Hinsicht gleicht sie der Placenta, dem Kraftbehälter.

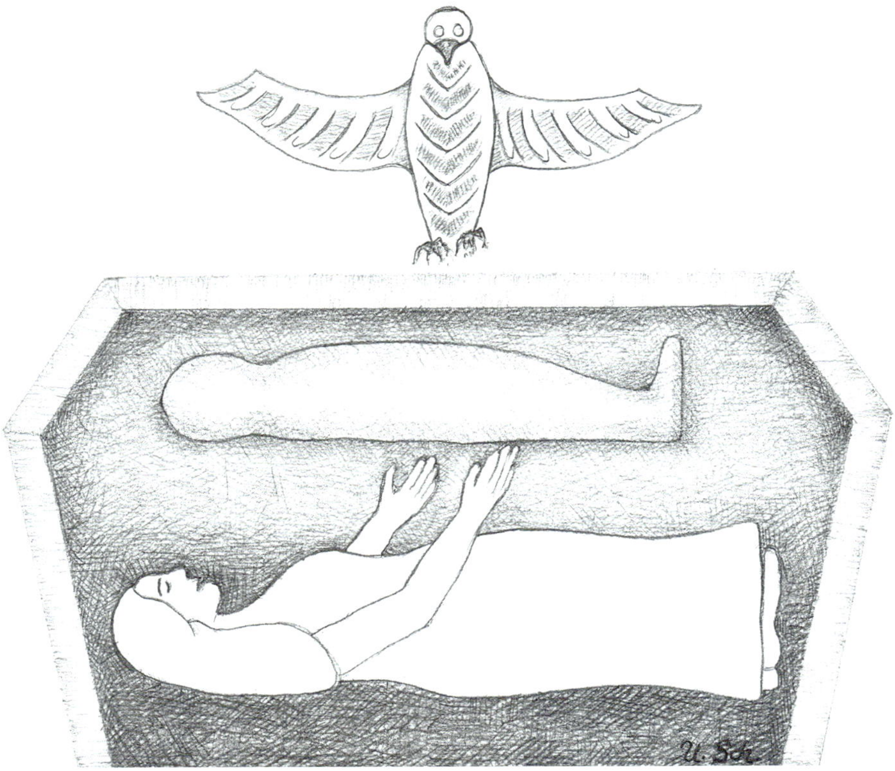

Ägyptische Darstellung der Todeshochzeit. Auf dem Boden des Sarges liegt die Himmelsgöttin Nut, ihre Arme der „mumia", dem Astralkörper, entgegenstreckend. Darüber schwebt die Seele (Ba) des Verstorbenen.

In den germanischen Sprachen und ihren Runenzeichen finden wir eine ganz ähnliche Vorstellung, wobei die Vorzeichen aber umgekehrt sind. Hier ist das „Ka“ das wieder auferstehende Leben, der himmlische Wesensanteil. Mit der Berg- oder Bar-Rune (berkana, Birke) ist der Laut „Ba“ verbunden, ein Symbol des inkarnierten, irdischen Lebens. Diese Rune bezeichnet das Lebenswasser, das zwischen den zwei Bergen oder Brüsten wohnt und das Leben nährt. Aus dem Lebenswasser wächst auch der Lebensbaum der Germanen, die Birke. Jeder Laut kann mit den drei Ebenen der Zeit, nämlich Entstehen – Sein – Vergehen, verknüpft werden, so dass ein Laut ebenfalls jene Wandlung durchläuft, wie sie der Mensch erfährt. Das sei am Laut „Ba“ im Folgenden dargestellt.

1. Ba ***Zeitform des Entstehens*** ***Leben zeugen***

Das Zeugen des Lebens oder das sich offenbarende Leben. „Bar“ ist der Lebensgesang, der erste Schrei des Lebens und der Barde jener, der vom Leben singt. „Bar“ bezeichnete noch im Mittelalter eine Liedform. „Barn“ hieß früher auch die Wiege und die „Barke“ ist das Sonnen- oder Seelenschiff.

2. Ba ***Zeitform des Seins*** ***Leben füllen***

Es bedeutet die Äußerung des Lebens, wie sie im Namen „Baum“ zu finden ist, der durch sein Wachstum und seine Fülle Leben mehrt und nährt. Der „Bart“ kennzeichnet ebenfalls das Wachsende, steht auch für das „Mannwerden“. Die „Bache“ (trächtiges Wildschwein) vermehrt ebenso das Leben, wie auch der Vorgang des „Backens“. Der „Ball“, als „Tanzfest“ wie auch als Symbol für die Sonnenkugel, steht für die volle Lebensäußerung.

3. Ba ***Zeitform des Vergehens*** ***Sich leerendes Leben***

Diese Form bezeichnet das sich zurückziehende, endende Leben. „Bar“ hat die Bedeutung von „leer“ (s. zum Beispiel auch barhäuptig) und auf der „Bahre“ liegt jemand, dem die Lebenskraft schwindet. Ebenfalls gehört die „Barte“, das todbringende Kampfbeil hierher, die das Leben abtrennt oder die Seele vom Körper trennt.

Bei C. G. Jung finden wir eine ganz ähnliche Vorstellung der Dualität menschlichen Seins wie bei den alten Kulturen. Seiner Ansicht nach strebt der obere Seelenanteil des Menschen nach Bewusstwerdung, nach Entfernung von der Welt. Er hat mit dem Erwachen zu tun und zeichnet sich durch seine Sehnsucht nach Gottesnähe aus. Der untere Seelenanteil strebt nach Wiedergeburt im Diesseits, nach Inkarnation. Er ist der vegetativen Kraft der Erde verbunden und äußert sich in einem Weiterleben in den Nachfahren.

Ein wunderbares Symbol zur Verknüpfung der Dreiheit Ego-Seele-Geist hat der Taoismus in seinem Yin-Yang-Symbol gefunden. Der Kreis als Symbol des Geistes füllt alle Teile. In der Dualität von Seele und Ego ist jeweils das eine im anderen enthalten. Zusammen ergeben die drei Anteile jene lebendige Kraft, den „Heilsweg", der sich im S des Symbols ausdrückt, dem Symbol für die Schlange (Jahreswanderung der Sonne) oder dem Sonnenweg.

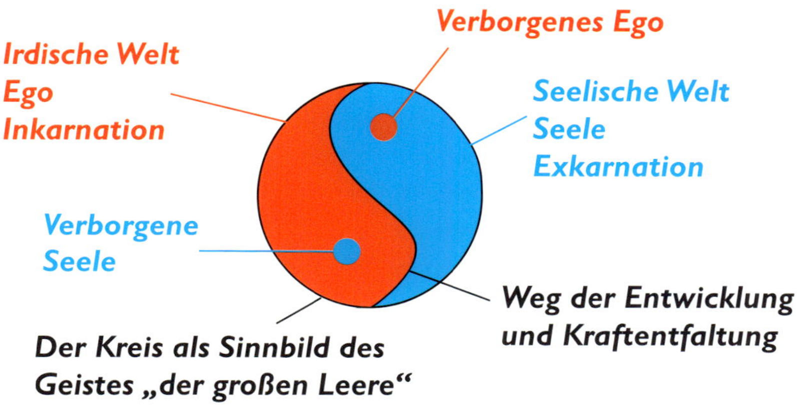

Tao, der Weg der Wandlung

Dort, wo die Dualitäten verschmelzen und sich zur Einheit transzendieren, entsteht der leere Kreis des Geistes, der doch alles ist.

Fassen wir abschließend zusammen, welche Aspekte sich mit dem Ego, der Seele und dem Geist verbinden.

ZUSAMMENFASSUNG:

EGO – *Unsere konkrete, begrenzte Äußerungsform für dieses Leben*

1. Ermöglicht uns einen festumgrenzten, charakteristischen Körper und das Erleben von Körperdasein. Es macht unseren persönlichen Charakter aus.
2. Hilft uns, Erfahrungen auf der Erde, der Welt der festen Substanz, zu sammeln. Es ermöglicht uns ein Experimentieren mit unseren Kräften und macht so Entwicklung möglich.
3. Besteht aus den unterschiedlichen Ebenen menschlicher Entwicklung oder Evolution. Dabei gehen die meisten alten Kulturen davon aus, dass jeder individuelle Mensch in vielen Leben an dieser Gesamtentwicklung teilgenommen hat und das Ego das Ergebnis dieser vielen Leben und Stufen ist.
4. Gibt uns ein Selbsterleben, indem es die Welt teilt in ein Ich und ein Nicht-Ich oder „Das bin ich" und „Das bin ich nicht". Wir lernen aus dem Gesetz der Dualität oder Polarität, das die Erde durchzieht. Freude können wir nur definieren und bewusst wahrnehmen, wenn wir auch ihren Gegenpol, den Schmerz, erlebt haben. Beides definiert sich nur gegenseitig.
5. Formt unsere Sinne und bildet unseren Intellekt aus. Wir können Energien und Kräfte erfahren und aus dem Verhältnis Ursache – Wirkung lernen.
6. Ist der Vergänglichkeit unterworfen und bietet daher die Chance auf einen kompletten Neuanfang. Die Vorstellung, dass wir Hunderte von Jahren in einem Körper, in demselben Charakter wohnen würden, die gleichen Stärken und Schwächen hätten, dürfte den wenigsten Menschen als wirklich erstrebenswert gelten. Vergänglichkeit bietet die Chance des Abstreifens, des Reinigens, des Neuanfangs.

SEELE – *Die unendliche Daseinsform unsers ganzen Seins*

1. Die Seele gibt uns die Möglichkeit, Kontakt zur geistigen Welt und zur irdischen Sphäre zu pflegen. Sie steht in der Mitte zwischen Geist und Materie.
2. Die Seele ist der subtile, unvergängliche, unsterbliche, spirituelle, unbegrenzte Aspekt in uns. Sie ermöglicht uns ein Dasein auf den feinstofflichen Ebenen, ist also unabhängig von den irdischen, endlichen Lebensbedingungen.
3. Die Seele ermöglicht uns an allen Seelenwesen des Kosmos teilzuhaben, auch an der Seele dieser Welt, der „anima mundi" und in Kontakt mit ihnen zu treten.
4. Sie gibt uns unsere Einmaligkeit, unsere Originalität, alle Potentiale und Fähigkeiten. Sie trägt diese weiter von Leben zu Leben und fügt sie dem Mosaik unseres ganzheitlichen Seins ein.

5. Ihr Aspekt des konkreten Denkvermögens ermöglicht das Wissen um das eigene Selbst, ihr höheres Denkvermögen vermag den Zusammenhang und die Einheit in der ganzen Schöpfung zu erkennen.
6. Damit wird Selbstbewusstsein und Selbstbestimmung möglich, was eine Befreiung des Menschen möglich macht.
7. Die Seele ermöglicht es, selbst und doch in allem zu sein. Sie gibt uns die Fähigkeit, Beziehung, Zusammengehörigkeit und Gruppenbewusstsein zu leben.
8. Sie leitet unsere Entwicklung, gibt Inspirationen und Impulse.
9. In ihr liegen die schöpferischen, kreativen Kräfte.
10. Sie gibt die Fähigkeit zu Resonanz, Wahrnehmung. Empfinden und Reagieren.

GEIST – *Die göttliche Dimension unseres Seins*

1. Ist das, worüber nichts gesagt werden kann.
2. Ist der göttliche Funke in uns.
3. Ist untrennbare Einheit.
4. Ist höchster Daseins-Wille.
5. Ist Allbewusstsein und höchstes Licht.
6. Ist die Leere, in der doch höchste Fülle ist.
7. Ist der lebendige „Hauch“, den ein Körper braucht, um in Erscheinung zu treten.
8. Das eine, ewige, wahre Sein.
9. Das Wesen in allem.

1.1 Übungen

um das Seelenbewusstsein zu stärken

Generell ist jeder spirituelle Weg, der auf die eine oder andere Weise stets Formen der Meditation beinhalten wird, ein Weg hin zu verstärktem Seelenkontakt. Aber schon einige kleinere, alltägliche Übungen können hilfreich sein, sich von egoistischen Verhaltensweisen leichter abnabeln zu können. „Egoistisch" beinhaltet an dieser Stelle keinerlei negative Wertung, es bezeichnet lediglich unser Denken, Fühlen, Handeln von unserem Selbst, dem irdischen, persönlichkeitsorientierten Standpunkt aus. Als Person kann jeder einen sehr unterschiedlichen, eben individuellen Standpunkt vertreten, der eine Farbe oder Qualität innerhalb des größeren Ganzen bildet. Begibt sich eine Person auf den Seelenweg, dann mag sie zunächst immer noch persönliche Meinungen haben, aber es wird bestimmte, übergeordnete Werte geben, die auf ein Übergeordnetes oder auf das Ganze gerichtet sind. Wir sprechen dann von überpersönlichen und altruistischen Werten. Gleich also, welche persönliche, „egoistische" Meinung ein solcher Mensch hat, so wird er doch stets versuchen, zum Beispiel niemanden anderen zu schädigen, zu übervorteilen oder gar zu verletzen. Jede spirituelle Lehre besitzt eine Ethik, die an überpersönlichen Werten ausgerichtet ist, die über alles Individuelle hinausgeht. Auf diese Weise beginnt jeder seinen Seelenweg. Die folgenden Übungen können kleine Hilfen sein, um diesen Weg zu initiieren, woraus letztendlich auch die Betrachtung von Leben und Tod eine Veränderung erfahren wird.

a) Sensitivität und Medialität – *Lebensschulung und spiritueller Weg*

Unsere Schulung von Sensitivität und Medialität richtet sich auf die Erweiterung der Wahrnehmung, die aber ausschließlich auf Potenziale und Positivität gerichtet ist. Wenn unser positiver Kern eine Verstärkung erfährt, dann fällt auch der Seelenweg leichter. Negativität, mangelnde Selbsterkenntnis, unbegründete Ängste und Zweifel sind die großen Blockaden jeden spirituellen Weges. Unsere Art der Medialschulung ist also sowohl Lebensschulung wie auch ein spiritueller Weg. Sie hilft, dass wir im Laufe der Zeit verstärkt unsere eigene Seelenschwingung wahrnehmen können, was uns auch die Kraft gibt, den Inspirationen unserer Seele zu folgen.

b) Meditative Übung 1 – *„Sich mit dem Besten verbinden“*

Zum positiven eigenen Lebenskern vorzudringen, der eine seelische Qualität darstellt, kann die folgende Übung unterstützen.

Setze Dich bequem, in aufrechter Haltung und achte bewusst auf deinen Atem. Finde deinen entspannten Atemrhythmus.

1. **Versuche dann das Beste in Dir, deine ganz besondere Qualität oder deine besondere Gabe als Mensch aufzuspüren. Vielleicht ist es „Großzügigkeit“ oder „Liebe“. Verbinde Dich mit dieser Qualität. Falls es Dir schwer fällt, eins mit dieser Gabe zu werden, dann visualisiere diese als Farbe oder Blume, höre sie als Musikstück oder verbinde einen Duft damit. Sieh, höre oder rieche diese Qualität innerlich und werde so eins damit.**
2. **Dann bemühe Dich in einem zweiten Schritt das Beste aufzuspüren, was in dem Raum ist, in dem Du Dich gerade befindest. Vielleicht ist es das Licht des Raumes, die Wärme des Holzes oder was immer auch. Verbinde Dich auch mit diesem.**
3. **Dann denke an einen Freund, eine Freundin, jemanden aus der Familie oder aus deiner Umgebung. Was schätzt Du am meisten an diesem Menschen? Verbinde Dich mit dieser seiner Qualität.**

Wichtig ist bei dieser Übung, dass man sich Zeit lässt und sich bemüht, eins mit diesen Qualitäten zu werden. Man kann diese Übung mit fortschreitender Erfahrung natürlich unendlich erweitern, kann sie auf die Naturreiche oder den Tagesablauf ausdehnen. Sie ist überaus hilfreich, um den Fokus ganz klar auf seelische Qualitäten zu richten und mit der Zeit wird dieses Feld so mächtig, dass negative Störungen nicht mehr das Gewicht haben, wie sie es zuvor hatten. Der Alltag lässt sich somit von einer höheren Warte aus betrachten und wir bekommen ein Gefühl für die wirklich wichtigen Dinge in unserem Leben. Das mag uns hilfreich sein, wenn wir einmal am Tor zur anderen Welt stehen werden, damit dort uns nicht die bittere Erkenntnis wird, etwas übersehen, versäumt oder falsch gemacht zu haben.

c) Meditative Übung 2 – *„Als Seele handeln“*

Kein Mensch fällt als „Meister vom Himmel“ oder wird als Heiliger geboren. Leben braucht Übung, denn es ist Bewegung, ist ein Zuwachsen hin auf ein Neues oder Werdendes. Daher beginnt jede Schulung mit sogenannten „Als ob" – Übungen. Eine solche Übung ist die folgende, bei der wir uns vorstellen, wie wir wären, wenn wir schon ein erwecktes Seelenbewusstsein hätten:

Versuche während der Alphareise (= Imaginationsreise, s. CD im Anhang) ein inneres Bild von Dir als Seele zu machen. Wie siehst Du als Seele aus? Lasse Dich dabei nicht von deinem Verstand begrenzen, handle eher wie ein Kind. Erschaffe Dir Dein persönliches Seelenbild, in dem all deine Lichtqualität vorhanden ist. Betrachte dann jeden Abend in einer Rückschau deinen Alltag, eben vom Standpunkt deines Seelenbildes aus. Wo hast Du als Seele gehandelt während des Tages? Wie haben sich deine Seelenkräfte im Alltag gezeigt? Suche Dir nur die positiven Punkte heraus und versuche nicht die Misserfolge aufzuzählen. Wichtig ist, dass der Fokus ganz auf der Seele liegt. Vermerke diese Punkte und erkenne, wie das Licht deiner Seele mit jeder Erfahrung anwächst und gestärkt wird durch eine solche Betrachtung. Das ist dann auch hilfreich für zukünftige Situationen. Bei schwierigen Entscheidungen im Leben kannst Du Dich dann nämlich innerlich fragen, wie Du als „Seelenbewusstsein" handeln würdest. Man reagiert in einer solchen Haltung langsamer, besonnener, achtet auf andere Qualitäten und wertet vor allem weniger.

2.
Warum diese Angst vor dem Tod?

Ja, aber sterben!
Gehen, wer weiß wohin.
Da liegen wir kalt, eng,
eingesperrt und faulen:
Die lebenswarme, fühlende Bewegung
Verschrumpft zum Kloß
Der entrückte Geist
Getaucht in Feuergluten
Oder schaudernd.
William Shakespeare

Die Worte aus einem Werk Shakespeares zur Einleitung des Kapitels formulieren überaus treffend jene Ängste, die wir alle als Menschen vor dem Tod haben. Jede Kulturepoche hat versucht, aus ihrer Zeit heraus eine eigene Antwort auf diese unserem Wesen innewohnende Problematik zu formulieren. Je nach Qualität des Lebens fielen die Antworten unterschiedlich aus. Die eine Epoche sah den Tod als Sensenmann von grauenerregendem Äußeren, der unerbittlich und grausam Menschen allen Alters hinwegrafft. Andere Epochen, wie zum Beispiel die deutsche Romantik, bemühten sich um eine Versöhnung mit dem Unabdingbaren, ja betrachteten den Tod, „Gevatter Hein", als Freund. Daher möchte ich zum Kontrast zu den Worten Shakespeares zunächst einmal die visuelle Ebene ansprechen und zwei Bilder an den Anfang stellen. Sie stellen sehr schön die Atmosphäre der beiden großen Eckpunkte dar, die den Spannungsbogen unseres Erfahrungsweges im irdischen Dasein ausmachen. An diesen Eckpunkten begegnen sich Transzendenz und irdisches Dasein unmittelbar.

Wenn die Sonne am Morgen emporsteigt, so tritt gleichsam das Leben auf uns zu. Es kommt unserem Gefühl entgegen und der Vordergrund wird betont. Unser Inneres fühlt sich erfrischt, Tatendrang und Neugierde auf den Tag werden wach. Jede Art von Geburt hat etwas mit vollendeter Fülle zu tun, denn das ganze Leben offenbart sich in all seinen unendlichen Möglichkeiten. Es ist das Mysterium, das in einer Nuss, einer Eichel oder einem Samenkorn wohnt. Das ganze Leben steckt in ihnen, jegliche Zukunft. Wenn etwas alle Fülle zum

Bersten in sich angesammelt hat, so dass Offenbarung und Mitteilung zur Notwendigkeit werden, findet das statt, was wir als Geburt bezeichnen. Dies kann eine Geburt in dieses Leben sein, es kann die Geburt eines Kunstwerkes sein, die Geburt eines neuen Tages oder auch eine geistige Erweckung. Etwas wird aus der Rundheit, dem Kreis, dem Ganzen als konkrete Form geboren. Das Transzendente tritt sozusagen in das Irdische hinein.

Der Morgen

Ganz anders das Bild eines beginnenden Abends. Das Leben zieht sich sozusagen in den Hintergrund zurück. Im Vordergrund breitet sich schon die Dunkelheit aus, die unseren Fuß hemmt. Dagegen wird der Hintergrund überaus wach und lebendig. Der Abend inspiriert unsere Seelenkräfte, unser meditatives Erleben. Ja, er zieht uns förmlich in sich hinein, die objektive Welt hinter uns lassend. Wir möchten hinaustreten aus dieser Welt, um in eine zwar nicht sichtbare, aber geahnte größere einzutreten. Es steigt so etwas wie eine Ahnung in uns auf, unser inneres Auge wird beim Betrachten erweckt.
Was beide Bilder eint ist, dass das Leben immer da ist, einmal vordergründig und einmal hintergründig. Geburt und Tod sind nur Spielarten des einen Lebens, das an sich unvergänglich und immerwährend ist, dies wollen beide Bilder zeigen. Das Betrachten beider Bilder kann uns zum Symbol werden. Ist ein Betrachter ganz auf das Sehen mit seinem äußeren Auge fixiert, so wird er das Bild des Morgens als lebendig und hoffnungsfroh empfinden, während ihm das Abendbild unangenehm sein wird, da er das Leben in ihm nicht findet und das Unlebendige, das Dunkle, ja, das Starre und Tote die Oberhand hat. Öffnet sich aber auch das innere Auge des Betrachters, dann wird er das ganze Le-

ben auch im Bild des Abends finden. Bildbetrachtung kann uns ungemein viel helfen, unser Verständnis von Leben und Tod zu erweitern. Bilder prägen uns, unser Empfinden und unser Denken. Dabei spielen nicht nur die eigenen Bilder eine Rolle, sondern auch die kollektiven Bilder, an die wir ebenfalls angekoppelt sind. Begegnen wir zum ersten Male in unserem Leben dem Sterben und dem Tod, können die erfahrenen Bilder prägend sein für unser späteres

Der Abend

Verhältnis zu Leben und Tod. Bilder können Hoffnung geben, aber auch Ängste schüren. Ich erinnere mich, dass bei der Beerdigung meines Großvaters, dessen Tod völlig unerwartet und früh kam, der Kirchenchor den Choral „O Haupt voll Blut und Wunden" angestimmt hatte. Ich war damals zehn Jahre alt und noch heute überzieht mich ein Grauen, wenn ich den Text des Liedes höre, weil ich die Trostlosigkeit, die die Trauergemeinde umgab, sofort wieder vor mir sehe. Bis heute ist es mir nicht möglich, diesen Choral sozusagen neutral und unbefangen zu hören. Bilder, Worte und Klänge haben eine so große Macht, prägen sich so stark ein. Die großen Maler versuchten mit ihren Werken stets, in den Menschen neue Bilder zu erwecken, so dass eine neue Welt möglich wird. Daher ist eine Beschäftigung mit dem Tod mit allen Sinnen so bedeutsam. Die Welt tritt uns in ihrer Struktur als stabil gegenüber, aber in Wirklichkeit gibt es sie so nicht, sondern unsere Sinne erschaffen sie jeden Augenblick neu für uns. Über innere Bilder können wir daher unsere Vorstellungswelt, unseren Zugang zur Welt verändern und damit auch den Zugang zum Leben und zum Tod. Ebenfalls kann Musik uns hilfreich sein, denken wir dabei an Franz Schuberts wunderbares Streichquartett „Der Tod und das

Mädchen", in der die Musik die Verwandlung des Todes vom Feind zum Freund nachzeichnet.

Geburt und Tod sind keine voneinander getrennten Gegebenheiten, sondern hängen ganz eng miteinander zusammen, ja vertauschen sich oftmals. Wie ähnlich sich beide sind, konnte ich immer wieder in meiner langjährigen kinesiologischen Praxis erfahren. Wir sind einseitig fixiert auf den Tod, da wir die Geburt schon hinter uns haben. Aber für wie viele Menschen war der Eintritt in ihr irdisches Dasein, also die Geburt, ein überaus traumatisches Erlebnis, das ihr gesamtes Leben geprägt hat. Dies scheint unserem Denken verständlich, wenn ein Kind in eine Umgebung geboren wird, die offensichtlich überaus schwierig ist oder der Geburtsvorgang selbst dramatisch ist. Es ist nicht gerade ein Paradies, wenn ein Kind in Armut geboren wird, in Krankheit, in schwierige Familienverhältnisse usw. Erstaunlich war für mich aber die Erfahrung, dass die Geburt oftmals gerade auch für solche Menschen traumatisch war, die in anscheinend gute oder gar beste Verhältnisse geboren wurden. Kinder, die auch mit Freude von der Familie erwartet wurden und die doch unter ihrem Schritt in dieses Leben litten. Was für die Familienangehörigen ein Fest der Freude war, war für viele der Betroffenen ein überaus schmerzlicher Vorgang. Sie fühlten sich dazu gedrängt, eine warme, weite, spirituelle Welt zu verlassen, um in eine enge, dunkle und kalte Welt gepresst zu werden. Wenn wir auf der Erde ankommen, dann sind wir fremd. Wir kommen in eine völlig neue Welt, die uns nicht vertraut ist und wir befinden uns in einem Körper, der sich nicht selbstständig versorgen kann, der stets an Begrenzungen stößt. Auch die Eltern mögen einem fremd sein. Erst wenn die Beziehung zur Umgebung sich langsam aufgebaut hat, größere Selbstständigkeit erreicht ist, kann dieses ungute Gefühl sich zum Besseren wandeln. Manchmal gelingt dieses aber trotz aller Therapien das ganze Leben über nicht und es gibt daher auch Menschen, die aus diesem Grund ihr Leben wieder abbrechen. Und es gibt nicht wenige Menschen, die fühlen sich nicht wohl in dieser Welt, glauben in der falschen Zeit, dem falschen Körper zu wohnen. Sind Geburt und Tod also wirklich zwei so große Gegensätze oder sind sie vielleicht doch ähnlicher, als es auf den ersten Blick erscheint? Eine alte indische Weisheit besagt, dass vom spirituellen Standpunkt aus gesehen die Geburt in dieses begrenzte materielle Dasein der wahre Tod ist, während der physische Tod, das Verlassen der irdischen Ebene, die eigentliche Wiedergeburt und Befreiung ist. Wir Menschen scheinen also mit beiden wesentlichen Schwellen oder Übergängen unseres Daseins Probleme zu haben. Wir neigen alle dazu, die Dinge so zu belassen, wie sie uns gerade angenehm sind, da wir uns an sie gewöhnt haben. Wir möchten nicht aus der Wärme, Geborgenheit und Liebe der Mutter hinaustreten in eine kalte begrenzte Welt, die von uns eine Eigenständigkeit fordert. Wiederum möchten wir später aber auch nicht dieses Leben, zu dem wir dann Beziehungen und Kontakte aufgebaut haben, wieder verlassen müssen, denn wir wissen dann meist nicht mehr, wohin wir gehen werden, weil wir vergessen haben, woher wir gekommen sind.

Die Vorstellung vom Leben als stete Wanderung und Wandlung, als Pilgerreise, ist uns als echte Realität heute eher fremd. Dies ist sicherlich mit eine Auswirkung jener Zeit, als wir uns von der nomadenhaften auf die bäuerliche Kulturstufe begeben haben, die von den Prinzipien des „Besitzens, Begreifens, Nutzens" geleitet wird, in der materielle Sicherheit alles ist. Von dieser Sicht vereinnahmt ist übrigens nicht nur die geldliche und merkantile Seite, sondern auch die Wissenschaft und die Theologie. Durch unser ganzes Denken zieht sich diese Forderung nach unumstößlicher Beständigkeit, Struktur und Sicherheit. Es gab frühere Kulturstufen, da waren stete Wandlung, Unvorhersehbarkeit und Tod weitaus natürlicher und selbstverständlicher, da die Welt in steter Veränderung und der Tod allgegenwärtig war. Auf der anderen Seite hatte das individuelle Leben damals aber auch nicht diese hervorragende Bedeutung und den Wert, den es heute für uns hat. Und noch heute finden wir im Orient und manchen östlichen Völkern vielfach die Vorstellung, dass das persönliche Leben unbedeutend ist und nur die sogenannten kollektiven Werte wichtig sind.

Die Zukunft wird sicherlich darin liegen, wieder einen bewussten, spirituellen Umgang mit dem Tod zu pflegen und auch Wege zu entwickeln, den Prozess des Absterbens aus einem Leben und das Hineinwachsen in ein neues mitzubegleiten. Das wird auch eine neue Definition des irdischen Lebens mit sich bringen. Die Begründung der Hospizbewegung ist ein Zeichen für eine solche Entwicklung. Gleichzeitig gilt es aber nicht nur einseitig den Sterbeprozess zu betrachten, sondern auch den Eintritt in dieses Leben. Beide, Geburt wie Tod, bedürfen neuer Aufmerksamkeit.

Heute möchten viele am liebsten den Tod ausklammern aus ihrem Leben und sie leben hypnotisch mit ihrer Angst dahin, bis sie eines Tages zwangsläufig doch mit ihm konfrontiert werden. Schließlich ist es der einzige, sichere Punkt im Leben: Jeder wird einmal sterben.
Es gibt meiner Ansicht nach verschiedene Gründe, wieso die Angst vor dem Tod uns heutige Menschen so unerbittlich verfolgt. Kein Mensch kann sich dieser Angst entziehen und der Geistheiler Tom Johanson sagte einmal: „Wenn euch jemand erzählt, er habe keine Angst vor dem Tod, dann belügt er

sich selbst. Jeder Mensch hat auf irgendeine Art Angst vor dem, was mit dem Sterben verbunden ist." Damit hat er unbedingt recht, denn der Tod ist ein vielfältiger Prozess und mancher mag vor dem Verlassen seines Körpers wahrlich keine Angst haben, aber vielleicht vor der Art und Weise, wie dies geschehen könnte. Ich möchte im Folgenden einige möglichen Ursachen für unsere Ängste vorstellen. Dabei spielen natürlich auch die kollektiven Glaubensmuster, die in der westlichen Welt vor allem von der christlichen Kirche geprägt sind, eine wichtige Rolle. Wenn ich mit den Vorstellungen christlicher Kirchen etwas härter ins Gericht gehe, so geht es mir dabei um die Institution Kirche, um ihre seltsamen Dogmen, ihren absoluten Machtanspruch und nicht um die Aussagen der Bibel oder den christlichen Glauben an sich. Es geht mir um die Irrlehren der Kirchen, die erfunden wurden, um Macht über Menschen auszuüben und welche Macht auf Erden könnte stärker sein als die der Angst. In gewisser Weise war es eine absolute Fehlentscheidung der Wissenschaften im 18. Jahrhundert, als sie beschlossen, dass alles Religiöse und Spirituelle allein den Kirchen zur Untersuchung vorbehalten bleiben sollte. Erst heute erleben wir, dass zum Beispiel Wissenschaften wie Physik und Biologie zwangsläufig in jene subtilen Bereiche des scheinbar Unerklärlichen vordringen und auf diese Weise im Laufe der Zeit vielleicht viele der alten Irrlehren ausräumen werden können. Das wird zu einem sachlicheren, entspannteren Umgang mit Themen wie Sterben, Tod und Jenseits führen. Natürlich lassen sich nicht alle Ängste den Kirchenlehren anlasten, denn Angst ist ein Teil unseres irdischen Lebens. Selbst so große Menschen wie C.G. Jung oder Elisabeth Kübler-Ross, die sich mit dem Thema Sterben auseinandergesetzt haben, berichten von ihrer eigenen tiefen Angst, von Schmerzen, Gefühlen von dunkler, quälender Einsamkeit oder jener „eisigen Stille", dem „Schweigen ohne Antwort", wenn ein geliebter Mensch gegangen ist. Es bedarf einer lebenslänglichen Arbeit an sich selbst, um diesen Ängsten begegnen zu können, denn vermeiden können wir sie nicht. Es ist nur allzu menschlich, dass die unendliche Größe dieses alles verwandelnden Ereignisses uns zittern macht. Ich erinnere mich an eine alte Dame, die in England ein bekanntes und geachtetes Medium war und wie sie mir in einem Gespräch während eines Kurses – sie hatte gerade erfahren, dass eine gute Freundin von ihr gestorben war – sagte: „Und was ist, wenn wir alle unrecht hätten, wenn der Tod ganz anders ist, wenn es vielleicht doch gar nichts mehr danach gibt?" Sie sann einige Sekunden dem nach, was sie eben laut gedacht hatte, dann schüttelte sie den Kopf und lachte. Auch in ihr nahm angesichts der Größe des Todes ein Moment lang Zweifel den Raum ein. Und oftmals bleibt nur das Lachen oder Weinen, um für eine Situation, auf die es keine Antwort gibt, eine emotionale Erlösung zu erreichen.

Im Folgenden geht es auch um die individuelle, natürliche Angst eines jeden, vor dem Unerklärlichen, dem Dunkel, der Einsamkeit, der Trennung, dem Schmerz. Es geht mir aber vor allem auch um jene kollektiven Ängste, deren Macht von Menschen produziert wurde und die lediglich Illusionen oder Bilder ähnlich eines Filmes sind und nur in diesem Sinne eine Realität haben. Erschaffen wir uns neue Bilder, werden jene alten keinen Bestand und keine Macht mehr haben. Das ist kein leichter Vorgang, denn natürlich sind auch unsere individuellen Ängste darin verwoben, weshalb das Ganze ja so heillos und die Befreiung davon so schwierig ist. Die einzige Hilfe ist, sich selbst auf die Suche zu machen nach dem, was Leben und Sterben ausmacht, nach der Quelle, aus der unser Werden entsprang und in die wir zurückkehren werden. Im Folgenden werde ich die Ängste auflisten, die mir im Zusammenhang mit dem Sterben und dem Tod am wichtigsten erscheinen.

Masken von Dämonen

2.1 Die Angst vor dem Gericht

Die Kirchen lehren seit hunderten von Jahren den Tod als Schreckgespenst zu fürchten. Er erscheint als der Sensenmann, der sich meist zu unpassender Zeit naht und den Menschen richtet. Die Lehren über einen den Menschen zürnenden und richtenden Gott, über die Qualen der Hölle, haben Furcht gesät, denn Furcht ist der größte Machtfaktor, mit dem man Menschen unterjochen kann. Ich sehe durchaus den möglichen pädagogischen Effekt, den man sich daraus erhoffte, um den Menschen früherer Zeit Parameter an die Hand zu geben, was erlaubt ist in der Gesellschaft und was nicht, dass Mord und Betrug nicht verjähren und sich ins nächste Leben vererben. Das mag die ursprüngliche Absicht gewesen sein, denn je wilder die Völker damals, desto strenger erscheinen mir ihre Lehren über das Jenseits. Aber Angst war noch nie ein guter Lehrer. Die kirchlichen Lehren, ihre Auslegungen von Himmel und Hölle sind zudem rein fiktiv, denn niemand kann sie je im materialistischen Sinne beweisen und manchmal sind sie so widersinnig, dass sie eine Beleidigung für die menschliche Intelligenz sind. Betrachtet man die Lehren Jesu, so findet man dort vor allem die Betonung von Vergebung, Heilung, Versöhnung und Wiederauferstehung. Dies wird besonders deutlich im Gespräch, das er bei seiner Kreuzigung auf Golgatha mit seinen beiden Leidensgefährten führte, die ja nichts anderes symbolisierten, als die beiden Anteile seines irdischen Ichs. Die Kreuzigung, unabhängig ob sie geschichtliche Wirklichkeit war oder nicht, ist eine Darstellung jenes Punktes im Sterbeprozess, wenn die Seele, also der Christus, über seine irdischen Anteile „zu Gericht" sitzt und was nicht erlöst werden kann oder will, geht zurück in den großen Ozean der Wiedergeburt. In Jesu Abschied von dieser Welt und im Aufsteigen seines inneren Christus ist sehr viel von Vergebung und von der anderen Welt die Rede, wenig von Gericht, Strafe und Opfergang. Ja, Jesus selbst kommunizierte nach seinem irdischen Tod „medial" mit seinen Jüngern, um ihnen zu zeigen, dass er ein Lebender ist. Dies zeigt die Auferstehungsgeschichte und auch sein Erscheinen bei den Jüngern. In der östlichen Kirche finden wir daher Jesus nicht als toten Leichnam am Kreuz hängend abgebildet, sondern als Wiederauferstandener, als Überwinder, der seine Hände segnend über den Weltenkreis erhebt. Die Spiritualisten nehmen Jesus als Vorbild für ihre Lehren, da sie ihn als das größte Medium und den größten Geistheiler in der westlichen Menschheitsgeschichte bezeichnen.

Viele Menschen kenne ich, die behaupten von sich, eigentlich nicht mehr an die Kirchenlehren zu glauben. Zum Gottesdienst gehen sie, wenn überhaupt, nur zur Weihnachtszeit. Und doch bleiben sie in dieser Kirche oftmals mit der Begründung, eine „ordentliche" Beerdigung zu bekommen. Und letztendlich: „Man weiß ja bekanntlich nie …". Man hält sich lieber alle Tore offen, zahlt regelmäßig seine Kirchensteuer, so für alle Fälle, nach dem Motto „Der kluge Bürger baut vor". Wie viele „ungläubige" Menschen sind angesichts von Alter und Tod wieder reumütig in den Schoß der Kirche zurückgekehrt! Der große Pianist und Lebemann Franz Liszt trat im späten Alter in die katholische Kirche ein und wurde dort sogar Abbé.

Die Sache mit dem geweihten Boden hat Macht und noch heute ist die Vorstellung für viele ein Grausen, anonym beerdigt zu werden. Dabei ist die Grundidee von der Einsegnung wie auch Aussegnung als Ritual eine wunderbare, feierliche Sache. Aber es ist noch gar nicht lange her, da galten strikte Verordnungen, wer wie und wo zu beerdigen war. Für die Angehörigen von Selbstmördern waren diese kirchlichen Vorstellungen ein großes Problem. Der evangelische Pastor und Heiler Emanuel Felke schilderte zu Beginn des zwanzigsten Jahrhunderts den Fall, dass ihm seine Kirchenbehörde untersagt hatte, einen Selbstmörder auf dem kirchlichen Friedhof zu beerdigen. Felke ignorierte diesen Befehl, führte sogar selbst den Beerdigungszug an und hielt eine donnernde Predigt über den Satz „Wer ohne Sünde ist, der werfe den ersten Stein". Dies war eine der Handlungen, die letztendlich seine Suspendierung vom Dienst bewirkte. Ich konnte das in gewisser Weise auch am Übergang meiner Großmutter selbst erleben, die übrigens zeitlebens eine fleißige Kirchgängerin war. Sie war weit über siebzig, hatte Altersdiabetes und war fast blind. Sie bekam Probleme mit ihren Beinen und die Ärzte teilten ihr mit, dass die Beine amputiert werden müssten. Meine Großmutter wollte das unter keinen Umständen. Alternative Therapien brachten keine Verbesserung. Sie bat um Sterbehilfe, was damals noch gar nicht denkbar war und was zur Folge hatte, dass sie sich mithilfe von Schlaftabletten aus ihrem kranken Leib selbst befreite. Es gab eine Untersuchung und in der Familie klagte man darüber, wie sie uns allen das hatte antun können. Die Qual ihres Problems, die Ohnmacht aller Helfer angesichts ihrer Krankheit und ihre letztendlich eigenständige, aber einsame Lösung wurde zunächst mit keinem Wort erwähnt. Allerdings ist dabei auch ein Heilungswunder geschehen, das mich tief beeindruckt hat. Obwohl blind, hatte meine Großmutter vor ihrem Gang einen Abschiedsbrief an uns geschrieben. Im Angesicht der Größe des Momentes in ihrem Leben war sie wieder sehend geworden.

In den meisten früheren Kulturen gab es eine Kunst des Lebens und eine des Sterbens. In tibetischen und indischen Traditionen soll es noch heute geheime Techniken geben, wohl ähnlich jenen der Akupressur, um den Übergang zu erleichtern. Vielleicht sind damit jene zentralen Nervenpunkte angesprochen, die auch bei fernöstlichen Kampfkünsten als tabu gelten, da zu starker Druck auf sie zum Tode führen kann. Die Indianer pflegten sich in die Einsamkeit der Natur zurückzuziehen, wenn sie ihre Stunde nahen fühlten. In jenen Kulturen besteht daher bis heute auch ein anderes Verhältnis zum Sterben und zum Tod. Vor allem bleibt es in der Entscheidungskraft des Einzelnen, wie und wann er diesen Übergang vollziehen möchte. Daraus mag auch jene Haltung der Germanen verständlich sein, dass es unrühmlich sei, im Bett zu sterben, sprich, nicht den eigenen Tod selbst zu leben und den Weg hinüber selbst zu bestimmen. Eine solche Lebenshaltung hat viel Einfluss auf jene Vorstellung, die wir gemeinhin als „Gericht" fürchten, denn wie verschieden ist es, gleichsam als unmündiges Kind einem göttlich zürnenden, allmächtigen Vater gegenüberzutreten oder sich zunächst einmal selbst gegenüberzutreten, was nichts von der Intensität eines solchen Erlebens nimmt. In der Tat berichten viele Medien, dass wir unserem Leben, aus dem Blickwinkel unseres eigenen höheren Selbst, unserer Seele, nach dem Tod werden gegenübertreten müssen. Ein schottisches Medium hat diesen Vorgang einmal auf humorvolle Weise dargestellt: „Wenn wir an das Himmelstor kommen, drückt uns Petrus ein Videoband unseres Lebens in die Hand, das wir uns in einem Vorführungsraum anschauen sollen. Da begegnen wir dem, was wir getan haben im Leben, auch dem, was wir nicht getan oder versäumt haben und dem, was wir vielleicht hätten tun sollen. Aber natürlich sind auch all die wunderbaren Stellen unseres Lebens auf dem Band."

Es ist keine Frage, dass wir uns unserem Leben stellen müssen und das kann eine „Hölle" sein. Aber die Vorstellung von einer Massenaburteilung vor einem Gerichtshof, wie sie der Maler Hieronymus Bosch so eindrücklich in seinen Bildern darstellte, scheint es im Jenseits nicht zu geben, was uns natürlich nicht die Fragen erleichtert, die sich um das Thema „göttliche Gerechtigkeit" drehen. Unser polares, nach Ausgleich strebendes rationales Denken fordert ja Gerechtigkeit und wenn nicht in diesem Leben hier, dann wenigstens im Jenseits. Irgendwo und irgendwann in diesem Universum müssen Täter für ihre Taten büßen. Diese Vorstellung entspricht der Gesetzmäßigkeit unseres lineaaren, rationalen Denkens. Das bindet uns bewusstseinsmäßig aber in gewisser Weise an die Tat und den Täter, er hat damit noch Macht über uns. Und nach der indischen Philosophie ist es genau ein solches inneres Band, das uns für ein nächstes Leben bindet, wo wir diesem „Täter" auf irgendeine Art und

Weise wieder begegnen werden. „Karma“ nannten die Inder dieses Gesetz der Verpflichtung, der Bindung mittels Gefühle und Gedanken. Daher wird in Schulungen wie dem Rajas Yoga den Schülern vermittelt, wie sie alles „Anhaften“ vermeiden und alle „Stricke oder Bindungen“ lösen können. Da geht es also nicht mehr um Schuld und Unschuld, um Opfer oder Täter, sondern letztendlich nur darum, wie kann ich mich aus den Verstrickungen, den Bindungen an diese Welt lösen. Nur so lässt sich jene menschliche Katastrophe verhindern, die Heinrich von Kleist in seinem „Michael Kohlhaas“ beschrieben hat, nämlich wie ein Unschuldiger, der im Recht ist, selbst zum Schuldigen wird und die ganze Welt in Brand setzt. So unsinnig und irrational Jesu Lehre von der unabdingbaren Liebe („Wenn Dich einer auf die linke Wange schlägt, so halte ihm auch die andere hin“) für unser rationales Denken und unser Ego klingt, so lehrt sie nichts anderes als die indische Philosophie. Wunderbar dargestellt findet sich dieses Thema in dem Film „Talking to heaven“, der vom Leben des bekannten amerikanischen Mediums James van Praagh handelt. Dort kommen ermordete Kinder wieder zurück, treten über das Medium in Kontakt mit dieser Welt, um sich, aber auch den Täter zu erlösen und verhindern damit, dass weitere Morde geschehen. Richtig verstandene Liebe bedeutet nichts anderes, als absolut in seiner Mitte und Stärke zu bleiben, sein Bewusstsein ständig im Licht seiner Seele zu halten. Nur das ist der Weg der goldenen Mitte, der zur Befreiung aus der Welt der Polarität führt. Und wer frei ist von Polarität, wer nur noch im „Einen“ lebt, braucht kein Gericht zu fürchten, denn in der Einheit gibt es ein solches nicht, so wenig wie dort Begriffe wie „schuldig/ unschuldig“ existieren. Dass dies für den Verstand ein Paradoxon ist, hat niemand besser durch sein Leben beschrieben als Jesus Christus.

2.2 Die Angst vor Verlust des Körpers

Wir beschäftigen uns wenig mit den spirituellen Wirklichkeiten und meist erst dann, wenn existenzielle Schwierigkeiten in unserem Leben auftreten. In jüngerer Zeit kam durch die Bewegung der Esoterik wieder einmal neuer Schwung in die eingefahrenen Denkrichtungen, aber es braucht viel Zeit, bis alte Glaubenssätze das Zeitliche segnen, denn die alten kollektiven Glaubensmuster sind schon genetisch in uns verankert. Das Problem der westlichen Kirchenlehren ist, dass sie bis heute noch ganz dem materialistischen Glauben anhängen, was ursprünglich wohl nie von Jesus so gelehrt wurde. In den ersten Jahrhunderten der neuen Zeitrechnung entbrannte bei den Kirchengelehrten der Streit darüber, ob Jesus in seinem alten physischen Leibe wiederauferstehe, ob dieser noch all seine Wunden trage und ob er beschnitten oder unbeschnitten auferstehe. Welch` brennende Fragen angesichts des Leides auf dieser Erde! Zuvor vertrat man die Auffassung, dass jeder Mensch einen pneumatischen Körper habe (wir würden heute vom feinstofflichen Körper oder vom Ätherkörper sprechen) und der Mensch in diesem wiederauferstehen würde. Eine Auffassung, die sich in der Ostkirche gehalten hat. In der Westkirche dagegen setzte sich die Vorstellung durch, dass neben Geist und Seele auch der Körper heilig sei, so dass Jesus in diesem auch wiederauferstehen müsse. Auf diese Art und Weise hält sich bis heute hartnäckig der Glaube, dass der Verstorbene im Grab liege, bis zum Tag des Jüngsten Gerichts. Somit wurde den Menschen über lange Zeit immer wieder eingetrichtert, sich vollkommen mit ihrem irdischen Körper zu identifizieren. Ein Leben ohne diesen Körper war schlichtweg nicht mehr vorstellbar, im Gegenteil, eine solche Vorstellung wurde sogar für unnatürlich, teuflisch und dämonisch erklärt. Auf der anderen Seite wurde der Körper aber auch wiederum als Urheber aller Sünde angesehen und es galt ihn streng zu läutern. So entstand diese Art der seltsamen Haftung am Körperlichen und der gleichzeitigen Ablehnung desselben, ein Zwiespalt, der uns bis heute innerlich zerfrisst. Eine positive Haltung zum Irdischen ist daraus ja leider bis heute nicht erwachsen. So erleben wir uns fest mit der Körperwelt verbunden, dass wir uns ein Leben ohne ihn nicht vorstellen können, und gleichzeitig haben wir immer noch das Sündenbewusstsein. In der Tat, um auf der Erde zu wirken, brauchen wir unseren Körper und wir sollten ihn als vollkommenes Fahrzeug betrachten und auch ehren, wie das der Buddhismus lehrt. Aber es gibt andere Welten, in denen wir lediglich unseren feinstofflichen Körper brauchen, in die wir unseren irdischen Körper nicht mitnehmen können, da wir ihn dort auch gar nicht benötigen.

Und viele Berichte von Medien oder Menschen, die parapsychologische Erlebnisse mit Verstorbenen hatten, erklären, dass die Verstorbenen ihnen als wesentlich jünger, vollkommener, schöner und wirklicher erschienen. Das zeigt, dass wir nicht zu irgendwelchen Elektronen oder Atomen verpuffen, sondern unsere Seele sich jederzeit feinstoffliche Formen erschaffen kann. Wie sonst sollten die Verstorbenen sich den auf der Erde zurückgebliebenen kenntlich machen können, zum Beispiel während einer medialen Sitzung?

2.3
Ängste aus vergangenen Leben

Ursprünglich gab es im christlichen Glauben auch Raum für das Thema der Reinkarnation. Aber dieser Glaube an eine Wiedergeburt auf Erden wurde abgeschafft, so dass das jeweilige Leben einzig, unwiederholbar und vor allem auch nicht mehr korrigierbar wurde. Das Leben sozusagen als ein einziger Wurf. Pech natürlich für den, bei dem der daneben geht. Da steht alles in der Gnade Gottes, deren wir uns gewiss sein können, nur kam zuvor zumeist die Gnade der Kirche, die nicht umsonst zu haben war. Denken wir an den florierenden Ablasshandel zur Zeit Luthers.
Heute beschäftigen sich wieder mehr Menschen mit der Idee der Reinkarnation, die eine sehr sinnvolle ist. Wer kann schon in einem Leben zu einem Heiligen werden? Wie kann ein Mozart mit solch genialer Begabung ins Leben treten, ohne dass er zuvor viele Leben daran gearbeitet hätte? Alles, was wir in diesem Leben sind, haben wir uns zuvor hart erarbeitet und jeden Fortschritt, den wir in diesem Leben machen, wird uns den Weg ebnen im nächsten Leben. Ich bin sicher, dass jedes Lebewesen so viele Leben hat, wie es braucht und auch haben möchte. Buddha hat einmal gesagt, dass er erst in das Nirwana eingehen werde, wenn auch der letzte Mensch dieses Ziel der Erleuchtung und des Einsseins erreicht hat.

Ich bin also überzeugt, dass es viele vergangene Leben gibt und dass etwas tief in uns um diese vergangenen Leben weiß. Daraus resultieren nach meiner Einschätzung oftmals Ängste, die mit der Art und Weise des Sterbens verbunden sind. Sicherlich gab es Leben, in denen wir nicht friedlich und harmonisch gestorben sind und vielleicht gab es Leben, in denen wir gewaltsam, ja grausam, umgekommen sind. Ängste und Schmerzen können als uralte Erfahrungen irgendwo in uns latent da sein, wenn es für unseren Weg als Seele von Bedeutung ist. In diesem Sinne sagte Margret Pearson einmal: „Ich habe keine Angst vor dem Tod an sich, aber ich bete täglich um einen friedlichen Tod.“ Und es gibt nicht wenige Menschen, die nicht den Tod an sich fürchten, sondern die Art des Sterbeprozesses. Ich bin nicht der Meinung, dass wir nun in unsere alten Leben hinabsteigen sollten, um unseren Verstand mit konkreten Fakten zu füttern. Auch in Indien hat es meines Wissens nie eine Reinkarnationstherapie gegeben, wie sie die westliche Esoterik hervorgebracht hat. Es war natürlich, dass innerhalb einer spirituellen Schulung solche Bilder vergangener Leben auftauchen können, dass sie aber nicht wichtig sind für dieses Leben. Wichtig dagegen ist das Ziel, das wir für dieses Leben ansteuern wollen, denn die Essenz dieses Lebens nehmen wir als Kern oder Samen für ein nächstes mit. Die heute so übliche stete Beschäftigung mit letzten Leben, die häufig rein aus Sensationslust des Egos heraus entsteht, halte ich – falls nicht im Rahmen einer notwendigen Therapie oder als Phase innerhalb einer spirituellen Schulung – nicht für gesund, denn diese betont ganz stark die Exkarnationskräfte. Meist beschäftigen sich gerade jene Menschen damit, die noch gar nicht richtig in dieses Leben inkarniert sind. Die mediale Schriftstellerin Alice A. Bailey schrieb darüber einmal folgendes:

„Ich weiß, dass ich heute das bin, wozu mich viele Leben und viele bittere Erfahrungen gemacht haben. Ich bin sicher, dass die Seele – wenn sie ihre Zeit damit vergeuden wollte – sich ihrer vergangenen Inkarnationen erinnern könnte, denn die Seele ist allwissend, aber was würde das schon nützen?
Es käme dabei doch nur eine andere Form von Ich-Bezogenheit heraus.
Im übrigen wäre es nur eine traurige Geschichte.
Wenn ich heute irgendeine Weisheit besitze und wenn irgendeiner von uns die gröberen Fehler des Lebens zu vermeiden weiß, dann liegt das daran, dass wir durch die härteste Erfahrung gelernt haben, die betreffenden Fehler nicht zu wiederholen.“

(„Die unvollendete Autobiographie“, Alice Bailey, Lucis Verlag Genf S.98)

Es ist sicherlich nicht gut, nur in der Vergangenheit zu wühlen, aber es ist ebenso sicher, dass unerklärliche, tiefsitzende, ja irrationale Ängste durchaus von anderen Leben herrühren können. Ich erinnere mich an einen Ausflug nach Schloss Neuschwanstein, den ich als kleines Kind mit meinen Eltern machte. Dort wollten die Eltern mit einer Pferdekutsche vom Tal zum Schloss fahren. Diese Pferdekutsche war von schwarzer Farbe, wie auch die Pferde. Kein Mensch konnte mich überreden, in diese Kutsche zu steigen, denn ich wusste innerlich, dass ich sterben muss, sobald ich in der Kutsche sitze. Weder hatte ich als Kleinkind zuvor schlechte Erlebnisse mit Pferden noch mit Kutschen gehabt, aber die Angst davor war so massiv, dass ich wie paralysiert war. Ich selbst bin mir sicher, dass dies eine Erinnerung aus einem letzten Leben war, denn als Kind ist man bewusst oder unbewusst noch stark mit den geistigen Welten verbunden.

2.4 Die Angst vor dem Unbekannten

Meist werden wir in unserer Kultur schicksalhaft mit dem Tod konfrontiert. Wir vermeiden ihn anzuschauen, beziehen ihn nicht in unser tägliches Leben ein, so dass wir ihn auch gar nicht üben und vorbereiten können. Daher ist er uns nicht ein Freund, sondern Feind. Alles, was wir nicht ehren können im Leben, wandert in das Schattenreich und nährt dort das Gift, das unser Sein bedroht. Der Schatten ist ein „Nichts", also alles, was nicht ist oder nicht sein darf, was mit Auslöschung zu tun hat. Es geschieht in der Nacht, wenn wir nichts mehr sehen, dass die Schatten und Ängste auftauchen. Eine Epoche, die sich intensiv mit dem Tod auseinandergesetzt hat, ist die Romantik. Nacht, Grab, Tod, Grenze und das Übernatürliche sind Gegenstand ihres wohlwollenden Interesses. „Gevatter Hein" wird da zum Freund des Menschen, der ihm eine neue Seite im Buch des Lebens aufschlägt, der ihn zu neuen Ufern führt, durchaus vergleichbar dem Fährmann am Unterweltfluss des Hades in der griechischen Mythologie. Immer wieder gab es Epochen in der Menschheitsgeschichte, in der die Auseinandersetzung mit dem dunklen Reich des Todes, also mit den Kräften der Exkarnation ganz stark war. Und es gab immer wieder auch Epochen, wie zum Beispiel das Rokoko, die intensiv den Inkarnationskräften huldigten, dem materiellen Dasein.

Tod kann uns als eigener oder auch als kollektiver Schatten begegnen. Seit den Untersuchungen C. G. Jungs ist viel deutlicher geworden, dass wir nur scheinbar ganz individuell sind. In Wirklichkeit sind wir eng an die morphogenetischen Felder unserer Familie, Generation, ja der Menschheit angekoppelt, so dass die Grenzen zwischen ureigenem Ich und Kollektiv fließend sind. Wie stark uns Familie, Erziehung und öffentliche Meinung beeinflussen, ist hinreichend bekannt. Wenn die Gesellschaft über viele Jahrhunderte ein Problem mit dem Tod hat und daraus ein starkes kollektives Feld mit einer Angst-Prägung entsteht, wird sich das auf unbewusster Ebene auch auf die nachfolgenden Generationen auswirken. Aus diesem Grunde braucht es unbedingt die eigene Bewusstwerdung, das „Erkenne-Dich-selbst", damit wir unterscheiden können, welche Ängste wirklich nur zu uns selbst gehören und welche wir von außen übernehmen. Auf der positiven Seite hat dieser Mechanismus aber den Vorteil, dass viele Menschen ihre Ansicht über den Tod ändern werden, wenn ein entsprechend neues morphogenetisches Feld entsteht. Die Hospizbewegung ist das beste Beispiel dafür. Heute sind schon viel mehr Menschen geneigt, sich mit diesem spannenden Thema des Sterbens bewusst auseinanderzusetzen und bereit, auch neue Wege zu gehen.

Betrachten wir unser Leben etwas genauer, so stellen wir fest, dass es schon im irdischen Leben dem Sterben durchaus vergleichbare Erfahrungen gibt. Zum Beispiel den Schlaf. Die esoterischen Lehren betrachten den Schlaf als den „kleinen Bruder des Todes". Es kommt unserem Verstand nur nicht in den Sinn, den Schlaf mit dem Tode gleichzusetzen, da die lineare Dauer für ihn eine wichtige Rolle spielt und er aus Erfahrung weiß, dass es am Morgen – zumindest aller Wahrscheinlichkeitsberechnungen nach – ein Wiedererwachen geben wird. In den östlichen Kulturen wird gelehrt, dass man beim Einschlafen täglich den Wechsel der Bewusstseinsebenen üben kann und nicht erst, wenn man am Ende seines Lebens damit unausweichlich konfrontiert wird. Sie nutzen den Schlaf als Möglichkeit der Übung.

Auch in der Sexualität gibt es diesen Punkt des „kleinen Todes", nämlich beim Höhepunkt des Koitus. In diesem Moment der Ekstase wird für ganz kurze Zeit das einzelne Ich ausgeblendet zugunsten eines Gefühls der Einheit und Verschmelzung. Kaum werden wir das mit Tod verbinden, da es nur ein kurzer Moment ist und wir zudem in einem Zustand begeisterter Ekstase sind. Andere Kulturen schulten diese Fähigkeit zur inneren Ekstase, um den Körper bewusst und selbstständig verlassen zu können. Denken wir über solche alltäglichen Zustände unseres Lebens nach, in denen sich die Grenzen verwischen, dann können wir manches über den Tod lernen und können ihn nach und nach besser integrieren in unser Dasein. Allen den zuvor beschriebenen Zuständen, die dem Tod ähnlich sind, ist eines gemeinsam: Es sind Zustände, die wir nicht unter bewusster Kontrolle haben. Weder können wir den Schlaf bewusst kontrollieren noch den Orgasmus. Im Gegenteil ist es weitaus hilfreicher, die Fähigkeit des Loslassens anzuwenden, denn der Verstand mit seinem Wollen erzeugt die Angst und die Verspannung. Angst vor dem Unbekannten, dem Unkontrollierbaren ist eine Angelegenheit des Verstandes und kann nur angegangen werden, indem wir Loslassen, Entspannung und Selbstvergessenheit üben.

2.5
Angst vor Vorstellungen und Bildern

Die moderne Bewusstseinsforschung hat bewiesen, welche Macht Bilder auf unser Gehirn und unser Denken haben. Die Bildvorstellungen vom Tod in unserer westlichen Kultur sind vorwiegend negativ belegt. Sie ergehen sich in naiven Paradiesvorstellungen oder schildern die grausigen, dunklen Abgründe. Von der grausigen Vorstellung des Todes zehrt heute noch eine ganze Filmindustrie, die mit gutem Gewinn Horrorfilme produziert. Es gibt im Christentum kein eigentliches Totenbuch, es sei denn, man würde damit beginnen, das Neue Testament nach seinem wahren Inhalt auszulegen, denn darin wird ja im eigentlichen Sinne sehr viel von der Medialität geschrieben, also dem Kontakt oder Austausch zwischen Diesseits und Jenseits. Andere Hochkulturen dagegen, wie zum Beispiel die tibetische oder die ägyptische, haben ganz klar ausgewiesene Totenbücher. Der Sterbeprozess wird in diesen als stufenförmige Wandlung beschrieben, in der Schatten und Licht gleiche Anteile haben. In diesen Totenbüchern wird deutlich, welch reiche Bildervorstellung vom Sterben jene Kulturen hatten und noch haben. Aber auch in diesen finden wir eine ganze Menge dunkler Bilder und dämonenhafter Gestalten, grauenvolle Vorstellungen von Prüfung und Gericht. Gut tut es uns im Westen, dass neue Inspirationen aus fernen Ländern zu uns kommen und das Verlangen der Menschen nach neuen Bildern dringlich wird. Aber auch da gilt es gut zu prüfen und nicht einfach nur zu übernehmen. Letztendlich brauchen wir neue, eigene Bilder vom Sterben. Denn ändern wir unsere Bilder vom Tod, vom Sterben und vom Jenseits, dann werden unsere Ängste sich verwandeln und Hoffnung kann einziehen. Berichte von dem Tode uns sehr nahe stehender Menschen oder Träume der Sterbenden geben uns ebenfalls einen Wink in diese Richtung. Die meisten berichten nichts von Dämonen, sondern vor allem von Licht, Weite, Befreiung, von kranken Bäumen, die blühen und reiche Früchte tragen usw. Aus diesem Grunde hat wohl C. G. Jung die Auffassung vertreten, dass er nicht um die Toten trauere, sondern um die Hinterbliebenen.

„Sein Mitgefühl war bei den Hinterbliebenen, welche die Flüchtigkeit des Daseins anschauen und Abschied, Leid und Vereinsamung in der Zeit ertragen müssen. Ein Mensch wird hinweggerissen, und was bleibt, ist eisige Totenstille."

(„Im Umkreis des Todes", Franz, Rohn, Jaffe, Daimon Verlag, Zürich, S.24)

Die Hinterbliebenen bleiben im Raum-Zeitgefüge des irdischen Daseins, erleben den Tod als Grenze und Enge des Lebens, während der Sterbende dieses Zeitgefüge verlässt und eine Ausweitung erfährt.

Wir haben bis jetzt von den eigenen, inneren Bildern gesprochen, aber ganz profan geht es auch um äußere Bilder. Die herkömmlichen, traditionellen Feierlichkeiten zur Totenbestattung dürften für die wenigsten von uns ohne Stress sein. Schwarze Farben soweit das Auge reicht, todernste Gesichter (viele Anwesende sehen sich sicherlich dort auf dem Friedhof schon selbst liegen), schwere Musik mit so sinnigen Texten wie „Oh Haupt voll Blut und Wunden" usw. Da kann die Lebensenergie auch eines gesunden Menschen in die Knie gehen. Ich wünsche mir beileibe kein Sterbe-Happening und möchte keinesfalls die Pietät gestört wissen. Aber wir sollten neben dem Leid, dem Abschied auch hoffnungsvollen Energien Raum geben, die letztendlich nur aus einem Weltbild resultieren können, das ewiges Leben, Wiederauferstehung und Reinkarnation lehrt.

Ich erinnere mich selbst an meine erste Erfahrung mit dem Tod, als ich ungefähr zehn Jahre alt war. Mein Großvater war völlig überraschend im Krankenhaus verstorben und ließ meine Großmutter in einem mystisch-hysterischen Zustand zurück, den sie ihr ganzes Leben nicht mehr ablegte. Ich hatte „keine Erfahrung" mit dem Tod bis dahin und es fühlte sich irgendwie natürlich an, da ich an einen Gott im Himmel glaubte. Aber was sich mir von der Bestattung einprägte, waren diese gequälten, verängstigten Gesichter der Erwachsenen angesichts dieser Großmacht Tod und ich habe gespürt, dass diese Welt alles andere als ein sicherer Ort ist, wenn Erwachsene solche Ängste haben. Als ich den Leichnam betrachtet habe, erschien er mir zu starr, zu grau, das konnte nicht mein Großvater sein. Von da ab war ich sicher, dass der lebendige Mensch nicht im Sarg liegen konnte und ich sah meinen Großvater strahlend bei der Beerdigung. Dort war er zu finden. Von da ab interessierten mich der Sarg und sein Inhalt nicht mehr. In Erinnerung blieb mir nur diese düstere, schwarze Stimmung und vor allem der Geruch der blühenden Blumen. Heute weiß ich, dass es Chrysanthemen waren. Ich kann diese Blumen auch heute noch nicht ganz stressfrei riechen. Sie sind für mich einfach mit meiner ersten Begegnung mit dem Tod verbunden. Zum Thema „Chrysanthemen" gab es in einem meiner Medialkurse eine lustige Geschichte. Jeder sollte eine Blume mitbringen, die in die Mitte gelegt wurde und eine ihm fremde Blume auswählen, um daraus inspiriert zu lesen. In der Mitte lag neben vielen andere Blumen auch eine prächtige gelbe Chrysantheme. Keiner wagte es diese Blume zu nehmen. Die zum Schluss übrig bleibende Teilnehmerin hatte keine

Wahl mehr. Sie roch daran, legte sie aber gleich wieder mit der Aussage zurück, sie bekäme keine Eindrücke. Im Kreis fanden sich nun überraschenderweise viele Menschen, die Probleme mit dieser Blume hatten, die zum Teil auf ihre Verwendung bei Beerdingungen zurückzuführen war.

Heute verändert sich gerade in der praktischen Gestaltung der Aussegnung einiges. Viele Menschen gewinnen Interesse an fernöstlichen oder auch schamanistischen Kulturen. Besonders durch den Einfluss der östlichen Religionen und Lehren beginnen Menschen selbst die Aussegnung mit hoffnungsvollen Bildern und Texten zu gestalten, überlassen dies nicht mehr allein den starren Konventionen der etablierten Kirchen. Die Kinder, die bei solcherart Aussegnungen und Beerdigungen teilnehmen, werden andere Bilder mitnehmen in ihr Leben, als ich sie damals mitgenommen habe. Auch dies ist eine Hoffnung für eine lichtere Zukunft im Umgang mit dem Tod.

2.6 Angst vor den Jenseitigen

Viele Jahrhunderte hindurch haben die christlichen Kirchen versucht, eine spirituelle Umerziehung durchzusetzen nach dem Motto: „Wenn Du nicht artig bist, dann …!". Immerhin saßen sie nach Glauben der Menschen am längeren Hebel, denn sie besaßen nach eigenen Aussagen Zugang zur Macht Gottes und damit zum Jenseits. Schicksal konnte so zur Strafe Gottes werden und es brauchte die Buße, um dieser Strafe zu entgehen. Daher florierte jegliche Art von Ablasshandel prächtig und die Kassen der Kirchen waren stets gut gefüllt. Man muss sich klar und deutlich vor Augen führen, dass in vorchristlicher Zeit Germanen und Kelten eine hohe Kultur hatten, wenngleich viele uns heute noch glauben machen wollen, dass es sich damals um Primitive gehandelt haben müsse und erst mit dem Christentum eine höhere Kultur Einzug gehalten habe. Die Völker Ureuropas hatten ein hohes kosmisches Wissen, was auch neuere Funde und Ausgrabungen klar belegen. Sie besaßen eine völlig andere Vorstellung vom Diesseits und vom Jenseits und damit auch vom Tod. Sie pflegten einen Ahnenkult, wie er heute noch in vielen der östlichen Kulturen zu finden ist, glaubten an Schicksal und Wiedergeburt. Ihre Priesterinnen sahen die Zukunft, heilten mit Kräutern und mit dem Geist. Alles Dinge, die wir übrigens auch in der Bibel wiederfinden. Die Kirche aber setzte nun alle Hebel in Bewegung, den alten Glauben auszurotten und wo nicht möglich, ihn so umzuformen, dass er nur noch verzerrt zu Tage trat. Dadurch wurden bis dahin als positiv geschätzte Qualitäten ins Negative verkehrt. Heilen und Medialität, der Umgang mit den Verstorbenen und Ahnen wurde dämonisiert und zog höchste Strafen nach sich. Die Ahnen leben nach Vorstellung des alten Glaubens weiter in der jenseitigen Welt und haben nach wie vor Interesse an dem Wohl ihrer Angehörigen und geliebten Menschen, eine Auffassung, wie sie den Spiritualisten in England sehr nahe steht. Da die Ahnen in einer Welt ohne Zeit und Raum leben, können sie Dinge vorhersehen. Dies macht es ihnen auch möglich, die noch auf der Erde lebenden zu inspirieren und ihnen zu helfen. Die Kirche wollte den alten Glauben völlig ausrotten und plötzlich wurden die Ahnen zu Totengespenstern, die zu bestimmten Zeiten, meist zu festlichen Zeitpunkten des alten heidnischen Glaubens, aus dem Grab stiegen, um Menschen zu erschrecken oder gar mit ins Jenseits zu nehmen. Das Land der sogenannten Toten wurde zum Schreckensland, zur Hölle, erklärt. „Hel“, die germanische Göttin der Unterwelt, gleicht Göttinnen wie Persephone, Vesta oder Ereshkigal. Sie ist also alles andere als nur erschreckend, sondern bezeichnet auch die unsichtbare Fülle, aus der alles Leben dieser Erde kommt. Aber nun wurden alle jenseitigen Erscheinungen als Fangarm der Hölle abgetan. Es wurde verboten, mit Jenseitigen und Naturgeistern Umgang zu haben, an Vorstellungen von Wiedergeburt zu glauben. Wer dies dennoch tat, wer glaubte, ein Verstorbener sei ihm erschienen, eine Fee habe ihm geholfen, der wurde als verhext erklärt und wurde unerbittlich verfolgt. Bis ins 19. Jahrhundert ging diese Hexenverfolgung, die so viele Menschen auf schreckliche Weise ins Grab riss. Und das alles nur, weil die Kirche als machtpolitische Institution den Menschen ein riesiges Schattentheater, eine riesige Illusion aufgebaut hatte.

So wurde das Volk den Glauben betreffend völlig entwurzelt und eigentlich produzierte die Kirche genau das, was sie vorgab selbst zu bekämpfen, nämlich den Aberglauben. Die christlichen Kirchen haben bis heute kein Weltbild, das uns nur annähernd Begriffe wie Schicksal und Karma verständlich machen könnte. Das Thema Reinkarnation ist nach wie vor tabu. So bleiben Menschen ohne Antwort, die von einem schicksalhaften, unerwarteten, jungen oder plötzlichen Tod in ihrer Mitte betroffen werden. Das Hinnehmen wurde den Menschen eingetrichtert, denn leicht zu führen sind solche hinnahmefähigen, ängstlichen Menschen. Freie Menschen lassen sich nicht zur Schlachtbank führen, freie Menschen treten auch dem Tod anders gegenüber. Je gebundener ein Mensch ist, desto mehr Ängste hat er. Gerade Jesus lehrte den Weg hin zu einer völlig neuen, bedingungslosen Freiheit des Menschen.

Seit die Kommunikation mit den Ahnen unterbrochen wurde, blieben viele tröstenden und verzeihenden Worte in den Familien ungesagt, denn mit einem toten Menschen kann man ja nicht mehr reden. Vorbei ist vorbei, so die Devise. Schuld und nochmals Schuld häufte sich bis heute auf. In jüngster Zeit erschien auf der therapeutischen Bildfläche eine Denkrichtung, die den Stein vom Grab der Ahnen rollte und plötzlich wird wieder Heilung möglich, auch über das Grab hinaus. Ich spreche hier vom Familienstellen nach Hellinger (man achte auf den Gleichklang mit dem Namen der Göttin „Hel", die vorher erwähnt wurde), das mit jeder Sitzung beweist, wie lebendig die Ahnen noch in unserem Leben sind. Und es erstaunt so nicht, dass in den Träumen Sterbender auch die Ahnen eine Rolle spielen können.

„Ein 50-jähriger Mann, der beruflich immer wieder Schiffbruch erlitten hatte und unverstanden von seiner Familie in Schwermut und Resignation seine Tage verbrachte, träumte einige Wochen vor seinem Tode:
<Eine Stimme sagt in orientalischer Sprache zu mir: Dein Werk und das Leiden, das Du bewußt durchlitten hast, haben hundert Generationen vor Dir erlöst und werden auf hundert Generationen nach Dir erleuchtend wirken.>
Er starb ruhig und gefaßt, mit seinem Schicksal ausgesöhnt."
(Im Umkreis des Todes, Franz, Rohn, Jaffe, Daimon Verlag Zürich, 1980, S.34)

Auch die Bewegung des Spiritualismus, die sich im 19. Jahrhundert in England etablierte und auf das Urchristentum berief, sah es als Aufgabe, das Tor zwischen Diesseits und Jenseits zu öffnen, um den Menschen die Angst zu nehmen und zu trösten. Sie schulte medial begabte Menschen, die als Vermittler zwischen beiden Welten auftraten. Interessant ist, dass bei vielen Kursen und Vorträgen zur Medialität oder zum Spiritualismus im Publikum stets die Frage auftaucht, ob ein Medium denn keine Angst habe, bei Nacht über einen Friedhof zu gehen, wo die Vorfahren ruhen. Das Medium Margaret Pearson pflegt darauf stets zu antworten: „Ich kann nachts problemlos auf einen Friedhof gehen. Wieso sollte ich Angst vor Verstorbenen haben? Erstens sind sie nicht dort und außerdem können und wollen sie mir nichts tun. Also was ist das Problem? Angst in der Nacht muss man doch heutzutage viel mehr vor den noch Lebenden haben, wie die Tagesereignisse immer wieder zeigen."

2.7 Angst vor Trennung, Isolation, Verlust und Einsamkeit

Eine Angst, die sowohl mit Geburt wie auch Tod einhergeht, hängt mit dem Thema Abtrennung und Verlust zusammen. Individualisierung, die uns erst ein wirkliches Bewusstsein und auch Selbsterkenntnis ermöglicht, hat den Preis, dass man dafür aus der Ganzheit heraus sterben muss. Daher erleben viele Menschen die Geburt als Verengung, als Einzwängung, als Schmerz, was nicht immer mit dem Geburtskanal allein zu tun hat. Etwas unendlich Großes, Unbeschränktes – das wir ja sind als Seele und Geist – das in eine feste Form gegossen wird und nicht leicht loslassen kann, wird diesen Prozess als Enge und Zwang erleben. Dies ist der Preis, den wir bei der Geburt bezahlen, um unseren Weg der Bewusstwerdung auf der Erde machen zu können. Im irdischen Leben können wir nicht in Isolation leben, das geht nur unter besonderen Umständen, aber für die meisten Menschen bedeutet Einsamkeit Schmerz und Angst. Also bauen wir Beziehungen auf im Leben. Gleichzeitig wissen wir ganz tief in uns, dass der Gang aus diesem Leben heraus wiederum eine Erfahrung der Trennung sein wird, der Trennung von Gewohnheiten, die einem lieb geworden sind, der Trennung von Zielen und von Wesen, die man in sein Herz geschlossen hat. Und wir gehen in unserer Vorstellung auch davon aus, dass dies wahrscheinlich der einsamste Gang unseres Lebens werden wird. Je individueller unser Leben wird, je mehr Bequemlichkeiten es bietet, je mehr wir eingebunden sind in wohltuende, irdische Dinge, desto schwieriger wird die Ablösung. Das wissen wir alle doch aus ganz eigenem Erleben. Denken wir doch nur daran, wie wir abhängig sind in unserem Tun und unserer Kreativität vom Funktionieren von Strom und Öl. Für mich ist es ein Desaster, wenn der Computer nicht funktioniert. Die Vorstellung, alles wieder auf einer Schreibmaschine zu tippen, wäre schon ein Graus, geschweige denn mit Gänsekielen. Wir sind alle sehr eingebunden in die Welt und sie betäubt wunderbar unsere Ängste und Schmerzen. Sie gibt uns vor, was uns wichtig sein soll in der Welt. Aber was tun wir, wenn diese Welt nicht erreichbar oder plötzlich nicht mehr da ist?

Wir haben heute eine Kultur, die sehr viel Betonung darauf legt, was man alles braucht, was man erreichen muss, was es zu besitzen gilt. Wenig lernen wir die

Kunst des Loslassens, eine Kunst, die uns das Sterben erleichtern kann. Wir haben sehr viel Angst vor Freiheit, denn wir könnten dabei so viel verlieren. Freiheit hat für viele einen Beigeschmack von Anarchie, Chaos und Unkalkulierbarkeit. Die Angst vor Einsamkeit und Verlust begleitet uns unsichtbar im Leben. Spätestens am Ende des Lebens kann dieser Schatten wieder sehr konkret werden, denn jeder wird seinen Sterbeprozess alleine machen, wenngleich es auch Unterstützung von Freunden aus dem Diesseits wie dem Jenseits gibt. Aber gehen muss diesen Weg jeder Mensch für sich alleine. Es ist wie in einem Konzert. Lehrer, Eltern, Freunde, Geisthelfer können einen Künstler großartig unterstützen, aber spielen wird er letztendlich das Konzert allein. Ist er verkrampft, so wird er das nicht schaffen, nur wenn er sich ganz in die Musik fallen lässt, wenn er loslässt, dann gelingt das Konzert. Je mehr der Musiker mit dem Kopf kontrollieren möchte, desto sicherer geht etwas schief. Das findet sich auch im gewöhnlichen Leben wieder. Haben wir also zuvor in unserem Denken gute, starke Beziehungen zum irdischen Leben aufgebaut, haben scheinbar die Kontrolle über alles und haben nie gelernt loszulassen, dann wird uns das Gehen einmal schwer fallen, denn wie soll diese Welt dann ohne uns zurechtkommen und wir ohne sie? Unser Denken wird sagen, es geht nicht ohne uns, also wird der Teil von uns, den wir Ego nennen, versuchen zu bleiben. Es ist eine kluge Idee, wie es zum Beispiel in Burma geschieht, dass jeder Mensch ein Anrecht hat, einmal im Jahr sich vier Wochen ins Kloster zurückzuziehen. Dies dient der Selbstbesinnung, hilft alles Äußere loszulassen und mit sich alleine umzugehen. Meditation ist ein guter Weg, in die Ganzheit des Seins hineinzukommen. Je mehr wir uns im Leben bemühen, die Ganzheit zu erkennen und danach zu leben, desto mehr werden wir uns als unvergänglichen Teil des Ganzen sehen können. Dann verlieren Gefühle wie Trennung und Einsamkeit ihre Bedrohlichkeit.

2.8 Übungen
gegen die Ängste

Zunächst lohnt es sich einmal den Begriff der Angst zu differenzieren, um mehr Klarheit zu bekommen. In unserer Sprache gibt es unterschiedliche Begriffe zum Thema, die heute zumeist allesamt in einen großen Topf geworfen werden, dabei hat Angst unterschiedliche Färbungen.

ANGST *Element: Wasser*

Die Angst gehört zu unserer emotionalen Ebene. Ängste sind beweglich, machen unruhig, schwellen an oder ab, steigen auf oder ab. Angst macht uns Durchfall, Harndruck, lässt uns schwitzen, schnürt uns die Kehle zu. Sie hat also mit einer Verengung unserer Energien zu tun. Wenn das Wasser zwischen zwei Felsen gerät, entstehen Strudel. Ein solches Gefühl ist Angst. Da sie mit unserem Emotionalkörper verbunden ist, gibt es entsprechende Mittel und Lebenshaltungen, um sie zu beruhigen, nämlich: Harmonie, Frieden, Meditation, Stille, Singen, Ausgleichen der Gefühle. Angst führt zunächst auf der emotionalen Ebene zur Unruhe, ja kann bis hin zur Panik gehen, was natürlich entsprechende Auswirkungen auf das Körpersystem hat, zum Beispiel auf den Adrenalinspiegel.

FURCHT *Element: Feuer*

Vom Wort her ist die Furcht mit dem Feuer verbunden. Menschen, die vor der Feuerwand eines Waldbrandes stehen oder die dem Tod ins Auge blicken, sind erstarrt vor der Mächtigkeit dieser Elementarkraft. Furcht bezeichnet unsere Angst vor dem göttlich Vollendeten, vor der Größe Gottes, der Natur, vor der Unermesslichkeit des Ganzen, vor dem Nichtwissen, was danach ist, vor der unsichtbaren Zukunft. Ängste kommen und gehen, aber die Furcht bleibt präsent wie die Kraft der Sonne. Furcht ist eng mit der Ebene unseres Denkens verbunden, weshalb dort auch die entsprechenden Hilfsmittel liegen, nämlich: Wissen, Erkenntnis, Wahrheit, Mut, Schulung des Denkens, Änderung des Denkens, Weisheit, Einsicht.

SCHRECKEN *Element: Luft*

Dieser Begriff leitet sich interessanterweise von der Heu-schrecke ab, dem Hüpfer und Springer. Die zerstörende Kraft der Heuschrecken war zu allen Zeiten berüchtigt. Bei den Germanen waren sie Begleiterin der Unterweltsgöttin Perhata oder Holda.

Vor Schreck springen wir plötzlich auf. Der Sturm, der uns den Atem nimmt, treibt alles in einem Stoß hinweg. Aber auch das Springen des Glases oder Eises hat damit eine Verbindung. Schreck ist ein Zustand, in dem unsere Energien zersplittern wie Glas. Uns bleibt die Luft weg vor Schreck und es kann auch zu einem partiellen Stillstand unserer Vitalkräfte kommen. Diabetes zum Beispiel kann auch durch plötzlichen Schreck und Schock ausgelöst werden. Somit gehört der Schrecken zur ätherischen Ebene, wo unsere Vitalkräfte ruhen und daher sind die entsprechenden Hilfsmittel: Konzentration, Zentrierung, das „Hara“ (nach östlichen Schulungen der Körpertiefpunkt) entwickeln.

ENTSETZEN *Element: Erde*

Wir sprechen davon, dass uns blankes Ent-Setzen packt, was also primär eine körperliche Wirkung ausdrückt. Wir „verlieren den Sitz“, geraten außer Fassung, womit wir auch die Körperkontrolle verlieren. Entsetzen kann uns packen, wenn ein Erdbeben den festen Boden verschiebt, wir vor der Hülle eines Verstorbenen stehen oder in den dunklen Abgrund eines Grabes hinabschauen. Entsetzen fordert die körperliche Abwendung. Um das Entsetzen zu kontrollieren braucht es vor allem Atem- und Körperübungen.

Ängste sind generell völlig natürlich und wohnen allen empfindenden Wesen inne, denn sie gehören wie auch der Schmerz zum Überlebensmodell und Empfindung ohne sie ist nicht möglich. Angst kann lähmen, sie kann aber auch unsere Überwindungskraft stimulieren und uns einen großen Schritt in der Entwicklung voranbringen. Viele Menschen, deren Leben oder Beruf viele Risiken birgt, geben an, dass sie sich ihrer Ängste sehr bewusst sind und sich von ihnen auch lenken lassen. Wird die Angst aber zum Dauerzustand, so hat das enorme Auswirkungen auf unser System. Die endokrinen Drüsen reduzieren ihre Leistung, was auch andere aktive Bereiche des Köpers herunterfährt. Wir ziehen uns dann in unser Schneckenhaus zurück und koppeln uns auf die ein oder andere Weise von der Welt ab.

Tom Johanson sagte einmal, eigentlich gebe es nur zwei Grundängste im Menschen: erstens die Angst, nicht das zu bekommen, was man möchte und zweites die Angst, das zu verlieren, was man hat. Die Angst, nicht an der Fülle des Lebens teilhaben zu können, keine Liebe zu erfahren, sich nicht entfalten zu können usw. würde zur ersten Kategorie gehören. Die Angst, das eigene Leben, den Partner oder einen Besitz zu verlieren, würde zur zweiten Kategorie gehören. Empfangen und Geben ist eine Grundpolarität des Lebens, die mit Angst verbunden ist und ist letztendlich ein Problem unserer eigenen Fähigkeit zur Resonanz mit der Welt. Wir sollten die Angst also zunächst einmal als selbstverständlich, biologisch und natürlich betrachten. Ängste können überaus hilfreich sein, so lange sie angemessen sind und konkrete Situationen betreffen. Ängste können uns zum Beispiel helfen, gefährliche Situationen zu meiden oder uns gesund zu ernähren. Sensitive und kreative Menschen werden zumeist mehr von ihren Ängsten wahrnehmen, da sie intensiver und umfangreicher mit der Welt ihrer Gefühle in Kontakt kommen. Ängste werden destruktiv, wenn sie sich unkontrolliert mit Gedanken verbinden oder in Bereichen unseres Selbst tätig sind, zu denen unser Bewusstsein keinen Zugang hat. Panik und Phobien sind solche Erscheinungsformen, die tief im Unbewussten wurzeln. Verbinden sich Ängste und bewusste Gedanken, so entstehen konkretere Formen der Angst, die wir als Befürchtungen oder Furcht deklarieren. Wir können Ängste beeinflussen, können sie erziehen, aber ganz verlieren werden wir sie wohl kaum, so lange wir inkarniert sind. Sind die Ängste aber so stark, dass sie das Leben stark beeinträchtigen, empfiehlt sich generell eine strenge Bewusstseinsschulung, die Entspannung und Atem stets mit beinhalten sollte. Ergänzend bieten sich auch hilfreiche therapeutische Möglichkeiten wie zum Beispiel Bach-Blütenessenzen, Baum-Essenzen, Psychotherapie oder Methoden der Kinesiologie an. Aber um eine Schulung des Bewusstseins kommt man beim Thema „Angst" nicht herum. Je höher oder feiner unser Bewusstsein schwingt, desto sicherer bleiben so schwere Schwingungen wie Angst oder Furcht unserem Selbst fern.

1. Meditation

Es empfiehlt sich, jeden der nachfolgenden Sätze über einen längeren Zeitraum hinweg (zum Beispiel für jeden Satz 2 Wochen), täglich für 15 Minuten zu meditieren. Inspirationen werden auftauchen, die die eigene Schwingung erhöhen, so dass die Schwelle für die Angst mit der Zeit höher werden kann.

a) „Ich bin ein geistiges, unsterbliches Wesen!"

b) „Ich beherrsche mein Denken, denn durch das Denken kann ich das Unsterbliche erkennen!"

c) „Ich erkenne, dass meine Form nur der Schleier ist, der den Glanz der Göttlichkeit verhüllt!"

d) „Ich erkenne, dass das Eine Leben alle Formen durchdringt, dass es also keinen Tod, keine Trennung gibt!"

e) „Ich löse mich aus meiner Fixierung auf die materielle Welt, die Formseite des Lebens und halte meinen Blick auf das Licht meiner Seele gerichtet. So weicht die Illusion der Wahrheit!"

2. Das Visualisieren von Licht

Licht ist ein wunderbarer Helfer für Angstzustände, denn die Dunkelheit ist als menschliche Grunderfahrung immer mit der Angst verbunden. Ängste schlummern im Dunkel unseres Unterbewusstseins. Im Licht oder in einem vitalen, positiven Seinszustand verlieren Ängste einen Großteil ihrer Macht. Folgende Übung mag daher hilfreich sein, um Ängste zu überwinden.

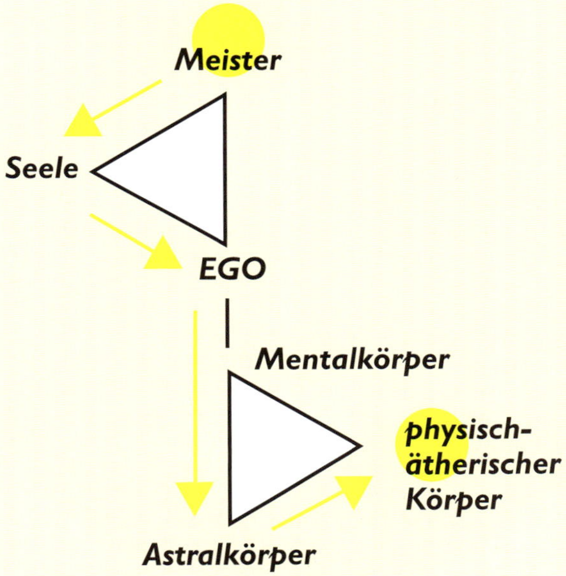

Das Energiedreieck

Stelle Dir an der Spitze des Dreiecks (s. Abb.) eine hohe Kraft oder Persönlichkeit vor, die man als Meister, im Sinne fortgeschrittener oder hoher Seelen, bezeichnet. Das kann zum Beispiel Jesus oder Buddha sein. Aber es gibt noch viel mehr Meister unterschiedlicher Qualität. Suche Dir eine Persönlichkeit aus, zu der Du eine innere Affinität empfindest. Aus seiner Quelle rufe Dir einen Strom weißes Licht und tiefe Liebe herab. Stelle Dir vor, wie diese Kraft deine Seele durchdringt und von dort deine irdische Persönlichkeit überstrahlt. Dann spüre, wie diese Kraft deinen Mental-, Astral- und Ätherkörper durchdringt. Auch der physische Körper wird davon erfasst und strahlt diese Energie mit jeder seiner Zellen selbst dann wieder ab. Fahre damit fort, bis Du ruhig wirst und achte dabei auf einen regelmäßigen Atem. Sage immer wieder zu Dir selbst: „Mögen Licht, Liebe und Kraft mein ganzes Wesen durchdringen!"

3. Baumessenzen

Essenzen können unterstützend wirken in Phasen der Angst. Die Bachblütenessenzen sind sicherlich die bekanntesten Essenzen, die auf Gefühle einwirken können. Inzwischen gibt es natürlich sehr viele verschiedene Arten von Essenzen. Ich arbeite gerne mit den von mir entwickelten Baumessenzen*, die wir auch für den Bereich der Sterbebegleitung verwenden. Da spielen Ängste ja oftmals eine wichtige Rolle, vor allem auch bei den Angehörigen. Ein Aufstellen einer passenden Essenz im Raum kann manchmal schon genügen, um eine Balance herzustellen. Man kann auch einen Tropfen der Essenz mit Wasser mischen und ein Tuch darin eintauchen. Damit kann man sich sanft betupfen, zum Beispiel auf der Stirn nahe dem Punkt zwischen den beiden Augenbrauen oder man reibt ein paar Tropfen am Handgelenk ein. Im Folgenden möchte ich kurz auf die wichtigen Germanischen Baumessenzen hinweisen, die sich beim Thema „Angst“ als hilfreich gezeigt haben.

* Informationen zu den Baumessenzen siehe auf unserer Homepage www.mediale-welten.com

a) Die Espe

* Bei übergroßer Sensibilität und Sensitivität.

* Probleme, sich selbst auszudrücken.

* Überstarke Einbildungskraft.

* Mangelnde Kraft zur Abgrenzung von der Umwelt.

Affirmation: Ich spüre das Leben, ich lasse es ein- und ausströmen, doch ich bleibe in meiner Mitte!

b) Die Eibe

* Berührung mit einer tiefen Lebenskrise, einer Katastrophe, einem Schock oder einem Schicksalsschlag. Erste Berührung mit dem Hauch des Todes.

* Angst vor der Vergänglichkeit und dem Gefühl, dass alles vorbei ist oder alles umsonst war.

* Gefühl der inneren Leere und der Sinnlosigkeit. Distanz zum Irdischen.

* Gefühl der Selbstablehnung und einer inneren Spannung, die oftmals aus der Diskrepanz zwischen Lebenstraum und Verwirklichung resultiert.

Affirmation: „Ich vernehme den Ruf meiner Seele und folge ihm!"

c) Die Ulme

* Wenn Glaube, Mut und Kraft auf dem Weg verloren gehen.

* Bei Angst vor allem Ungewohnten, Neuen. Bei Angst vor Geistern und Dämonen.

* Bei großen Herausforderungen, starken Schwächezuständen und Resignation.

* Angst vor dem Alleinsein. Während des Zurückziehens des Selbst von der Außenwelt und abnehmender Kommunikation mit dieser Welt.

Affirmation: „Das Licht meiner Seele schützt mich vor allem Unheil!"

d) Die Erle

* Hellsichtige, beängstigende Wahrnehmungen.

* Starke Verwirrtheit. Hält sich für eine andere Person oder man hat den Eindruck, eine andere Person spreche aus ihr.

* Schock, Ohnmacht, Angst vor dem göttlichen Gericht oder der Hölle.

* Hilft den Kontakt zu den Geistigen Helfern zu erleichtern.

Affirmation: „Ich stehe in meinem göttlichen Licht und nichts kann mir etwas anhaben! Ich bin der, der ich bin!“

e) Der Holunder

* Stetes Auf und Ab der Gefühle. Zustände der Zerrissenheit. Innerer Druck.

* Gefühl der Sünde und Gedanken der Selbstvergiftung.

* Bilder des Elends, Zukunftsängste. Angst vor Dunkelheit.

* Angst vor Verurteilung.

Affirmation: „Ich nehme mein Schicksal ganz an!“

3.
Den Blick auf die Wiederauferstehung richten

„Mich läßt der Gedanke an den Tod in völliger Ruhe;
denn ich bin der festen Überzeugung, dass unser Geist ein ewig Fortwirkendes ist,
der Sonne ähnlich, die auch nur unseren irdischen Augen unterzugehen scheint,
in Wirklichkeit aber ewig fortleuchtet. Alles Vergängliche ist nur ein Gleichnis.“

J.W. v. Goethe

Der Frühling

Die Weltanschauung aller frühen Hochkulturen auf der nördlichen Halbkugel war geprägt von dem zentralen Erlebnis von Licht und Dunkel. Ihr Wandel gibt uns ein Zeitverhältnis, das rhythmische Element. Das Tageslicht bedeutet Aktivität, Bewegung im Außen und Wachstum, während die nächtliche Dunkelheit die Ruhe und eine Verinnerlichung bringt. Wenn es Tag ist, spielt das Sonnenlicht am Stamm, den Ästen und den Blättern des Baumes, während in der Nacht die Sonne an der Wurzel schläft. Bäume oder auch Holzpfähle dienten in der Frühzeit der Menschheit als erste „Zeitmesser“, die dann später durch Steine ersetzt wurden. Ruht die Sonne an der Wurzel des Baumes oder Steines, so herrscht Nacht oder es ist Winterszeit. Am Morgen steigt ihr Licht am Stamm empor, um zur Mittagszeit die Baumkrone zu beleuchten. Danach wandert die Sonne hinter dem Baum zurück in den Schatten. Sonnenauf- und untergangsstellen im Jahreslauf waren in den Baum- oder Steinkreisen mar-

kiert, die auch als Heiligtümer dienten, in denen die wesentlichen Riten und Jahresfeste stattfanden. Die Religion der alten Hochkulturen war eng an das Licht gebunden und der Sonnenkult spielte eine wichtige Rolle. Die Sonne galt als Symbol des göttlichen und damit ewigen Lebens, denn obwohl sie am Abend täglich untergeht oder im Winter sogar im „Dunkel des Wassers oder Steines" verschwindet, stets erscheint sie wieder, um einen neuen Tag oder ein neues göttliches Jahr anzukündigen.
Selbst in der Nacht gibt es einen Stellvertreter für die Sonne, nämlich den Mond. Der Wanderung der Sonne durch das Jahr und dem Wandel des Mondes wurde höchste Bedeutung beigemessen, denn darin zeigte sich das Gesetz und die Weisheit des göttlichen Schöpfers. Das Leben des Menschen selbst ist geprägt von der Dualität Sonne und Mond, Tag und Nacht, Handeln und Ausruhen. Es pendelt zwischen Energieaufnahme, die zu Spannkraft führt und deren Abgabe, was wir als Entspannung erleben. Energie, die aufgebaut und angesammelt wird, muss wieder umgesetzt und abgegeben werden. Daraus resultiert die aktive, kreative Qualität im Menschen.

„Die tätige Energie ist Prana, die lebengebende Sonnenkraft, die alle Dinge belebt, alles durchdringt, wie das Wasser den Schwamm. Während des Lebens ist der Körper entgegengesetzt polarisiert, daher findet, den wohlbekannten Naturgesetzen entsprechend, ein gesundes Hin- und Herspielen zwischen beiden Polaritäten statt. Hier haben wir einen Fall, bei dem sich die Wirkung des „Paares der Gegensätze" offenbart. So muß bei elektrischen Wirkungen jede Aufwendung an positiver Elektrizität durch eine entsprechende Menge von negativer Energie ausgeglichen werden. Während des Tages hat sich Prana, die Sonnenenergie, angesammelt und dann beginnt diese positive Flut zur Zeit des Schlafengehens die widerstrebenden negativen Kräfte des Körpers zu überwältigen, welcher dann tatsächlich zu sehr von Lebenskraft erfüllt ist. Der Körper ist dann nicht mehr fähig, die Spannung auszuhalten; daher ist der Schlaf notwendig, um das Gleichgewicht wieder herzustellen. Beim Tode wird der Körper vollständig von Prana überwältigt; wir sterben also an einem Überfluß von Leben; denn die gewaltige Kraft strömt durch die Zellen, spaltet sie in einzelne Teile und zerstört sie, da keine genügend starke, entgegengesetzte Kraft vorhanden ist, welche dem Druck standhalten könnte. Ein solcher Kampf zwischen Spannung und Entspannung, Auf- und Abbau, kann nicht für immer ausgehalten werden, da das Lebendgewicht des ganzen Sonnensystems der Widerstandskraft gegenübersteht, welche in dem kleinen menschlichen Körper konzentriert ist."

(Der Mensch nach dem Tode,
Theosophische Handbücher, Bd.5, S.28, J. Th. Heller Verlag, Nürnberg, 1907)

In diesem theosophischen Sinne ist der Tod also nicht durch ein Abnehmen der Lebenskräfte bedingt, sondern durch ein zu starkes Einströmen von Energie, da die Seele ihre bestimmende, formende Kraft aus dem Körper zurückgerufen hat und damit kein Gleichgewicht zwischen den inneren und von außen einströmenden Energien mehr hergestellt werden kann. Der Körper kann die angesammelte Energie nicht mehr bearbeiten und umwandeln, was zu seiner Auflösung führt. Die einströmende Energie treibt dann die Atome, die das Körpergefüge ausmachen, auseinander. Unser irdisches Dasein wird also durch einen flexiblen Gleichgewichtszustand zwischen den Kräften des Innen und Außen, des Auf- und Abbaus, ermöglicht. Ein Zuviel der einen oder anderen Seite bringt diese Balance in ein Ungleichgewicht, es entstehen Krisen oder Krankheit. Solange unsere Seele ein Interesse am irdischen Lebensweg behält, vermag sie aber dieses Gleichgewicht stets wiederherzustellen.
Für uns heute ist die Magie des Lichtes nicht mehr in dem Maße nachvollziehbar wie zu jener Zeit, als die Natur noch ganz bestimmend für das menschliche Leben war. Wir leben in künstlichen Umgebungen, weshalb wir ja auch den Unterschied zwischen Tag- und Nachtkräften nicht mehr wahrnehmen und daher den Gesetzmäßigkeiten von Spannung und Entspannung nicht mehr folgen, mit entscheidenden Konsequenzen für unsere Gesundheit. Gerade im nördlichen Europa waren und sind die Lichtzustände extrem, was viel Licht im Sommer bedeutet und große Dunkelheit im Winter. Man kann sich gut vorstellen, welche Bedeutung daher jene Stelle im Jahreslauf gewinnen musste, die wir Wintersonnenwende nennen, an der die höchste Dunkelheit herrscht und doch gleichzeitig immer wieder aufs Neue das junge Licht geboren wird. Die „Mutter" war Symbol dieses Jahrespunktes und man sagte, die Sonne, der alte Sonnengott oder der alte König gehen in den Stein, in die Erde, in das Hügelgrab, in das dunkle Wasser oder in die Mutternacht ein. Der Tod galt als eine kurze Rückkehr ins Haus der Mutter, um eine Verjüngung und Verwandlung zu erreichen, die eine Wiedergeburt für ein neues fruchtbares Leben ermöglichte. So wie die Sonne im Winter im Dunkel verschwindet, der Pflanzensamen in die Dunkelheit von Mutter Erde eingeht oder der männliche Samen in den Schoß der Frau, geschieht dies nur aus dem Grund, um neues Leben zu zeugen. Dort verbringt der Lebenskeim seine Zeit, bevor er wieder in die physische Offenbarung kommt, an das Tageslicht tritt. Daher war jenen alten Kulturen das Leben ein ewiger Kreislauf von Tag und Nacht, von Offenbarung und Verhüllung, ein Sein ohne Anfang und Ende. Es gab lediglich Wendepunkte im Leben. Der Tod bekam so einen anderen Stellenwert, er war ein Übergang, eine Wendung von der Offenbarung in der äußeren Welt in die Stille der inneren.

Buddha im Winter

Die Inder bezeichnen den Rückzug des Göttlichen aus seiner Schöpfung, seine Verhüllung und Ruhezeit, als „Pralaya". Der Göttliche ist dann in Meditation. Dies wird eintreten, wenn er seinen Atem aus unserer Welt zurückziehen wird und sie zerfällt. Das bedeutet auch, dass die Seele eines Menschen, je nach Entwicklungsgrad seines Bewusstseins, mehr oder weniger in Pralaya oder tiefer Meditation ist. Wenn das Außen in die Ruhe oder Meditation eintritt, wird dagegen das Innere, die Seele wach. Diese Idee bildet die Grundlage für jegliche Art von Meditation. Auch in der Bibel finden wir ähnliche Vorstellungen, denn nach dem siebten Schritt der Entfaltung der Schöpfung ruhte der Göttliche. Auch hier gibt es vorwärts drängende Aktivität und ein Zurückziehen der Kräfte. Leben und Tod, Aktivität und Ruhe, Klang und Stille, Licht und Dunkel sind zwei Pole des Einen und in stetem Wandel begriffen. Wenn das äußere Leben aufgeht, schweigt das innere. Wenn das innere Leben aufgeht, schweigt das äußere. Demnach sind die Begriffe wie Geburt und Tod ebenfalls die zwei Hälften oder Pole des einen Lebens und austauschbar, je nach Betrachtungsort. Die Geburt des äußeren Menschen, des Ich oder Ego, bedeutet ein Zurücktreten oder Verhüllen des inneren, der Seele. Umgekehrt bedeutet der Tod des äußeren Menschen ein Aufgehen des inneren. Geburt und Tod sind Zwischenschritte oder Wendepunkt jenes großen ewigen Kreislaufs, den wir Leben nennen.

Aufstieg und Abstieg der Sonne, was den Jahreskreis in seine beiden Hälften spaltet, hatte als Sinnbild für das menschliche Leben bei unseren Vorfahren größte Bedeutung. Wenn wir im Juni das äußere Leben in schönster Entfaltung erleben, erhält es in Wirklichkeit seinen Todesstoß, denn zur Sommersonnenwende neigt sich das Jahr schon wieder herab. Im dunklen, eisigen Winter, in seiner längsten und dunkelsten Nacht geschieht dagegen jenes Mysterium, was wir als Neugeburt des Jahres bezeichnen. Die Weisen jener Zeit waren sich daher gewiss, dass man sich gewahr sein sollte, dass jeder prächtige Aufstieg irgendwann seine Wendung erfährt und in jeder dunklen Nacht des Lebens eine Neuanzündung des Lichtes möglich ist.
Daher war der Blickpunkt der Menschen damals ganz auf die Wiedergeburt, die Rückkehr des Lichtes gerichtet, der Tod nur ein natürlicher, notwendiger Übergang dazu.

Als die wichtigsten Wendepunkte des Jahreslaufes galten die Winter- und die Sommersonnenwende. An diesen Stellen ist der Bogen, den die Sonne schlägt am kleinsten oder am größten. Aus der Totenstarre des Winters brechen die neuen Kräfte hervor, erfolgt die erneute Offenbarung der Schöpfung, ihr ewiges Ritual vollziehend. Im Sommer erfolgt wieder der Rückzug des Göttlichen aus der Welt. Daher herrscht an diesen Wendepunkten die höchste Spannung zwischen Licht und Dunkel. Bis zur Wintersonnenwende entfaltet sich die intensivste Dunkelheit. Die Sonne ist so tief gesunken, dass sie es kaum mehr über den Horizont schafft. Aber plötzlich wendet sie sich um, wird sozusagen neu geboren und beginnt wieder zu steigen. So ist es kein Zufall, dass der Wintersonnenwendepunkt das heiligste Fest in den nördlichen Kulturen beinhaltete, das Fest der Wiederauferstehung und es ist auch kein Zufall, dass das Christentum die Geburt Jesu gerade für diesen Termin anberaumte. Das Jahr ist da „auf den Hund gekommen", ist dürr und kahl, weshalb die Sonne „im Stein" ist oder Jesus in einem armseligen Stall geboren wird. Auch die Pflanzen haben sich in die Dunkelheit der Erde zurückgezogen und plötzlich beginnt unbemerkt unter dem Schnee ein neues Wachsen und Sprossen. Dieser Wendepunkt zur Winterszeit barg die ganze Mystik des Lebens. Alles, was hinabgeht, muss auch wieder hinaufgehen, alles, was auf Erden geboren wird, muss auch wieder sterben und alles, was stirbt, muss auch wieder-/-auferstehen.

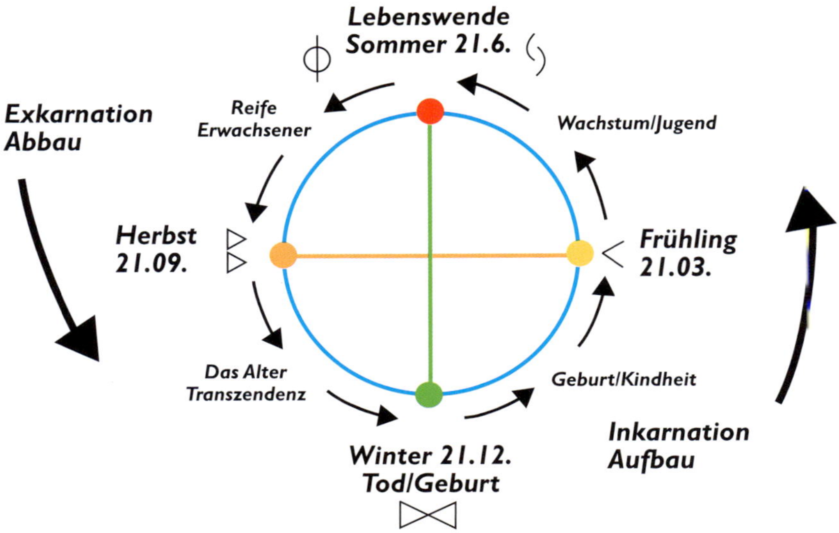

Die 4 Stationen des Jahreslaufes und ihre Runen.

Im Sommer findet eine entsprechende Gegenbewegung statt. Die Natur entfaltet im frühen Sommer üppige, fast paradiesische Zustände und gerade, wenn sich das Leben in der Fülle befindet, das Licht am intensivsten ist, am Sommersonnwendpunkt des Monats Juni, geschieht das Unerhörte. Gleichsam, als hätte die Sonne einen Todesstoß empfangen, wendet sie sich in ihrem Gang plötzlich wieder rückwärts. Und wer würde nicht gerne ewig in diesem Paradies der Fülle leben? Warum kann die Natur das nicht einrichten? Doch zeigt sich gerade im ewigen Wandel die Weisheit der Schöpfung. Alles Lineare wäre wirklicher Stillstand und Tod. Betrachten wir nämlich die dem Sommersonnwendpunkt nachfolgende Hitzeperiode, die Hundstage, so wird uns klar, dass jede weitere Steigerung des Sonnenlichts die Erde verglühen lassen würde. Also nimmt das Licht ab, die Wärme nochmals zu, um dann dem kühlenden, regenreichen Herbst Platz zu machen. Und die Sonne wandert nun unerbittlich der dunklen Unterwelt entgegen, womit sich wieder die Wurzelkräfte des Lebens stärken, zum Beispiel ganz konkret das unterirdische Wasserreservoir der Erde.

So finden wir in der auf- und absteigenden Hälfte des Jahresbogens ein Sinnbild des menschlichen Lebens. Frühling und Sommer spiegeln die Inkarnation, die Geburt in die sichtbare, substanzielle Welt wieder. Sie sind somit auch Sinnbild der vielen Leben, in denen wir unsere irdische Verwirklichung vorantreiben und die wir als Involution bezeichnen. Herbst und Winter stehen für die Zeit der Ernte und der Besinnung. Alles Körperliche zieht sich jetzt aus dem äußeren Umkreis auf das Kernhafte zurück, kehrt zurück ins Reich von

Mutter Erde und das geistige Wesensprinzip tritt in den Vordergrund. Aber auch hier kann das Leben nicht für immer bleiben. Irgendwann streben seine Kräfte wieder nach Offenbarung, wollen sich in das irdische Leben erneut gebären, um so die Entwicklung der Bewusstwerdung weiter voranzutreiben.

In der Wiederauferstehung liegt das Heil und der Segen des Lebens, wie uns der Frühling zeigt. Alles, was wiedergeboren wird, ist gesegnet und daher ist die menschliche Seele ein Heilsbringer, denn gleich der Sonne bringt sie neues Licht und damit neues Heil auf diese Erde. Aus diesem Grunde galten die Kinder stets als heilig, denn mit ihrer Geburt bringen sie den Segen des Himmels mit sich. Wessen Bewusstsein aber allein auf den Endpunkt Tod ausgerichtet ist, kann nie den himmlischen Segen, den er als Botschaft mit auf die Erde bringt, voll entfalten.
Die Natur lehrt uns den steten Wechsel, zeigt uns den Kreislauf des Seins. Wenn wir es schaffen, uns im Leben die Vorstellung eines solchen Kreislaufs der ewigen Wandlung aufrechtzuerhalten und wir unseren Fokus auf das Wiederauferstehen, auf die Wiedergeburt richten, wird der Tod viel an Schrecken verlieren.

Uns fällt das heute schwer, denn wir haben uns aus dem Kreislauf der Natur ausgeklinkt. Licht ist für uns heute selbstverständlich. Aber Kunstlicht ist nicht dasselbe wie natürliches Licht. Kunstlicht ist starr, während das Sonnenlicht beweglich ist. Alles Heil für unsere Zukunft liegt in einer Rückkehr zu der Anschauung der Natur. Dort finden wir den Wandel des Lebens, den Wandel des Lichtes. Das gibt uns Trost und Zuversicht. Alles von der Natur losgelöste abstrakte Denken führt in eine abstrakte, kalte, trostlose, isolierte Daseinswelt, voller Schatten und Automaten. Das lebendige Licht dagegen kennt keinen Anfang und kein Ende, ist nur Leben.

In den allermeisten Sterbevisionen spielt daher das Licht eine ganz wichtige Rolle und selten findet sich ein Bericht von Dunkelheit und Schmerz bei jenen, die von der Pforte des Todes wieder ins irdische Leben zurückgekommen sind. Vergleicht man diese Sterbevisionen mit jenen ekstatischen Erlebnissen und Durchbrüchen der Mystiker, so zeigen sich ganz erstaunliche Parallelen. Der Unterschied liegt nur darin, dass die Mystiker diese Grenzerfahrung bewusst suchten.

„In diesem Grenzzustand des menschlichen Seins transzendieren Bewußtsein und Ich die dreidimensionale Welt. Wunderbarerweise ist der Mystiker, trotz ausgelöschtem Bewußtsein im Zustand der ekstatischen Versenkung fähig, sich

beim Zurückkommen an die erlebte Gotteserkenntnis und an die unfassliche Lichtfülle auf dem Grund des Seins zu erinnern. Für Eckhart ist dieses Wiederkommen nach dem Erlebnis des mystischen Todes gleichbedeutend mit der Wiedergeburt der Seele.“

(Im Umkreis des Todes, Franz, Rohn, Jaffe, Daimon Verlag, S.57)

Ein Teil des Ich-Bewusstseins bleibt erhalten, so wie beim Träumen ja auch ein Teil von uns bewusst anwesend ist. Und doch braucht es das Auslöschen oder Abschalten eines großen Teils des irdischen Ichs, damit solche grenzüberschreitenden Erfahrungen wie in der Ekstase möglich werden. In der Natur finden wir einen durchaus vergleichbaren Prozess. In der Dunkelheit der Nacht reduziert sich das wache Leben, um mit dem ersten Morgenstrahl der Sonne gestärkt zurückzukehren. Auch hier erleben wir nach der „Ohnmacht der Nacht“ wieder ein Erwachen im Licht. Daher war der bewusste Übergang zwischen Nacht und Tag für alle spirituellen Schulungen stets so wichtig, denn an dieser Stelle kann der Übergang von der einen Welt in die nächste, das Wiederauferstehen bewusst begangen und geübt werden. Der Schlaf, der kleine Bruder des Todes, überbrückt immer wieder zwei Phasen des Lebens.

„Sobald das Leben beginnt, fängt auch das Sterben an. Jede Schlafenszeit ist ein halber Tod, sind doch Thanatos und Hypnos Brüder. Jeder Wechsel des Lebensalters ist eine Art des Sterbens. Das ist die Wahrheit im primitiv-rituellen Dogmatismus (<z. B. der Naturvölker> Anm. d. Autors), der aus jedem Lebensübergang ein Sterben und eine Wiedergeburt macht: Einweihung zum Mannesalter, zur Häuptlingswürde, Heiratsweihe usw. Sie stimmt mit der biologischen Periodizität des Lebens überein. Das Leben ist ein Wellenschlag mit Ebbe und Flut. Das bedeutet aber, dass der Tod immer schon mit einbegriffen ist. Die alten Ägypter deuteten dies an mit einem schönen Ausdruck: „Whm anch“, das Leben wiederholen. Das Leben ist etwas zu Wiederholendes. Derselbe Ausdruck aber bezeichnet das Leben nach dem Tode, die sogenannte Unsterblichkeit.“

(„Unsterblichkeit“ von Gerardus van der Leeuw, Eranos Jahrbuch Bd.18 Rhein Verlag Zürich, 1950)

Und so wenig, wie wir durch den Schlaf den Kontakt zum Leben und unseren Angehörigen verlieren, so wenig geschieht dies durch den Tod. So lauten alle geistigen Lehren. Daher bilden „Lebende wie Verstorbene“ eine ebensolche unverbrüchliche Einheit wie Unterwelt und Himmel. Die Ahnen sind die uns Vorausgegangenen, die Wiederauferstandenen. Die Pforten von Geburt und Tod bezeichnen nichts anderes als „das Neue verwirklichen“ und „das Alte erneuern“. Leben ist ein steter, unaufhörlicher, schöpferischer Prozess von Erneuerung und Verwirklichung. Daher gibt es auch kein absolutes Ende.

„Als Toter reicht der Mensch in den Raum der Mächte, an den er sonst nur augenblicksweise und in besonders herausgehobenen Daseinsmomenten rührt. Da aber die Toten und die Lebenden der Gruppe eine Einheit bilden, und die Ahnen nicht nur als Geister das „Ganz Andere", sondern daneben auch immer auch das Nächste und Eigene sind, bildet die Ahnenwelt so oft die Brücke zur im Ritual angerufenen und bewirkten Welt des Numinosen.
Deswegen muß in jeder Einweihung gestorben, d.h. der Durchgang durch den Tod vollzogen werden. Der schöpferische Punkt des Nichts spielt nicht nur in der Mystik eine große Rolle, sondern er projiziert sich als kreatorischer Ort der Psyche mythologisch auch als Totenland und als Ahnenland, als Himmel oder als Unterwelt. Damit etwas Lebendiges verstärkt, etwas Altes neu, etwas Neues wirklich werden soll, muß es den Durchgang durch das Reich des Todes vollzogen haben, welches das Quellreich allen Lebens ist. Darum ist jede Geburt Wiedergeburt und jede Wiedergeburt Auferstehung und Rückkehr aus dem Totenreich. Der Satz des Novalis „durch den Tod wird das Leben verstärkt" ist nicht romantisch, sondern mythologisch zu verstehen."
(Erich Neumann, aus Eranos Jahrbuch 1950 „Mensch und Ritus", Rhein Verlag Zürich, 1951)

Tod und Wiedergeburt gehören also zusammen, bilden einen gemeinsamen Wendepunkt im Leben. Was stirbt, erfährt lediglich eine Wendung oder Wandlung zu einem neuen Leben. Daher waren die Kunst des Sterbens und des Lebens in den Philosophien der alten Kulturen unabdingbar miteinander verknüpft. Das Leben selbst schult in bestimmten Situationen das Sterben, was wiederum auch mit den vier mystischen Punkten im Jahreskreis zusammenhängt.

Der **Frühling** steht für jene intensive Lebenskraft, die sich im sexuellen Akt erfahren lässt. Die Kräfte der Vereinigung werden zu einem ekstatischen Hochpunkt des individuellen Erlebens geführt, wo für einen Moment jener mystische Zustand eintritt, dass das Ich mit dem Du vollkommen verschmilzt. Der Zustand der individuellen Isolation wird für einen Moment aufgehoben. Das Ich stirbt sozusagen für einen Moment, wird zu etwas Größerem, Weiterem.
Die **Sommersonnenwende** wiederum symbolisiert eine andere Erfahrung des Sterbens. In der Schwüle eines Sommernachmittags ruhen wir vielleicht unter dem Schatten eines Baumes. Unsere Glieder werden schwer und auch unser Wachbewusstsein. Schläfrig sinken wir in die Welt der Träume hinab. Auch dies ein Weg des Absterbens aus dieser Welt, um in einer anderen wieder aufzutauchen.
Der **Herbst** bietet eine andere Erfahrung des Sterbens, einen mehr be-

wussten Weg. Es geht dabei um das Loslassen. Der runde, reife Apfel wird irgendwann vom Baume losgelassen, damit er neues Leben auf der Erde zeugen kann. Der alte Baum sorgt für neues Leben und weiß, dass er selbst einmal dem Neuen weichen muss. Das Haben und Besitzen wandelt sich hier zur Kreativität, zum Sein. Das Ich stirbt hier für die Gesamtheit, die Einheit oder für die höheren Gesetze des Lebens. Vergleichbar ist dies auch mit dem Weg des Fastens, mit dem bewussten Loslassen des materiellen Begehrens für sich selbst.

Die nachfolgende **Wintersonnenwende** dann symbolisiert das Absterben des Physischen zugunsten des Geistigen. Die Natur ist dann kahl und unser Blick kann weit schweifen. Die klare Luft, der weite Horizont regt in uns das Geistige an. So spiegeln sich die Wege des Absterbens im Kreislauf der Natur und ihrer Energien. Sie lehrt uns, dass Sterben stets eine Wiedergeburt auf einer anderen Ebene ist. Das Leben und damit auch wir sind unendlich.

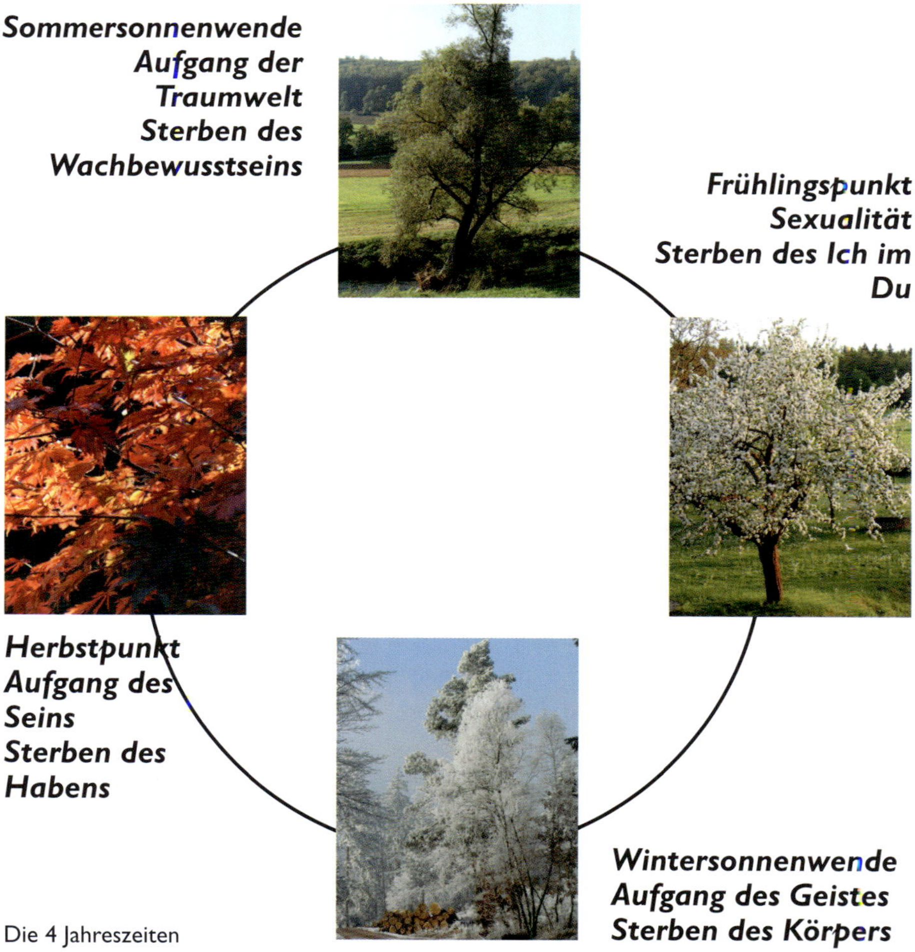

Die 4 Jahreszeiten

3.1 Übungen

Der Blick nach vorne

1. Übung ***Das Morgen erwarten***

Je mehr wir festhalten im Leben, desto fester und begrenzter werden wir auch. Je mehr wir in die Vergangenheit schauen, desto weniger sind wir bereit für Verwandlung und Neues. Eine abendliche Rückschau ist ein wichtiger Punkt dieser Übung, aber das Vorausschauen auf das Morgen hilft, dass wir uns auch dort erleben, wo unser Körper noch gar nicht angekommen ist. Wir denken unser Leben weiter, unabhängig von unserem an die Erde gebundenen Körpergefühl. Eine gute Übung bietet daher das Einschlafen.

Stelle Dir vor dem Einschlafen in einer Rückschau vor, welche Ereignisse des Tages erhebend waren, wo Du den Einfluss deiner Seele gespürt hast. Stelle Dir dann vor, wie Dich wunderbare Träume durch die Nacht begleiten, Inspirationen aus der Seelenwelt sich einstellen. Dann stelle Dir vor, wie Du am nächsten Morgen erholt, erfrischt und guter Laune aufwachst. Was erwartest Du Positives von dem neuen Tag, was möchtest Du Wunderbares erleben? Verinnerliche dies, als wäre es eine Tatsächlichkeit. Diese Übung stimuliert Deine positiven Kräfte und richtet Dein Denken darauf ein, dass auf das Heute stets ein Morgen, auf die Nacht stets ein Tag folgen. Das Leben endet nie, sondern öffnet jeden Tag aufs Neue wunderbare Türen für Dich.

2. Übung ***Ich bin der/die, der/die ich ewig bin***

Eine wichtige Übung, die uns hilft, unsere Kräfte auf unser ewiges Sein zu richten, auf das, was stets wiedergeboren wird, ist eine Meditation, in der wir uns bewusst auf die verschiedenen Ebenen unseres Seins einstimmen. Dabei lassen wir all jene hinter uns, die der Vergänglichkeit angehören, bis wir zu jenem Kern in uns vorstoßen, der auf der seelischen, transzendenten, unvergänglichen Ebene liegt. Unser Körper ist vergänglich, auch unsere Emotionen und Gedanken sind es. Dessen sind wir uns ja meist bewusst. Wie oft ändern sich doch unsere Gefühle und unsere Gedanken im Laufe der Jahre, ja gehen manchmal plötzlich ganz radikal in die entgegengesetzte Richtung. Nur unser innerster Kern, der Herzgedanke, die Seele, der göttliche Funke bleibt immer und ewig sich selbst, gleich wie sich unser Leben dreht.

Nimm eine bequeme Meditationsstellung ein und achte auf entspannten, regelmäßigen Atem. Dann sprich zu Dir die folgenden Strophen und mache sie Dir ganz bewusst.

Ich spüre die Erde unter meinen Füßen, spüre die Beine, die Arme, den Oberkörper, den Kopf, jeden Teil meines Körpers, doch ich selbst bin nicht dieser.
Ich belebe meinen Körper, jede seiner Zellen, die in ihrer Zahl unendlich wie die Sterne am Himmel sind, und in dieser Hinsicht gleiche ich dem Göttlichen, der dieses Universum belebt.

Ich gehe hinein in die Welt meiner Gefühle. Wie bunte Farben und Formen sehe ich sie gleich einem Fluss dahinfließen. Ich selbst stehe auf der Brücke über dem Fluss, schaue hinunter und sage mir: „Ich sehe meine Gefühle fließen, aber ich selbst bin nicht diese!"

Ich begebe mich in die Welt meiner Gedanken. Gleich Wolken sehe ich sie in unterschiedlichen Formen am Himmel ziehen. „Ich sehe meine Gedanken dahinziehen, aber ich selbst bin nicht diese."

Ich nehme ein Licht über den Wolken wahr, das Licht meiner Seele. Ich verschmelze mit diesem Licht. „Ich und meine Seele sind eins. Möge das Licht meiner Seele mein ganzes Sein durchdringen, mein Leben inspirieren und heiligen."

Meditiere eine Weile über diesen Zustand.

Dann begib Dich auf den Weg zurück.

„Mögen Licht, Klarheit und Weisheit meine Gedanken erhellen!"

„Mögen Reinheit, Liebe, Schönheit und Wahrheit meine Gefühle leiten!"

„Mögen Heilkraft und Harmonie meine Lebenskräfte stärken!"

„Mögen Demut, Hingabe und Wahrheit all mein Tun und Handeln bestimmen!"

Spüre danach wieder den ganzen Körper und den Kontakt zur Erde. Dann bewege Dich und verankere Dich damit wieder im irdischen Sein.

4.
Das Leben als Wanderschaft

Reiselied

So ruhig geh ich meinen Pfad,
so still ist mir zumut,
es dünkt mir jeder Weg gerad
und jedes Wetter gut.

Wohin mein Weg mich führen mag,
der Himmel ist mein Dach,
die Sonne kommt mit jedem Tag,
die Sterne halten Wach.

Und komm ich spät und komm ich früh
ans Ziel, das mir gestellt:
Verlieren kann ich mich doch nie,
o Gott, aus deiner Welt.

Joseph Freiherr von Eichendorff

Der Weg

„Wo kommen wir her und wo gehen wir hin?“ ist die ganz zentrale Frage, die Menschen von jeher umgetrieben hat. Das Leben wurde daher stets als Wanderschaft oder Reise verstanden. Wir durchwandern die geistigen Welten, bis wir geboren werden. Angekommen auf der Erde durchwandern wir dann die Räume der Natur, auf der Suche nach Erkenntnis, um dann später wieder unsere Heimreise in die geistige Welt anzutreten. Jeder Weg ist der Weg zu uns selbst, ist der Weg zurück und doch nach vorn, den unsere Vorfahren im Ouroboros dargestellt haben, der Schlange, die sich in den Schwanz beißt. Wir kommen stets wieder bei uns selbst an, bereichert um neue Erkenntnisse. Der chinesische Philosoph Laotse, der Lehrer von der großen Leere, legte besonderen Wert auf die Betonung der „Reise“, des „Auf-dem-Weg-Seins“, denn „der Weg ist das Ziel“. Anfangs- und Endpunkte der Reise finden sich zwar im chinesischen Yin- und Yang-Zeichen wieder, aber wie dieses zeigt, sind beide stets austauschbar. Der Wandel, der Weg ist das Bedeutsame und der Mensch kommt als ein veränderter an sein Ziel.

Es gab wohl kaum eine Kulturepoche, die sich so intensiv sowohl mit dem Thema der Wanderschaft als auch dem Thema Tod, der Nachtseite des Lebens, auseinandergesetzt hat, wie die deutsche Romantik. Lieder, Bilder und Gedichte handeln von dieser gleichnishaften Lebensreise des Menschen, die geprägt ist von mystischen Punkten der Verwandlung, Geburt und Tod. In seiner Wanderschaft durch die Natur, die Landschaft und das Leben selbst kann der Mensch immer wieder jenem Tor oder jener Grenze begegnen, an der sich Diesseits und Jenseits treffen. Betrachten wir die Kulturen des alten Europa, so finden wir in deren Überlieferungen und Sagenwelt ebenfalls zahlreiche Hinweise darauf, dass es Orte in der Landschaft gibt, wo unsere persönliche Welt der „Anderswelt“ begegnen kann. „Avalon“, die Insel der Seligen, ist ein solcher Ort ebenso wie der Kyffhäuser Berg, der Rosengarten oder die Externsteine. Wer einen solchen Ort findet, der kann in die andere Welt eingehen. In der Sage um den Heiligen Gral, die besonders eng mit Parzivals Lebensreise verbunden ist, findet sich dieses Thema auf das spirituell Poetische übertragen. Das Jenseits, das überirdische Reich ist stets da. Es braucht nur die Fähigkeit im Menschen, dieses zu erkennen und es bedarf einer inneren Reife, um es betreten zu dürfen. Parzival muss die richtige Frage stellen, nicht etwa die richtige Antwort geben, wie das zu erwarten wäre.

Dass eine solche Auffassung nicht einfach nur in den Bereich der Fantasie verlegt werden kann, beweist sich gerade dadurch, dass auch in völlig anderen Kulturen, wie zum Beispiel der der Tibeter, eine gleiche Auffassung vorhanden ist. Bei ihnen heißt dieses überirdische Reich „Shamballa“ und das Tor zu ihm soll irgendwo in der Bergwelt des Himalaya zu finden sein. Das Tor zur Geistigen Welt, zum Jenseits, liegt also im Hier und Jetzt. Ein Maler, der sein ganzes Schaffen unter dieses Thema gestellt hat, ist Caspar David Friedrich. Seine Bilder weisen uns den Weg, wie die Natur uns zeigen kann, wo wir einen Blick in die andere Welt werfen können. Die Grenze ist sein Thema und er selbst ein Wanderer und Grenzgänger. Auf seinen Bildern finden wir immer wieder das Motiv des Wanderers, der staunend vor der Natur steht. Sein bekanntestes Motiv ist wohl sein Bild „Zwei Männer in Betrachtung des Mondes". Jeder dürfte dieses wunderbare Gemälde kennen. Diesen beiden Nachtwanderern auf dem Bild geschieht eben dieses tiefe Erlebnis der Verwandlung. Sie betrachten die äußere Natur, den Aufgang des Mondes, und plötzlich tritt ihnen hinter diesem Abbild der Landschaft eine geistige Welt als Vision entgegen. Wo die äußeren Sinne ihr Ende finden, da beginnen die inneren Sinne, die Hellsinne. Nach Aussage Friedrichs geht die eine Welt in die andere über, zaubert sich aus der begrenzten Naturlandschaft die unendliche Landschaft des Paradieses. Die beiden Männer auf dem Bild Friedrichs verschmelzen im Kreis des vollen Mondes mit der Landschaft zu einer Einheit. Es ist die „Unio mystica", die mystische Hochzeit, die sich hier vollzieht. Beide stehen sie als einzelne in der Landschaft und doch sind sie eins in ihr. Friedrich beschreibt in seinen Bildern Grenzlandschaften zwischen Himmel und Erde, beschreibt jene Orte oder Gegebenheiten in der Natur, wo uns in der Versenkung oder Meditation die innere, geistige Welt aufgehen kann. Darstellerische Hilfsmittel dafür sind ihm die erhabene Größe von Naturlandschaften, wie zum Beispiel das Riesengebirge und der rhythmische Lauf des Jahres. Einzelne alte Bäume, Megalithen, Ruinen oder Friedhöfe, der einsame Mensch bilden oftmals das Zentrum seiner Bilder. Naturstimmungen wie die Übergänge des Tages, die Verlorenheit in der Nebellandschaft oder die Stimmung des Meeres sind häufige Themen. Immer schimmert in seinen Bildern die transzendente Welt durch das Objektive hindurch. Die Romantik forderte die Bewegung durch das Leben, die Wanderschaft, da in der gutbürgerlichen, bequemen Stube sich die Wirklichkeit des Lebens nicht finden lasse. Auf der Wanderschaft kommen wir in die Begegnung mit den Inkarnationskräften, die uns ganz im irdischen Dasein aufgehen lassen, aber auch mit jenen Kräften der Exkarnation, die uns an unsere geistige Heimat mahnen. Wir können ein Gasthaus am Wege finden, wo wir uns ausruhen können. Aber es gibt auch Gefahren zu gewärtigen auf der Reise. Auf der Wanderschaft gewinnt der Mensch die Vision seiner inneren, geistigen Welt, schult er sich gleichzeitig in beiden Kräften und bereitet auch den Übergang zum nächsten Sein vor. Der gute Bürger oder Philister sitzt, nach Anschauung der Romantiker, zu Hause und ist eigentlich schon gestorben, da er das Leben nicht mehr entdeckt. Er sitzt unbeweglich in seiner

Pflichterfüllung oder Bequemlichkeit eines geordneten, ja von oben verordneten Lebens, ist an seinen Standort und Umstände fest gebunden. Erst am ultimativen Punkt lässt er sich mit dem Tod konfrontieren, der sich als unbequem zeigt, weil er die bürgerliche Behaglichkeit stört und den gewohnten, immer gleichen Tagesablauf unterbricht. Der Wanderer dagegen sucht die Begegnung mit dem Leben, was immer auch bedeutet, die Grenzen zu erforschen, sie hin und wieder auch zu überschreiten und auch die Möglichkeit mit einzubeziehen, dem Tod zu begegnen, also nicht mehr zurückzukehren. Friedrich gab uns mit seinen Bildern einen Hinweis darauf, dass wir jederzeit und an jedem Ort dieser anderen Welt begegnen können, wenn wir dafür offen sind. Friedrich lehrt in seinen Bildern eben das, was wir zuvor schon gehört haben, nämlich dass die geistige Welt jederzeit da und nicht in einer fernen Galaxie zu finden ist.

Betrachten wir zunächst die Wanderschaft des Menschen vom Reich der Seele hin zur Erde. Diesen Abschnitt der Wanderschaft bezeichnen wir als Inkarnation. Verschiedene Welten oder Sphären müssen wir durchwandern, um uns die passende „Kleidung" anzulegen, die wir für unsere irdische Reise brauchen. Schamanistische Kulturen sprechen von neun Himmeln oder Sphären, die der Mensch bereisen kann, was seine Entsprechung in den neun Monaten der Schwangerschaft findet. Ich spreche in meiner Medialschulung von sieben Stufen, Körperhüllen oder Lebensebenen, die in uns Menschen mehr oder weniger bewusst angelegt sind. Diese Ebenen zu verstehen ist wichtig, um den Geburtsvorgang zu verstehen, wie auch den Ablösungsprozess, den wir Tod nennen. Während des Inkarnationsvorganges unserer Seele brauchen wir Zeit, unsere verschiedenen Hüllen oder Schleier anzulegen, die uns das auf der Erde ermöglichen, was wir Erfahrung, Erleben und Erkenntnis nennen. In der Phase der Exkarnation legen wir diese Hüllen wieder ab. Jede dieser Ebenen ist ein Kosmos, eine Erlebenswelt für sich und hat ein eigenes Bewusstsein. Um auf diesen Ebenen oder in diesen Welten tätig sein zu können, bedarf es jeweils eines entsprechenden „Körpers, Fahrzeugs oder einer entsprechenden Trägersubstanz". Ohne physischen Körper könnte der Mensch nicht auf der Erde leben. Ohne Astralkörper könnte er nichts wahrnehmen und er hätte keinen Zugang zur Traumwelt. Ohne Mentalkörper könnte der Mensch nicht „Ich" sagen. Der Mensch besitzt alle diese Möglichkeiten und sie erlauben ihm, auf jeder Ebene tätig sein zu können.

Die lichteste Ebene ist die Seelenebene, während die physische Ebene die dichteste und schwerste ist. Wenn eine Seele zur Wiedergeburt schreitet, so braucht sie im Regelfall die neun Monate zur Einkörperung in diese Welt. Sie durchwandert die verschiedenen Ebenen, um auf ihnen die Energien heranzuziehen, die sie für ihr irdisches Dasein braucht. Man kann diesen Vorgang „Einkleidung“ nennen und dieser Prozess spielt in vielen religiösen Zeremonien ja symbolisch eine wichtige Rolle. In den alten Frühlings- und Maifesten fand Vergleichbares statt, nämlich eine bewusste Wiederholung des Geburtsvorganges. Man nannte dies „Laubeinkleidungsfest“, das den Wachstumskräften huldigte. Der Jahreslauf war ja das große Symbol für das Geheimnis von „Stirb und Werde“. Ich habe mich sehr lange Zeit mit der Wissenschaft der Astrologie beschäftigt, deren Tierkreiszeichen ursprünglich ganz eng an den Jahreslauf der Natur angekoppelt waren. Hans Sterneder führt in seinem Buch „Der Schlüssel zum Tierkreisgeheimnis“ die Geburt oder Einkleidung als Beispiel aus dem babylonischen Epos „Gilgamesch“ an. In diesem Epos steigt die Göttin Ishtar in das Reich ihrer dunklen Schwester, der Unterweltsgöttin Ereshkigal, hinab, um ihren verstorbenen Geliebten Tammuz zu suchen. Bevor sie in das Dunkelreich eintreten darf, muss sie sieben Tore durchschreiten. An jedem dieser Tore verlangt ein Wächter, dass sie jeweils eine ihrer sieben Insignien abgibt, die sie beim Eintritt in das irdische Dasein zum Zeichen ihrer Würde erhalten hat. Diese Insignien bezeichnen die sieben wesentlichen Kräfte der Natur und werden von Sterneder in Beziehung zu den Tierkreiszeichen gebracht.

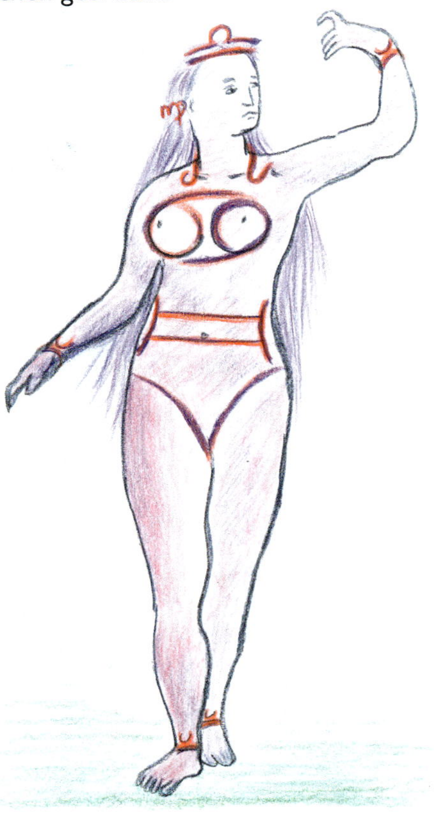

7 = Krone / Waage ♎

6 = Ohrgehänge / Jungfrau ♍

5 = Halsband / Löwe ♌

4 = Brustschmuck / Krebs ♋

3 = Gürtel / Zwilling ♊

2 = Arm-/Fußreif / Stier ♉

1 = Schamtuch / Widder ♈

Betrachten wir zunächst die Stufen zur Inkarnation, der Einkleidung, einmal näher anhand dieses Bildes.

Die Inkarnation – die Einkleidung

1. Insignie *Das Schamtuch – Tierkreiszeichen Widder*

Das Geheimnis des eigenen Seins – Der Wille zu sein

Nackt kommt das Kind zur Welt und wird dann in die Windel gewickelt. Der Schmuck des Lebens ist die Geburt selbst, denn da bricht seine ganze Fülle durch und großer Jubel herrscht in der ganzen Natur. Aus dem Schoß von Mutter Erde kommt alles Leben, um sich Schritt für Schritt zu entfalten. Gleichzeitig steht dieses Symbol für das Erbe oder die Genetik, die wir in dieses Leben mitbringen. Die Essenz vergangener Leben trifft hier mit der Fülle neuer Möglichkeiten und Energien zusammen, so dass neues Wachstum möglich wird. Die „Scham" ist das heilige Gefäß in uns, denn aus ihm kann neues Leben entstehen. Sie ist verhüllt, was nichts anderes heißt, dass während der Inkarnation uns das Geheimnis des Lebens verhüllt ist. Wir sind ein Ich, Teil einer Familie, einer Nation usw. Aber unser Sein als Geist ist verhüllt. Nur wer mit Hilfe der Bewusstseinsentwicklung den Schleier lüftet, wird eine Einweihung in dieses Geheimnis erfahren.

2. Insignie *Die Arm- und Fußspangen – Tierkreiszeichen Stier*

Die Kraft der Schönheit und Fülle – Der Wunsch zu lieben und geliebt zu werden

Diese Stufe hat mit Wachstum zu tun und alles, was wächst, ist der Natur und auch uns eine Freude. Im Frühling legt die Natur ihren Schmuck an und auch Kinder lieben es, aus Blumen Kränze und Armbänder zu flechten. Es bedarf kaum einer Erklärung, dass unsere Hände und Füße, mit denen wir unseren Umkreis erobern, unser wichtigstes Lernmittel sind. Wie eine Pflanze im Boden wurzelt, um sich von dort zu nähren und ihre Blätter in den Himmel schiebt, so erden uns unsere Füße, während unsere Hände sich dem Himmel entgegenstrecken. Im Tanz erfahren wir die Fülle des Seins, die Lebendigkeit unserer Kräfte und unsere Potenz. Im Tanz kommen Himmel, sprich Inspiration, und Erde, also Sinnlichkeit, zusammen. Tanz und Schmuck gehörten vor allem zu den Frühlingsfesten, wo man der Frühlingsgöttin huldigte. Auch wir kleiden uns festlich, behängen unsere Hände und Füße mit Schmuck, wenn wir zu einem Fest gehen, um die Würde und Feierlichkeit des Augenblicks zu ehren, ihm mehr Glanz zu geben. Nach der Bibel soll der Mensch ein „Schmuck für die Erde“ sein. Schönheit bedeutet auch so viel wie „scheinen, glänzen“.

3. Insignie *Der Hüftgürtel – Tierkreiszeichen Zwilling*

Kraft der Reife und Fähigkeit zu Beziehung – Der Wille, Leben zu fördern

Mit dem Hüftgürtel verbindet sich die Wonne des Aufblühens. Früher war der Gürtel ein Zeichen der Geschlechtsreife und wurde beim Aufnahmeritus in die Erwachsenenwelt einem jungen Menschen umgelegt. Er war dann für das Leben gegürtet. Der geschlechtsreife Mensch wird nun selbst zum Träger eigenen Lebens und auch sein Erhalter oder Schützer. Er ist gereift, der Aufbau seiner Kräfte ist vollendet, so dass das Leben nun in ganzer Fülle in ihm kreisen kann. Somit ist er gut gerüstet, um in die Welt hinauszuziehen, diese zu erforschen. Das bedeutet, er kann für sein Leben selbst sorgen und auch Leben selbst zeugen oder empfangen. Der Gürtel wie auch der Mond sind Sinnzeichen für die Frau, denn aus ihr kann neues Leben entstehen. Das Leben kreist in aller Fülle in ihr und führt zum Wunder der Geburt. In früherer Zeit trug nur die Hausherrin den Gürtel, als Zeichen ihrer Macht und Fähigkeit, über die Fülle des Haushaltes und des Wohlergehens zu wachen.

Gleichzeitig stand der Gurt oder Gürtel beim jungen Mann als Zeichen dafür, dass er seine Kräfte kennt, sie zu zügeln und auf die richtigen Ziele im Leben auszurichten weiß. Mit der Lenkung der Kräfte des Unterleibes stellt sich ein klareres Denken ein, so die Vorstellung unserer Vorfahren. Ihm wurde feierlich der Gurt umgelegt, er wurde zum Schwertträger und avancierte so vom Knappen zum Ritter. Erst jetzt in seiner Reife durfte er vor dem Thing, einer alten Gerichtsform, als Zeuge auftreten.

4. Insignie *Der Brustschild – Tierkreiszeichen Krebs*

Fähigkeit zur Verwandlung – Der Wunsch zu erleben

Diese Insignie steht für die Kraft der Vermählung und Befruchtung und symbolisiert die zwei nährenden Brüste. Hier findet ein großes Mysterium statt. Um Leben nähren zu können, muss der Mensch fähig werden, stoffliche Nahrung in geistige umzuwandeln. Wir sagen ja heute noch in der Umgangssprache: „Er hat es mit der Muttermilch eingesogen." Die Muttermilch enthält die kostbaren Essenzen des Stofflichen und trägt die Schwingung der Mutter selbst. Von dieser Nahrungsquelle ist das Baby abhängig. Somit stellt diese vierte Insignie symbolisch auch die Herausforderung für den Menschen dar, die Kräfte des Bindens, Besitzens und Loslassens zu erfahren. Das Stillen der Mutter ist ein ideales Bild dafür. Die Brust bindet und für das Kind ist es der erste Besitz im Leben. Später gilt es das aufzugeben, um aus der engen Nähe in die Weite zu gehen und dann selbst einmal nährend zu werden.

Die Brust birgt also das magische Geheimnis der Wandlung und Verwandlung. Priester tragen bis heute Brustschmuck als Symbol dieser Fähigkeit der Verwandlung oder Transfiguration. Im gleichen Sinne verwenden wir den Begriff vom „Lebenswandel", nämlich wie wir die Impulse des Lebens haben aufnehmen und verwandeln können. Damit wird auch Verwirklichung dessen möglich, was wir erreichen wollen im Leben. Ergreifen uns ganz tiefe Gefühle, so suchen sie über die Brust den Ausdruck. Sie beginnt im Stolz über Vollbrachtes anzuschwellen oder aber fällt im Negativen auch nach innen. Wir schreien unsere tiefe Freude aus voller Brust hinaus in die Welt, um sie mit anderen zu teilen. Aber auch Schmerz und Bedrückung teilen wir über sie mit. Und wenn uns das Leben zu hart anfasst, die Eindrücke zu mächtig werden, schnürt es uns die Luft ab.

In der Brust liegen zwei ganz zentrale Organe: die Lungen und das Herz. Der Atem stand stets für den Geist Gottes, verbindet uns mit demselben und das Herz stand für die göttliche Liebe und Wahrheit. Die Herzenskraft geht über das Persönliche hinaus, verbindet uns mit den größeren Zusammenhängen der Welt.

5. Insignie *Die Halskette – Tierkreiszeichen Löwe*

Die Kraft der Würde – Der Wille zu Selbstausdruck

Diese Insignie zeigt die Hoch-Zeit der Kräfte im Menschen an. Die Kräfte sind im Überfluss vorhanden und der erwachsene Mensch versteht diese richtig zu lenken, so dass Segen und Nutzen für alle daraus erwachsen. Das Leben zeigt sich in seiner ganzen Würde. Und noch heute legen wir jemandem als Zeichen der Ehrung und Würdigung eine Halskette um, wie dies auch bei Hochzeiten zum Teil noch üblich ist. Der Hals zeigt den freien, selbstbewussten Menschen an, dessen Stimme im Rat der Gemeinschaft gehört und gewürdigt wird.

6. Insignie *Die Ohrringe – Tierkreiszeichen Jungfrau*

Die Kraft der Reife – Der Wille zu Entwicklung

Der Ohrschmuck erinnert immer wieder an das Fruchtartige. Das Wachsen der Frucht geht einher mit einer Verminderung der Lebenssäfte in anderen Bereichen der Pflanze. Auch bei uns Menschen findet im Prozess der Reifung ein Aussortieren statt. Die ungestümen, jugendlichen Kräfte sind durch Erfahrungen gereift und sind nun eingebunden in Werte, Ziele und Ideale. Sterneder bezeichnet diese Phase etwas schwärmerisch als „keusche, mütterliche Mission der Lebenshütung". Aber mit „mütterlich" ist hier die reife Frau gemeint und sicherlich auch der reife Mann. Die Aufgabe der Fortpflanzung, von der Natur als Trieb vorgegeben, ist abgeschlossen. Jetzt können persönliche Qualitäten und Bedürfnisse besser zur Geltung kommen. In der Sexualität geht es dann zum Beispiel nicht mehr allein um frühlingshafte Gefühle, deren Ziel die Vereinigung für neues Leben ist, sondern um tiefere, persönliche Aspekte der Vereinigung. Die Ohrringe stehen somit für die Verwirklichung unserer Potenziale und Möglichkeiten, die uns für dieses Leben von unserer Seele mitgegeben wurden. Indem wir dies tun, ehren wir selbst die Kräfte unserer Seele und werden auch Ehrung im Leben erfahren.

7. Insignie *Die Krone – Tierkreiszeichen Waage*

Die Kraft des Denkens – Der Wunsch nach Vereinigung, Vollendung

An dieser Stelle tritt die Erfüllung der irdischen Lebensbahn ein, die Reife ist abgeschlossen und es erfolgt die Krönung. Die Konzentration der Energien liegt nun ganz auf der Mentalebene, dem Denkvermögen. Der Kreis, das Runde hat eine Verbindung zur Vollendung und steht dem ewigen Sein nahe. Die Krone symbolisiert zum einen den Kontakt zur geistigen Welt, zum anderen die Fähigkeit, die eigenen Kräfte zum Wohle der Gesamtheit, des Ganzen, einzusetzen. Das Persönliche tritt also hinter das Überpersönliche zurück. Der Mensch wird hier selbst zum Symbol dessen, was er im Leben verkörpert. Die Leistung und Wirksamkeit bleibt nicht auf den persönlichen Umkreis beschränkt, sondern geht weit darüber hinaus. Weiterhin steht die Krone für das Anerkennen einer ewigen, überweltlichen, göttlichen Macht, die

auch eine ewige Wiederkehr des Lebens garantiert, denn sie war Symbol des Himmelskreises.
Laut Sterneder folgen nun noch die übrigen fünf Sternzeichen von Skorpion bis Fische, als die fünf Stufen, die die Ablösung aus dem irdischen Leben in Gang setzen. Damit wird der Kreis der zwölf Tierkreiszeichen rund. Diese fünf Stufen symbolisieren entsprechend der Natur in dieser Jahreszeit Prozesse des Auswertens, Alterns und des Ablösens. Nicht mehr weltliche Ziele sind nun gefragt, wie zur Zeit des Frühlings und Sommers, sondern es erfolgt eine Neuausrichtung auf die inneren Welten. Betrifft es den natürlichen Prozess der Alterung, so wird zweifelsohne der Weg in die andere Welt folgen. Aber während dieser fünf Phasen ist eine Rückkehr in die Welt immer noch möglich. Während einer schweren Erkrankung kann ein Mensch diese Phasen durchlaufen und mag am Ende eine Neugeburt auf irdischer Ebene erleben. Ein anderer möchte sein Leben auf der Erde abschließen und wird weiter ins Jenseits schreiten.

Da ist zunächst das **Zeichen Skorpion**, das den Stachel des Todes beinhaltet. Es ist jener Ruf der Seele, der die Seelenkräfte aus dem Körper abberuft. Das kann jene Phase im Leben sein, in der man seine irdische Laufbahn abgeschlossen hat und sich nun mit dem Danach beschäftigt. Es kann auch eine erste Krankheit oder Schwäche sein, die Ausdruck des Rufes der Seele ist, dass man der anderen Welt gedenken sollte. Skorpion ist sehr stark mit den exkarnierenden Kräften verbunden und das ist wohl auch die Ursache, dass so viele Medien und Psychologen unter diesem Zeichen geboren werden, die sich der Erforschung innerer Welten widmen.

Dann folgt das **Zeichen des Schützen**, der eine Ausrichtung hin auf die geistige Welt mit sich bringt. Man beschäftigt sich mit dem Sinn des Lebens, mit Philosophie und Spiritualität. Alle Werte, die über die Begrenzung des Irdischen, Persönlichen und Alltäglichen hinauszielen, sind jetzt von Bedeutung. Betrifft es eine Lebenskrise oder Krankheit, dann kann in dieser Phase eine Neuorientierung, eine neue Ausrichtung im Leben erfolgen. Schütze ist mit dem Feuer des Denkens verbunden.

Im **Zeichen des Steinbocks** ordnet man seine weltlichen Dinge, schreibt ein Testament, übergibt alles den Jüngeren. So rechnet man mit seinem Leben ab und befreit sich von aller irdischen Last und Verpflichtung. Nur so ist eine Neu- und Wiedergeburt möglich. Ein schwer erkrankter Mensch kann diese Stufe als Phase der Läuterung und Prüfung erleben, die es durchzustehen gilt, bevor neue Lebenskräfte einströmen. Im Jahreslauf findet sich im Steinbock die dunkelste Nacht, der Punkt der Wintersonnenwende. Alles Alte muss da abgelegt werden, der alte Gott muss sterben, damit der junge Jahresgott wiedergeboren werden kann. Es ist die Höhle oder der dunkle Stall von Bethlehem, in dessen materieller Armut und Dunkelheit das neue Licht geboren wird.

Im **Zeichen des Wassermanns** findet immer mehr eine Hinwendung zum Transzendenten, zum Geistigen, statt. Dies wird möglich, wenn man zuvor das Irdische ganz losgelassen hat. Metaphysische und übersinnliche Fähigkeiten können jetzt zum Vorschein kommen. In schwerer Krankheit kann hier ein Mensch eine totale Lebensveränderung vornehmen, die seiner Umgebung irrational, wahnsinnig oder nicht nachvollziehbar erscheint. Aber so kann er neues Leben finden, das ihn weiter trägt. Manche Berichte von unheilbar Krebskranken, die ihrem „irren" Traum einer totalen Veränderung nachgingen und gesundeten, fallen in diesen Bereich. Man muss daran denken, dass dieses Tierkreiszeichen vor allem den Monat Februar umschließt. Ritzt man in dieser Zeit die Rinde eines Baumes, so fließt schon sein Saft und wir erkennen, dass trotz des Winters das neue Leben des Frühlings schon längst unsichtbar da ist.

Die Stunde der Weltabkehr, die Vorbereitung auf den Heimgang findet im **Zeichen der Fische** statt. Jetzt gibt der sterbende Mensch Gott oder seiner Seele das zurück, was sie ihm gegeben hat für seine irdische Wanderschaft. Es steht eine Wiedervereinigung mit der eigenen Seele und der geistigen Heimat an. Es erfolgt eine Wiedergeburt in die geistige Welt, wenn die Tore zum Jenseits durchschritten sind. Daraus kann eine erneute Wiederverkörperung im Irdischen erfolgen, wenn es die Seele beschließt. Für einen schwer kranken Menschen ist auf dieser Stufe noch eine Umkehr möglich, die aber nicht mehr aus eigener Kraft geschieht, sondern als Gnade erlebt wird. Auf irgendeiner Ebene findet ein Opfer statt, das diese Gnade der Gesundung möglich macht und die den Angehörigen und Ärzten als Wunder oder Spontanheilung erscheint.

Erst wenn die Ablösung durch die fünf Stufen stattgefunden hat, folgt der endgültige irdische Tod, der Gang in das Jenseits. Dann warten die himmlischen Wächter oder Engel an den sieben Toren, um dem Menschen seine sieben Lebensinsignien wieder abzunehmen. Der erste Wächter nimmt dem irdischen Ich die Krone ab. Dem Ruf der Seele kann sich das Ich nicht entziehen und sein unvergänglicher Teil löst sich zuerst aus dem irdischen Sein. Dann fordert ein Wächter die Ohrringe, die fruchtbaren, reifen Erkenntnisse, die in diesem Leben gesammelt wurden. Zuallerletzt dann das Schamtuch, das für den irdischen Körper steht. Damit ist die endgültige Trennung zwischen Körper und Seele vollzogen. Dann steht der Mensch wieder ganz nackt vor seinem Schöpfer, so wie er einst auch geboren wurde.

Betrachten wir im folgenden die Schritte der Exkarnation, die in umgekehrter Reihenfolge wie die Inkarnation stattfinden.

Die Exkarnation

7. Insignie *Die Krone – Ablösung vom Eigenwillen*

Die Seele findet die Lebensschale voll mit wichtigen Erfahrungen und Erkenntnissen aus dem Leben und befiehlt den Rückzug aus dem Körper. Der Sterbeprozess beginnt und wir stellen fest, dass wir als Selbst nicht mehr die Möglichkeit haben, unseren Eigenwillen so auszuüben, wie wir das im irdischen Leben gewohnt waren. Das Ego hat seinen Dienst für diesen Lebenszyklus erfüllt. Es hat sich aber im Laufe des Lebens daran gewöhnt, der Herrscher zu sein und es fällt ihm jetzt nicht leicht, die Krone wieder abzugeben, und „dem Kaiser", also der Seele, das zurückzugeben, was das ihre ist. Wer Demut, Bescheidenheit, Loslassen und Hingabe im Leben schon geübt hat, dessen Ego wird anpassungsfähiger sein und er wird dieses wichtige Tor leichter passieren können. Daher lehrt die Bibel ja die Lebenshaltung, nicht mein Wille geschehe, sondern: „Dein Wille geschehe!" So bleibt sich das Ego oder Selbst bewusst, dass es Statthalter auf Erden ist, die Seele aber der wahre Herrscher. Das Leben läuft in dieser Phase wie ein Kurzfilm noch einmal ab, was eine Möglichkeit gibt, das Ego abzulösen. Für viele Menschen ist dieser Ablöseprozess überaus langwierig und leidvoll, da es ihnen schwerfällt abzugeben, loszulassen oder sich einzugeben.

6. Insignie *Der Ohranhänger – Die Früchte des Lebens*

Mit dem Ohranhänger geben wir die Früchte unseres Daseins ab, die Essenz unseres Lebens. Das, was wir gesät haben, werden wir nun ernten. An der Schönheit dieser Früchte werden wir nämlich von unserer eigenen Seele gemessen. Sie hat uns das „Pfund" mitgegeben, mit dem wir „wuchern" sollten im Leben, all die Fähigkeiten und Potenziale. In einem Wort und einem Laut erscheint vor uns die Essenz unseres vergangenen Lebens und wir erkennen, ob unser Leben zur Freude der Welt und aller Geschöpfe war, wie auch zu unserer eigenen Freude.

5. Insignie *Die Halskette – Die Würden des Lebens*

Hier begegnen wir jenen Kräften im Leben, denen wir Bedeutung eingeräumt haben, die wir gepflegt und mit denen wir unser Leben gestaltet haben. Es zeigt sich, welchen Eindruck oder welche Fußspuren wir im Leben hinterlassen haben, ob diese zu unserer Ehre und Würde gereichen, so dass wir aufrecht vor unsere Seele treten können. In dieser Phase kommen uns Worte und Gesprochenes in den Sinn. Haben wir eine positive, aufbauende Sprache gepflegt oder haben wir Worte des Zorns gesprochen? Sind Worte des Verzeihens nicht gesprochen worden im Leben, so wird dies in dieser Phase ein Thema sein.

4. Insignie *Der Brustschild – Die Werte des Lebens*

Mit dem Ablegen des Brustschildes zeigen sich die Werte, die wir im Leben gepflegt haben, für die wir eingetreten sind. Sind es solche, die aus der Stimme des Herzens sich gebildet haben oder sind es solche, die uns unser Verstand eingegeben hat? Alles, was zum Verstand und zur Erde gehört, muss hier zurückgelassen werden, denn es kann ob seiner Schwere nicht diese Tür durchschreiten. So prüft der Wächter an diesem Tor, wem, was oder wie wir unsere Liebe gegeben haben, welcherart unsere Beziehung zum Leben war. Diese Phase ist überaus schwierig, da wir auch das auf der Erde zurücklassen müssen, an dem noch unser Herz hängt. Das können Freunde sein, Haustiere oder eine Aufgabe. Der Priester mit dem Brustschild aus Edelsteinen ist ein Symbol für den Menschen, der seine Beziehungen von der irdischen auf die seelische Ebene zu heben vermag. Dort gibt es nicht Zeit noch Raum und damit auch keine Trennung. In dieser Phase des Übergangs erscheint das Leben als eine Einheit, als ein Symbol.

3. Insignie *Der Hüftgürtel – Die Verwirklichung des Seins*

Der Hüftgürtel steht für unsere Schöpferkraft, für all die Ziele im Leben, für die wir gekämpft und gerungen haben. Hat es sich gelohnt, haben wir neues Leben hervorbringen können? Haben wir uns verwirklichen können oder sind es verdorrte Äste vereitelten Strebens oder abgestorbener Wünsche? Das sind die Fragen, mit denen wir uns in dieser Phase der Ablösung auseinandersetzen müssen. Der Gürtel steht auch für die Gnade und das Verzeihen, denn er ist Symbol der Erd- und Himmelsmutter, gleich welchen Namen sie auch trägt. Wie haben wir jene Kräfte im Leben gepflegt? Haben wir das Leben in seiner ganzen Fülle annehmen können, sind wir positiv dem Leben gegenübergestanden, so dass Neues in uns oder anderen wachsen konnte oder haben wir die Lebenskraft eher behindert mit unserer Einstellung?

2. Insignie *Die Arm- und Fußspangen – Die Reinigung*

Hier erleben wir die Freuden des Lebens, aber auch die Schmerzen. Wir werden in dieser Phase all dem begegnen, womit unsere Gefühle uns verbunden oder gebunden haben. Jedes Gefühl, sei es positiv oder negativ, schafft eine Verbindung zur irdischen Welt. Es wird zu einem Teil unseres Selbst. Daher wird jetzt all das einer Prüfung unterzogen, was wir uns angeeignet haben, was wir in Besitz genommen haben. Aber auch das, wovon wir glauben, es gehöre zu uns, kommt auf den Prüfstand. Viele Gefühle übernehmen wir unbewusst von anderen oder rekrutieren sie auch aus unserem Umfeld. In dieser Phase wird sich zeigen, wie leicht oder schwer unser Emotionalkörper ist. Eine Klärung der Gefühle ist hier wichtig, damit sich innere Leichtigkeit einstellen kann.

1. Insignie *Das Schamtuch – Die Wirklichkeit unseres Seins*

Das Ablegen des Schamtuches bedeutet die endgültige Loslösung vom Körper und vom irdischen Dasein. Wir sehen uns nun in unserer Ganzheit, in unserer ganzen Wirklichkeit. Da begegnen wir auch dem Schatten in uns selbst. Wer diesen Schatten gepflegt und genährt hat im Leben, wird in dieser Phase schwere Arbeit haben und große Furcht mag da aufkommen. Wer seine dunklen Seiten, seinen dunklen Bruder schon im Leben angeschaut hat, wird nicht mehr so viel Furcht empfinden. Um in das Licht eintreten zu können, bedarf es der Umwandlung des Schattens.

Eine solche Darstellung von Inkarnation und Exkarnation, wie sie die persische Kultur lehrte und sie die Astrologie Sterneders übermittelt, gibt uns

beste Möglichkeiten an die Hand, selbst auf das Wesentliche schon im Leben zu achten. Aber auch wenn wir einen Menschen in seinem Sterben begleiten, ergeben sich daraus wichtige Hinweise. Sensitiv lässt sich für jeden Begleiter leicht erspüren, mit welcher Phase ein Sterbender sich wohl am schwersten tun wird, nämlich aufgrund seiner Persönlichkeitsstruktur und seiner Lebensführung. Jemand, der gewohnt war, das Leben zu lenken, zu führen und zu kontrollieren, wird sich schwer tun, diese Kontrolle, also seine Krone, abzugeben. Erspüren wir den „Halsschmuck", also das Kehlchakra als bedeutend, so können wir zu Anfang der Sterbephase, solange ein Sterbender sich noch selbst äußern kann, daran mitwirken, dass noch erlösende Worte gesprochen werden können. Erspüren wir „Arm- und Fußspangen" als Thema, so gilt es auf eine Klärung der Gefühle hinzuwirken, um Leichtigkeit zu ermöglichen.
Auch wenn wir Hülle um Hülle der verschiedenen Ebenen um uns legen, erleben wir eine Einkleidung, bis wir schließlich als vollendete Form in diese Welt eintauchen. Wenn wir diese wieder verlassen, legen wir Kleid für Kleid wieder ab.

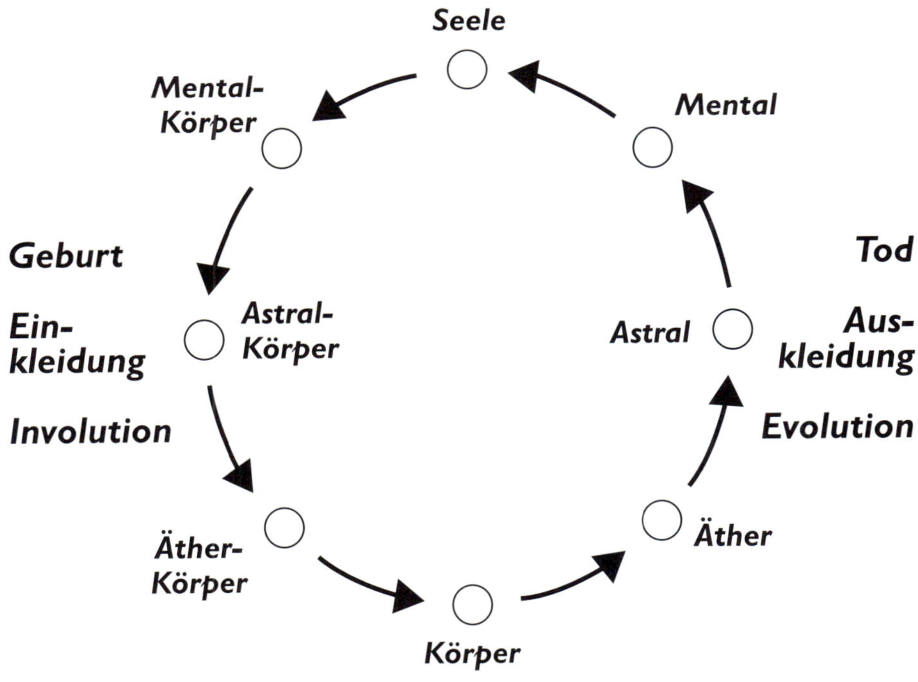

Die Ein- und Auskleidung

Diese Darstellung der Ein- und Auskleidung im kosmobiologischen Sinne orientiert sich an der Welt der Vegetationsgöttin. Der Vorgang hat etwas

Zeremonielles, Erhabenes und bindet uns wieder ein in das natürliche Geschehen des Sterbens. Entscheidend an dieser Darstellung ist auch, dass Ishtar selbst an die Todespforte klopft und Einlass begehrt. Als der Pförtner ihr nicht öffnen will, droht sie ihm sogar mithilfe ihrer Macht das Tor zu zerstören und erst daraufhin holt der Pförtner die Einwilligung ihrer dunklen Schwester Ereshkigal. Ishtar ist also kein Opfer, fühlt sich nicht ausgeliefert und hilflos angesichts der Macht des Todes, sondern tritt selbst als Initiatorin des Prozesses auf. Dadurch bleibt die Würde des Todes wie der Sterbenden erhalten. In früheren Zeiten war es üblich, dem Tod selbstbewusst entgegenzutreten, um sein Geheimnis zu lüften. In den ursprünglichen spirituellen Wegen und alten Religionen war die Begegnung mit dem Tod stets präsent. Zur Winterzeit gab es zum Beispiel den Ritus der Grablegung, wobei ein Mensch sich in einen Steinsarg oder eine präparierte Höhle legte, um gleich der winterlichen Sonne des alten Jahres sinnbildlich zu sterben, um dann neu geboren zu werden. Bei den Riten der Freimaurer hat sich dieser Brauch der „Sarglegung" erhalten. Sinnbildlich stirbt der alte Mensch, um dem neuen Platz zu machen. Auf diese Weise übte man das Geheimnis des Sterbens, um eine Einweihung in das Leben zu erhalten. Tod bedeutete ihnen eine Erweiterung des Bewusstseins und des Wirkens. Heute fehlt uns sowohl eine wirkliche Lebensschulung als auch eine Schulung des Sterbens. Dabei rückt angesichts der körpererhaltenden Möglichkeiten der modernen Medizin die Frage von Geburt wie Tod immer mehr in den Mittelpunkt. Es gibt Kinder, die sehr früh geboren werden, die ohne die aufwendigen technische Möglichkeiten nicht überleben könnten und es gibt viele Ältere, die auf Pflege- oder Intensivstationen dahindämmern und sich nichts Sehnlicheres wünschen, als einen erlösenden, schnellen Tod. Wir werden um eine ganzheitliche und damit auch ethische Antwort auf diese herausfordernden Fragen nicht herumkommen.

Es gilt den Tod als Bruder oder Schwester des Lebens zu sehen und ihn als solchen willkommen zu heißen oder ihm aber als gleichstarker Kämpfer gegenüberzutreten. Beide Wege sind gangbar. Den letzteren hatte Ishtar beschritten, als sie den Wächter an der Unterwelt herausforderte, um Einlass in das Reich des Todes zu erhalten.

Ich erinnere mich gut an einen alten Herrn, der von seinem Sohn zu dem Geistheiler Tom Johanson gebracht wurde. Der alte Mann hatte eine schwere Krebserkrankung, die Ärzte hatten ihn aufgegeben. Alt, grau und müde kam dieser Mann daher, sein Sohn paralysiert von der Angst, den Vater zu verlieren. Ich werde nie den Blick des jungen Mannes vergessen, wie er auf Toms „Urteil" wartete und Tom ihm mitteilen musste, dass er keine Möglichkeit sehe, die Krankheit zum Stillstand zu bringen. Für eine Minute schien die Zeit im Raum stehen zu bleiben und dann begann Tom plötzlich in einer fast generalstabsmäßigen Stimme zu dem alten Herrn zu sprechen. Tom bekam medial Informationen über dessen Zeit beim Militär und dass er gerne Soldat und ein guter Soldat gewesen sei. Der Mann konnte dies bestätigen. Mit jeder Sekunde, die Tom sprach, begann der Mann sich aufzurichten. Es kehrte die Farbe in sein Gesicht zurück und er nahm soldatische Haltung an. Tom erklärte ihm, dass sein Lebensweg ihn auf die andere Seite führen würde, aber seine Tapferkeit, sein Mut – Fähigkeiten, die er als Soldat schon während des Krieges so oft gezeigt habe – würden ihm helfen, mit Würde auch diesen Weg jetzt zu gehen. Dieser Mann verließ selbstbewusst und strahlend das Behandlungszimmer, seinen völlig verdattert dreinschauenden Sohn an der Hand. Gekommen waren beide, vor allem der Sohn, um von Tom das erlösende Wort zu hören, der Vater müsse noch nicht sterben, weil Toms Heilkräfte ihn retten würden. Ja, durch Tom hatte die Heilkraft gewirkt, aber ganz anders, als es sich der junge Mann erhofft hatte. Tom hatte es geschafft, die „Krone“ dieses Menschen anzuregen, ihm zu seiner Würde zu verhelfen. Ich würde das heute als spirituelle Sterbebegleitung bezeichnen.

Das Geborenwerden in diese Erde gleicht dem An- oder Einkleiden, das Sterben bedeutet ein Ablegen dieser Kleider. Für beide Wege braucht es die Entschlusskraft und den Mut des Selbst. In dieser Hinsicht ist der Weg hinauf und hinab derselbe. Das Geborenwerden ist ein Prozess der Evokation, die eine Verlagerung des Lebenstones eines Menschen nach außen darstellt, was sich im ersten Schrei eines Babys zeigt. Auch dieser Schritt braucht viel Mut und Entschlossenheit. Der Sterbeprozess wird als Invokation bezeichnet, denn es erklingt der Seelenton eines Menschen auf den inneren Ebenen, der ihn in die geistige Heimat zurückruft. Häufig hören sterbende Menschen, wie sie von einer Stimme gerufen werden, viele sterbende Künstler haben von wunderbarer Musik berichtet, die sie hörten, bevor sie endgültig gingen. Aus der klingenden Stille kommt der Mensch in einem Ausatmen in den Lärm dieser Welt, in diese Stille geht er mit einem letzten Einatmen wieder ein. Auch für den Schritt aus dieser Welt bedarf es wiederum des Mutes. Das Baby weiß nicht bewusst, in welche Welt es geboren wird und der sterbende Mensch weiß oftmals auch nicht, was ihn erwartet. Der Unterschied ist, dass wir auf unserer Reise durch dieses Leben spirituelles Bewusstsein entwickeln und wir so diesen letzten Schritt bewusst und voller Vertrauen nehmen können.

4.1
Die vier Wege des Sterbens in der Astrologie

„Immer ist der Tod der Eintritt in ein erfüllteres Leben, größere Erfahrung, vollere Verwirklichung und weitergesteckte Ziele. Es ist der Tod der Persönlichkeit, damit die Seele die Persönlichkeit übernehmen und durch sie Leben ausdrücken kann.“

Alice A. Bailey Die Arbeiten des Herkules, S. 167, Lucis Vlg., Genf, 1974)

Die Sonne durchwandert im Jahreslauf ganz unterschiedliche Stationen. Wie wir schon gesehen haben, teilt sich der Jahreskreis in zwei Hälften oder „Schlangen“. Es gibt eine aufsteigende und eine absteigende Hälfte des Jahres. Im Frühling und Sommer haben die aufbauenden Kräfte den Vorzug, im Herbst und Winter die abbauenden. Des weiteren durchläuft die Sonne im Jahr die zwölf Tierkreiszeichen, die als Symbol der archetypischen, kosmischen Kräfte gelten. Diese zwölf Zeichen stellen die kosmischen Gaben an den Menschen dar, die er sich erschließen kann. Sie beinhalten gleichzeitig aber auch die zwölf großen Prüfungen des Menschen, die im spirituellen Sinne zur Einweihung führen.

Wir haben die Tierkreiszeichen zuvor schon im Hinblick auf das An- und Ablegen der Insignien betrachtet. Jetzt wollen wir die Tierkreiszeichen besonders unter jenem Aspekt betrachten, dass ihre Kräfte uns in das physische, äußere Leben hineinführen, uns aber auch wieder daraus lösen können. Ein ganz zentraler Mythos um die Symbolik der Tierkreiszeichen ist die Geschichte von den Taten des griechischen Helden Herakles oder Herkules. Zwölf Prüfungen muss sich Herkules unterziehen, zwölfmal wird er mit Tod konfrontiert, um die ewigen Kräfte des Lebens zu erringen. Diese Geschichte beschreibt nichts anderes als eine Art alchemistischen Vorgang, nämlich die Verwandlung des irdischen, unvollkommenen, „dunklen“, endlichen Menschen, hin zum lichten, göttlichen, kosmischen, ewigen Menschen. Jede Wandlungsstufe hin zur Ganzheit erfordert ein Absterben auf irgendeiner Ebene. Wir sagen ja umgangssprachlich auch: „Wir können aus unserer Haut nicht heraus.“ In der Tat bedarf es der Verwandlung, des Sterbens, um ein „neuer Mensch“ zu werden. Aus diesem Grunde wurde ja den beiden Tieren Schlange und Eidechse eine so hohe kultische Bedeutung in den alten Kulturen beigemessen. Sie streifen ihre Haut ab und erneuern sich dadurch. Daher galten sie als Zeichen der Unsterblichkeit.

Die Tierkreiszeichen geben uns Hinweise, welche Arten der „Häutung“ und Prüfungen abzulegen sind. Alte Empfindungen, kristallisierte Ideen, verhärtete Lebensanschauungen, überholte Glaubenssätze, die bis dahin unser Leben und Handeln geprägt haben, sind irgendwann zu Ende. Schauen wir später einmal auf sie zurück, so wundern wir uns oftmals, wieso es überhaupt möglich war, dass wir damals so gedacht und gefühlt haben. Jedes einzelne Tierkreiszeichen fordert uns in seinem Bereich zu seinem Thema, zu einer Veränderung auf.

In der Astrologie gibt es vier Tierkreiszeichen und entsprechend dazu vier Punkte im Jahreskreislauf der Sonne, die in ganz besonderem Verhältnis zum Thema Tod stehen. Ich möchte an dieser Stelle ausdrücklich darauf hinweisen, dass die nachfolgenden Ausführungen nur begrenzt mit der „Geburts-Astrologie“ zu tun haben. Sie haben also nur bedingt eine spezielle Bedeutung für die unter diesem Zeichen geborenen Menschen. Es handelt sich vielmehr um spirituelle Archetypen, die jeder Mensch erfahren kann. Die vier Tierkreiszeichen und Punkte im Horoskop sind:

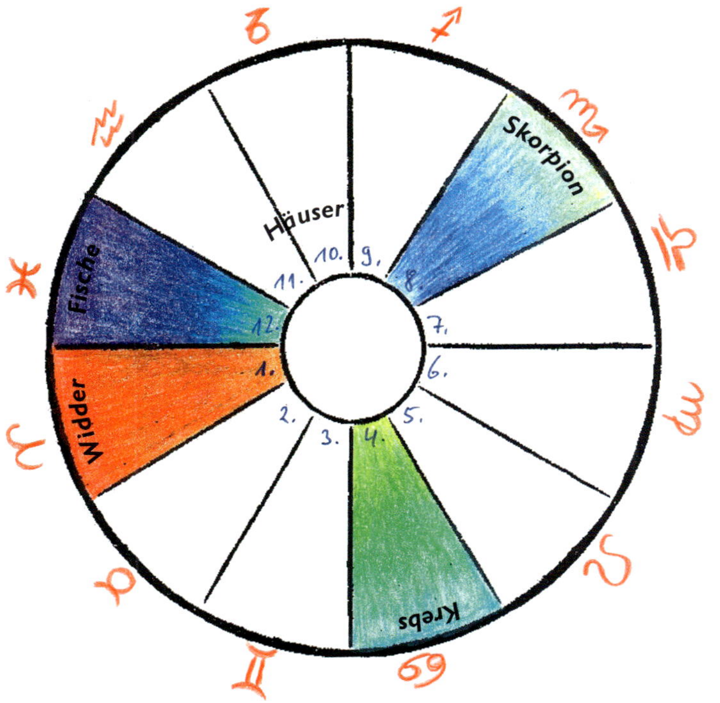

Verwandlung und Tod in den Tierkreiszeichen

Tierkreiszeichen	Astrologisches Haus	Element	Weg des Sterbens
Widder	Aszendent / 1. Haus	Feuer	Absterben, Veraschung
Krebs	Nadir / 4. Haus	Wasser	Wunschlosigkeit
Skorpion	8. Haus	Wasser/Luft	Transformation
Fische	12. Haus	Wasser	Erlösung

Widder – Element Feuer
1. Haus/Aszendent – Weg des Ausbrennens

In diesem Zeichen wird die dynamische, elektrische, feurige Qualität des Göttlichen dargestellt. Feuer wärmt, erschafft und nährt, aber es zerstört auch. Es ist ein Symbol der Schöpfung wie auch des Opfers. Die menschlich-göttliche Seele wird von Theosophen wie zum Beispiel Jakob Böhme bildlich als „feuriges Flammenmeer" bezeichnet. Inkarniert die Seele auf der irdischen Ebene, so braucht es ein Gefäß, in welches das Feuer eingebunden werden kann. Damit ist die Inkarnation ein Akt der Begrenzung, Beschränkung und auch des Opfers. Es ist das Feuer selbst, das zum Ende des irdischen Daseins das Gefäß verbrennt, das es bisher getragen hat. Das Ich erfährt also im Seelenfeuer eine Läuterung und Reinigung durch das Feuer. Das „alte" Leben mit all seinen Erfahrungen, das ein undurchdringliches Dickicht bildet, wird bildlich in Brand gesetzt und den Flammen überantwortet. In der Asche bleibt das übrig, was an Substanz vorhanden ist. Das ergibt einen freien Blick auf den Pfad der Seele. Alice Bailey beschreibt den Vorgang der Inkarnation und Exkarnation mit den Worten:

„Das Feuer flammte auf, und durch dieses Feuer löste ich mich vom Leben los und wurde so zum Tode geboren. Und dann löste ich mich wieder von der Form los."
(Alice A. Bailey, Esoterische Astrologie, S. 109, Lucis Vlg., Genf, 1970)

Im Vorgang der Inkarnation löst sich also eine Art Funken oder Flamme, aus dem göttlichen Flammenmeer heraus. Sie stirbt in gewisser Hinsicht dem Göttlichen ab. Mit dem physischen Tode kehrt sie wieder in das Urmeer zurück. Daher soll dieses Feuer im Tode den Menschen direkt in die heilige Stadt Shamballa führen. Das Sterben bedeutet hier ein Verbrennen seiner Vergangenheit und all dessen, was hinter einem liegt. Verbrennen ist ein Vergeistigungsprozess.
Dieser Prozess zeigt sich auch im „Ausgebranntsein oder Ausgeglühtsein", also einem Schwinden des Lebensfeuers bis hin zur absoluten Kraftlosigkeit. Feuer hat stets mit dem Lebenswillen zu tun und wir wissen, wenn alles, was

man angestrebt und gewollt hat, zu Asche verbrannt ist, hält uns nichts mehr in diesem Leben. Da gibt es nichts mehr, was unseren Willen begeistern kann, nur Leere findet sich überall.

Krebs – Element Wasser
4. Haus/Nadir – Weg der Wunschlosigkeit

Der Nadir, der tiefste Punkt der Sonne, der sogenannte Mitternachtspunkt im Häusersystem, korrespondiert in vielem mit dem Tierkreiszeichen Krebs. Er ist der Punkt der Ruhe, der Dunkelheit und des Unbewussten. Das Zeichen Krebs ist eines der in der Astrologie am wenigsten verstandenen. Das liegt daran, dass zu seiner Zeit die Sommersonnenwende stattfindet, der Punkt der höchsten energetischen Spannung im Jahreslauf. Der Zenit, der Hochpunkt, steht dem dunklen Nadir, der Wintersonnenwende, gegenüber. Daher sahen die alten Astrologen den Krebs als das Tor, das diese Welt, die irdische, mit der geistigen, jenseitigen verbindet. Geist bedeutet ein Leben in Ganzheit oder Einheit, während das irdische Dasein eine individuelle Form der Offenbarung mit sich bringt. Sowohl das In-ein-festes-Gefäß-gegossen-werden als auch das Zerbrechen des Gefäßes ist mit dem Tierkreiszeichen Krebs verbunden. Seine Lebensprüfung liegt darin, herauszufinden, was wirklich ist, wer er wirklich ist. So lange er sein Gefäß stets mit den Wünschen nach Fremdem füllt, bleibt sein Begehren unerfüllbar. Erst wenn er sich selbst entdeckt hat, wird er feststellen, dass er alles besitzt, da er ein geistiges Wesen ist und der Ganzheit entspringt. Dahinter steckt tief verborgen der Konflikt zwischen individueller Form und Kollektiv. Sucht man im Außen, wird man irgendwann feststellen, dass man nicht alles sein und werden kann. Das wäre Hybris, eine Selbstüberhöhung, die bekanntlich die Götter übel bestrafen. Frustration und Sinnlosigkeit können damit einhergehende Gefühle sein. Die kollektive Gefühlswelt bietet Möglichkeiten, diese scheinbare Sinn- und Machtlosigkeit des einzelnen zu kompensieren. Man schließt sich zusammen unter dem Motto „Einigkeit macht stark". Vorübergehend mag dies hilfreich sein, aber bald reibt sich die Kraft der eigenen Originalität am Kollektiv. Hermann Hesse mag wieder als Beispiel gelten, denn auch bei ihm war dies ein lebenslanges Thema.

Wenn ein Mensch auf der Erde ankommt, taucht er in ein Meer von unendlichen Möglichkeiten und Teilen ein. Vom Organismus und von den Substanzen ist er ein Mensch unter vielen, ein Wesen unter vielen. Das relativiert alles, scheint alles Streben so unwichtig, zwecklos und sinnlos zu machen. Im Laufe seines Lebens muss der Mensch sich zentrieren lernen, sein wahres Selbst finden. Nur wer in seiner Tiefe das unerschütterliche Zentrum findet, erfährt, wer er wirklich ist. Damit erhält er die Fähigkeit, das anzuziehen, was ihm wirklich zuträglich ist und seine Fruchtbarkeit fördert. Der Typus des Krebsgeborenen wird als familiär bezeichnet, das vierte Haus steht mit den Ahnen in Verbindung. Das klingt banal, aber es steckt ein tiefer Sinn im familiären Bezug, gleich wie weit man den Begriff Familie für sich auch definiert. Das Ehren aller Ahnen hebt die scheinbare Sinnlosigkeit des doch kurzen Menschenlebens auf. Jeder Mensch steht sozusagen in einer unendlichen Reihe von „verwandten Seelen". Die Ahnen sind jene, die vor seiner Zeit gewirkt haben, die noch Ungeborenen sind jene, die nach seiner Zeit wirken werden. Diese Vorstellung ist hilfreich, um jenen dunklen Gedanken zu vertreiben, dass die riesige Dimension des Weltalls alles Individuelle verschlingt. Jeder Vorfahre wird zum Fackelträger des Lebens und damit reiht sich auch der im Moment lebende, der seine Ahnen ehrt, in diesen Zug ein. Hermann Hesse, ein im Zeichen des Krebses geborener, hat in seinen Werken wie zum Beispiel ‚Die Morgenlandfahrt' oder ‚Das Glasperlenspiel' dieses Thema aufgearbeitet. Ein Satz über Mozart stammt von ihm, der das Thema gut zusammenfasst. Er beschreibt Mozart als einen Menschen, der um die Tragik des Lebens wusste, seine Größe bestehe aber in der Botschaft seiner Werke, die er als „Trotzdem" bezeichnet, als Gegenpol zu aller Nichtigkeit des Seins. Was lebt weiter vom Menschen, ist die große Frage, die sich im Tierkreiszeichen Krebs spiegelt und sich in der fast unerträglichen Spannung zwischen Sommer- und Wintersonnenwende artikuliert.

Im Zeichen des Krebses wird symbolisch der Tod des organischen, elementaren, stoffhungrigen Menschen dargestellt, damit der wirkliche, geistige Mensch ins Dasein kommen kann. Die Anziehungskraft der Welt draußen nimmt ab, denn das Wunschbegehren schwindet. Das Wunschbegehren klammert uns an diese Welt, da die Wünsche nur hier erfüllbar sind. Alles Wünschen und Suchen endet hier und es eröffnet sich eine neue Welt der Fülle, was göttliche Präsenz meint. Mit dem Ende der Wünsche zieht eine lächelnde Zufriedenheit ins Herz ein. Wunschlosigkeit ist einer der Wege des Absterbens.

Skorpion – Element Wasser/Luft

8. Haus – Weg der Transformation

Das Element ist hier schwierig dem Zeichen zuzuordnen, denn der Skorpion als Tier ist alles andere als wässrig. Ursprünglich stand an seiner Stelle in der alten Astrologie wohl der Adler, der die Wasserschlange in die Luft entführt.

Der Skorpion ist im Jahreslauf das Symbol des Herbstes schlechthin, wo das Pflanzenleben zur Erde hinabsinkt. Daher stand er stets für Sterben, Tod und Begräbnis. Was in der Erde begraben wird, entzieht sich der Luft, weshalb symbolisch in den alten Lehren vom „Tod durch Ersticken" gesprochen wurde. Dies bezeichnete nichts anderes, als dass die Persönlichkeit, das „kleinere Selbst", abstirbt, damit die Seele befreit werden kann. Diese Prüfung im Skorpion wird vor allem in Bezug zur Sexualkraft gestellt, die der Inbegriff der Anziehungskraft des Lebens ist. Sexualität bedeutet Höhe oder Intensität der Kraft, konzentrierte Essenz des Lebens und der Fortpflanzung. Sie bindet uns an das Körpererleben. Das Zeichen Skorpion steht für den Herbst und entsprechend beim Menschen für die Wechseljahre, in denen die Leidenschaft nochmals durchbrechen kann. Wir sprechen dann vom „zweiten Frühling". Aber es ist nicht mehr die unbekümmerte, starke Sexualität der Jugendjahre. Die Energien von Skorpion drängen zur Verwandlung, zur Verlagerung der Kräfte aus dem Körperlichen hinein ins Geistige. Das Bild des Adlers an dieser Stelle des alten Tierkreises scheint daher passender.

Der sexuelle Akt wurde wie auch der Schlaf in der Esoterik als „kleiner Tod" bezeichnet. Im Schlaf löst sich unser Bewusstsein vom Körper partiell ab und wir können in andere Dimensionen wandern, die uns beim Aufwachen als Träume bleiben. Die Vereinigung, der Koitus, bringt ebenfalls im Augenblick der vollkommenen Verschmelzung ein kurzes Auflösen des Ich-Bewusstseins. Es bedarf der Selbstvergessenheit, um diesen Augenblick zu ermöglichen. Skorpion hat immer etwas mit „Absterben im Geiste" zu tun, weshalb sicherlich die altersbedingten Demenzformen beim Menschen ein Ausdruck dieser Skorpionkräfte sind. Es bleibt nur das, was als Essenz kräftig genug ist, was sozusagen den Samen für das Neue beinhaltet. Der Herbst bringt ein letztes, intensives Aufleuchten der Lebensfarben, die an sich schon die Zeichen der Transformation tragen. Morbide, zersetzend erleben wir die Kräfte der Natur zu dieser Jahreszeit und intensiv, schwer strömen die erdigen Düfte.

Der Tod im Skorpion bezeichnete das Absterben der Sehnsüchte, Begierden, des Stolzes und Ehrgeizes der Persönlichkeit. Wenn man nichts mehr möchte für sich in dieser Welt, wird man reif für das göttliche Licht. Die Feuer der Leidenschaft werden gelöscht, entsprechend dem jahreszeitlichen Prozess, der sich in der Pflanzenwelt vollzieht. Was ganz in die Tiefe hinabgestiegen ist, wird im Frühling als Neues wiederauferstehen. Der Tod lässt die Welt der intensiven, zerreißenden Gefühle, des begehrlichen Wollens hinter sich und öffnet den Weg hin zu innerem Frieden.

Fische – Element Wasser
12. Haus – Weg der Erlösung

Die Fische gelten als Zeichen der Menschen selbst und Jesus verwendet sie als Symbol für seine Lehre von der Gleichheit aller Menschen. Dieser positive Aspekt rief die dunkle Entsprechung hervor, dass Menschen fortan glaubten, andere zum Guten, sprich dem Eigenen bekehren zu müssen. Es gibt kein größeres Symbol für die Gleichheit der Menschen als Geburt und Tod. Jeder Mensch unterliegt diesem Prozess. Fische und das Element Wasser stehen für die unendlichen, stets wechselnden Formen, die Leben annehmen kann. Die Umkleidung mit Substanz und Stoff verschleiert die Wirklichkeit des inneren Wesens, der Seele. Nichts scheint in dieser stofflichen Welt das zu sein, was es seiner Erscheinung nach ist. Tod bedeutet in diesem Sinne auch Erlösung, also das aufzulösen, was vorher gebunden war. Erlösung bedeutet in diesem Sinne ein Absterben. Das Wesen erscheint wieder als das, was es seiner inneren Wirklichkeit nach ist. Jesus gilt als der Welterlöser, der seine Aufgabe in der Beseitigung der Illusion sah. Wenn wir in der Bibel die Geschichte lesen, dass Jesus bei einem Kranken den Dämon austrieb und dieser in eine Herde Schweine fuhr, so ist dies sinnbildlich zu verstehen. Seine Fähigkeit des Geistigen Heilens löste jene Gefühle im Kranken auf, die mit „Begierde“ zu tun hatten. Das Schwein galt als Symbol der Gefräßigkeit und der sexuellen Begierde. Solche Begierden hatten die Energien des Patienten festgebunden, isolierten ihn vom Leben, woraus sich Disharmonie und Krankheit entwickelte. Jesus war ein Erlöser. Mit der Erlösung endet jede Trennung, Isoliertheit und Abspaltung. Das Wort „Dis-harmonie“ hat seine indogermanische Wurzel in „auseinander, zerreißen“, bedeutet so viel wie „aus dem Einklang heraustrennen“. Im Englischen finden wir das Wort „Dis-ease“ für Krankheit, „von seiner Behaglich- oder Leichtigkeit getrennt sein“.

Das Tierkreiszeichen Fische stellt zwei Fische dar, die aneinandergekettet sind. Daher geht es hier auch um das Thema Bindungen. Die Bindung an die stoffliche Welt, an andere Menschen, an die Umgebung, das Gewohnte usw. Das Sterben bedeutet hier ein Absterben aus den engen, persönlichen Bindungen, um jener universellen Bindungskraft Platz zu machen, die wir im spirituellen Sinne mit „Liebe“ meinen. Der Sterbende tritt in eine größere, freiere Welt ein. Dem Schritt aus einer Enge, hin zu mehr Freiheit, haben wir den Namen „Erlösung“ gegeben. Und für viele Menschen bedeutet das Sterbenkönnen auch eine Erlösung. Erlösung aus einer Welt, die zu eng geworden ist, aus einer schmerzenden Körperhülle, die die Freiheit der Seele niederdrückt.

4.2 Übung

zum Prozess der Ein- und Auskleidung

Diese Phasen des Ein- oder Auskleidens bedeuten ein Innehalten im Lebensfluss und konfrontieren uns mit der Betrachtung unserer Selbst von einem höheren Standpunkt aus. Sie lassen sich schon wunderbar während des irdischen Lebens üben, bereiten uns auf jenen Abschnitt vor, in dem wir dann Hülle um Hülle ablegen.

Es ist gut, wenn wir immer wieder einmal von Zeit zu Zeit innehalten in unserem Leben und uns selbst beobachten. Das ist es ja, was unsere Seele jeden Augenblick tut, denn sie beobachtet und meditiert über unser Leben, also unser Ich-Bewusstsein oder Ego. So sollten wir immer wieder über eine der Insignien meditieren, indem wir uns als Seele empfinden, denn nichts anderes ist der Wächter an der Tür, wie ihn der obige Mythos beschrieb. Am besten schreiben wir unsere Eindrücke in ein Tagebuch nieder, um auch später immer wieder vergleichen zu können. Bei der Übung ist zunächst wichtig, dass wir einen Kontakt zu unserer Seele herstellen, die wir uns als Licht vorstellen können, das uns durchstrahlt. Die folgende Fragen oder Themen verbinden sich mit den einzelnen Insignien:

Die Krone – *das Chakra auf dem Scheitel*

Konzentriere zunächst Dein Bewusstsein an der höchsten Stelle des Scheitels und stelle Dir vor, dass dort das Licht Deiner Seele eintritt. Dann widme Dich in deiner Meditation den folgenden Fragen, indem Du Dein Leben vorbeiziehen lässt:

- **Wo habe ich in der Vergangenheit als Seele gehandelt, also in Übereinstimmung mit dem Ganzen, der göttlichen Einheit und meiner „Mission“?**
- **Wo habe ich als Ego, ganz im Interesse meiner Selbst gehandelt? (Werte das aber unter keinen Umständen, sondern betrachte nur Dein Leben unter diesem Gesichtspunkt!)**
- **Was konnte ich loslassen oder wo habe ich Losgelöstheit erfahren?**

Die Ohrringe – *das Chakra zwischen den Augen*

Konzentriere Dein Bewusstsein auf den Punkt an der Nasenwurzel, zwischen den beiden Augenbrauen und meditiere über folgende Fragen Deines bisherigen Lebens:

- **Welche Erkenntnisse sind in mir gereift?**
- **Was habe ich gesät, was geerntet?**
- **Was sind die Früchte meines Wirkens gewesen?**

Die Halskette – *das Halschakra*
Konzentriere Dein Bewusstsein auf die Rückseite des Halses in der Höhe des Adamsapfels. Meditiere über folgende Frage Deines bisherigen Lebens:
★ Welche Kräfte habe ich in die Welt entlassen?
★ Welche Kräfte habe ich empfangen?
★ Wo habe ich aufbauend und schöpferisch gewirkt?

Der Brustschild – *Herzchakra*
Konzentriere Dein Bewusstsein in der Herzgegend am Rücken, zwischen den Schulterblättern. Meditiere über die nachfolgenden Fragen:
★ Für welche Werte bin ich eingetreten?
★ Wie habe ich geliebt und Liebe erfahren?
★ Welche Wahrheiten haben sich mir gezeigt?

Die Arm- und Fußspangen – *Solarplexus*
Konzentriere Dein Bewusstsein im Solarplexus, eine Handbreit über dem Nabel. Meditiere über folgende Fragen Deines Lebens:
★ Wo habe ich Freude erfahren, wo Schmerz?
★ Wo und wie bin ich mit Schönheit in Kontakt gekommen?
★ Welche Qualitäten hatte meine Ausstrahlung?

Der Hüftgürtel – *Sakralchakra*
Konzentriere Dein Bewusstsein im Bereich der Lendenwirbel des Rückens Meditiere über die nachfolgenden Fragen:
★ Wie habe ich das Leben empfangen und wie genährt?
★ War ich positiv und offen?
★ Welche Einstellungen prägten mein Tun?
★ War mein Denken-Fühlen-Wirken fruchtbar?

Das Schamtuch – *Wurzelchakra*
Konzentriere Dein Bewusstsein in der Gegend des Steißbeines. Meditiere über folgende Fragen Deines Lebens:
★ Auf was kann ich stolz sein?
★ Wo war ich mir selbst wert, mit mir zufrieden?
★ Wo habe ich Schwere, Widerstand und Schatten erlebt?
★ War ich im Fluss mit dem Leben?
★ Wo habe ich Tiefe des Lebens erfahren?

5.
Die drei großen Phasen des Sterbeprozesses

„In dem Augenblick, da der Wille zum Leben zurückgezogen wird oder wenn der Bewohner des Körpers nicht mehr an der Manifestation als Persönlichkeit interessiert ist, tritt der Tod ein, und es kommt zur Auflösung des Gedankenbildes, was wir Körper nennen."

Alice A. Bailey

Haben wir zuvor Inkarnation und Exkarnation als Phasen der Ein- und Auskleidung des Menschen kennengelernt, so teilt die spirituelle Philosophie von Alice Bailey, die an die tibetische Tradition angelehnt ist, den eigentlichen Sterbeprozess in drei große Phasen ein: Rückerstattung - Läuterung - Vereinigung. Die Phase der Rückerstattung betrifft jene Anteile in uns, die die Natur uns für dieses Leben geliehen hat. Die Läuterung hat mit der Welt unseres Egos zu tun, also wie wir gefühlt und gedacht haben in unserem Leben. Die Vereinigung bezieht sich auf die Ebene unseres Bewußtseins und unserer Seele. Die östliche Philosophie, geht gleich wie bei den zuvor besprochenen Insignien von sieben Ebenen oder Lebenshüllen des Menschen aus, wobei der physische Körper die höchste Dichte und Dunkelheit hat, während die Seele die größte Leichtigkeit und Helligkeit aufweist.

1. Physischer Körper
2. Energetischer oder ätherischer Körper („energetischer Doppelgänger")
3. Niederer Emotional- oder Astralkörper, Welt der Instinkte
4. Höherer Astralkörper, differenzierte Gefühle
5. Unterer Mentalkörper, Verstand
6. Höherer Mentalkörper, Bewusstsein
7. Kausalkörper, Seele

Die Geburt nimmt ihren Anfang, wenn die Seele einen Impuls zur Inkarnation an den Kausalkörper gibt. Im Kausalkörper formt sich die Absicht oder der Urkeim für das folgende Leben. Auf der Mentalebene entsteht ein Bild der Person, die man sein möchte. Wir machen uns ein Bild von uns selbst, das wir als Ich oder Ego bezeichnen. Individualität wird dadurch möglich, dass wir bestimmte Dinge ausschließen und uns abgrenzen können. „Das bin ich und das bin ich nicht", ist eine wichtige Voraussetzung für unsere

Erkenntnisfähigkeit. Dieser Gedanke von uns, also das Ego, sinkt in die Astralebene ab und es entsteht der Wunsch, geboren zu werden. Der Drang nach Kreativität und Selbstverwirklichung, nach Aktion und Reaktion wird hier sehr stark. Die Gefühls- und Sinnesstruktur wird angelegt. Auf der Ätherebene formt sich dann das energetische Gerüst, die Matrix oder das Vorbild, nach dem der physische Körper dann konkret geformt wird. Dies wäre der Weg der Inkarnation. Auf dem Weg der Exkarnation durchwandern wir sozusagen rückwärts wieder diese Ebenen und haben dort bestimmte Prozesse vorzunehmen, die sich in die drei folgenden thematischen Phasen gliedern lassen:

1. Phase – *Rückerstattung*
Betrifft den physischen Körper und den Ätherkörper

2. Phase – *Läuterung*
Betrifft den Astral- und unteren Mentalkörper

3. Phase – *Vereinigung*
betrifft den höheren Mental- und Kausalkörper

Unschwer lässt sich anhand dieser Beschreibung der Körperhüllen und Phasen erkennen, dass wir Teile davon auch schon bewusst oder unbewusst während des Erdenlebens durchlaufen können. Es gibt Momente, in denen plötzlich die Vergangenheit abläuft oder sie einen einholt oder wir erleben Prozesse der Läuterung, wie sie ein Verstorbener auf der Astralebene durchläuft, indem wir uns zum Beispiel Vorwürfe machen oder Gewissensbisse haben. Im irdischen Leben ist dies meist mit Krisen und Krankheiten verknüpft. Somit kann es für uns immer wieder deutlich werden, dass wir oder Teile von uns schon im irdischen Leben absterben, um sich zu verwandeln und neu geboren zu werden, so wie zu jedem Augenblick Zellen in uns sterben, während andere geboren werden. In diesem Sinne ist das Leben eine Art Vorbereitung auf das Sterben, weshalb ich sicher bin, dass man „Sterben" üben kann. Wer eine Fastenkur macht, kann ein bisschen das Absterben aus der physischen Ebene üben. Wer mit seiner Gefühlswelt eine Supervision durchläuft, sie läutert, der erleichtert sich. Wie Körperzellen in uns absterben, können dies auch Gefühle. Wenn wir das immer wieder an uns beobachten, wenn wir aktiv daran mitarbeiten, dass zum Beispiel alte, überflüssige Muster in uns sterben können, um Neuem Platz zu machen, so macht diese Erfahrung eine spätere Ablösung von unserem irdischen Dasein einfacher. Wer sich nicht von materiellen Dingen

Der Ruf der Seele

abhängig macht, wird sich leichter vom Körper lösen können. Wer im Hier und Jetzt schon an seinen Gefühlen arbeitet, wird auf der anderen Seite weniger Mühe damit haben. Wer in seinem Denken offen, beweglich und neugierig bleibt, wird sich auch mit dem großen Wechsel leichter tun. Alice Bailey bezeichnet daher den Tod als „das größte Abenteuer des Menschen".

Betrachten wir jetzt die einzelnen Phasen:

5.1 Die Rückerstattung – Phase 1

1. Die physische Ebene ist die dichteste und besteht aus einem Zusammenschluss vieler kleiner und kleinster Lebenseinheiten und Mikroorganismen. Solche Kleinstbestandteile werden von unserem Selbst zu einer Einheit zusammengeschlossen, den wir Körper nennen und in dieser Hinsicht sind wir wirklich Schöpfer und Gottheit eines ganzen Universums in uns, das wir selbst auch beleben. Alle Zellen haben ein eigenes Bewusstsein und eine Art Intelligenz, denn sie regulieren sich selbstständig im Körper, ohne dass unser Selbst bewusst mitwirkt. Tod und Geburt finden hier ständig statt, denn es sterben Zellen ab und neue werden geboren. Solange unser Selbst diese Lebenseinheiten integriert, werden sie als unser Körper im Ganzen zusammengehalten. Beginnt unser Selbst aber, sich aus dem Körper zurückzuziehen, um den Rückweg in die Seelenwelt anzutreten, dann schwindet die Integrationskraft, was dazu führt, dass sich diese Einheiten auflösen und verselbstständigen. Eine schwerwiegende Krankheit kann ein mögliches Anzeichen dafür sein, dass die Seele ihr Selbst aus dieser Welt zurückruft. Die

Lebenseinheiten, die unseren Körper bilden, sind nicht wir selbst, sondern sie werden uns von der Natur zur Verfügung gestellt. Sie gibt uns die Substanzen, um unseren Körper zu erbauen. Mit dem Tod geben wir daher Mutter Erde zurück, was wir von ihr geliehen bekommen haben. Deshalb wird diese Phase als Rückerstattungsprozess bezeichnet. Durch die Anleihe von Materie aus der Natur verknüpft sich unsere Entwicklung mit jener der Erde, denn mit unserem Leben und Bewusstsein prägen wir auch die Schwingung und Qualität jeder dieser Lebenseinheiten oder Zellen. Je mehr Menschen diesen also eine positive, heilende, liebevolle Schwingung aufprägen, desto schneller schreitet die positive Entwicklung der Menschheit auf der Erde voran. Auf dieser Tatsache fußen letztendlich all die Reinheitslehren der Religionen. Im Hinblick auf diese Phase des Sterbeprozesses gilt es eine wichtige Tatsache über das Wesen des Schmerzes zu beachten. Der Schmerz gehört allein zum physischen Körper. Wenn der Sterbende sich von seinem physischen Körper löst und in seinen Ätherkörper hineingeht, dann gibt es für ihn keinen Schmerz mehr und er ist wieder vollständig hergestellt. Diese Tatsache kann den Hinterbliebenen ein wichtiger Trost sein, wenn ein Sterbender durch physisches Leid geht. Sobald er in seinen Ätherkörper eingeht, ist er unversehrt, schmerzfrei und heil.

2. Die ätherische Ebene ist eine Welt der Energien. In ihr kreist vor allem jene Energie, die uns lebendig macht, uns Kraft und Vitalität gibt. Der Ätherkörper wird als „energetischer Doppelgänger“ unseres physischen Körpers betrachtet, da er von seiner Form her ein Duplikat desselben ist. Er besteht aus unendlichen Energiefäden (indisch „nadis“; chinesisch „Meridiane“), die auch als „energetisches Gerüst“ den physischen Körper durchdringen. Der Ätherkörper bleibt als Matrix immer vollkommen, gleich welche Krankheit ein Körper hat und welche Körperglieder ihm fehlen. Viele Menschen, die eine der Gliedmaßen ihres Körpers verloren haben, können in diesem Teil immer noch fühlen, ganz so, als wenn es noch vorhanden wäre. Es ist eine Art Nervengefühl. Gleich, was unser Körper erlebt in seinem irdischen Dasein, auf der ätherischen Ebene bleibt er immer vollkommen. Das bedeutet auch, dass es keine verdrehte Aura, zerbrochene Chakren, schwarze Flecken oder Löcher in der Aura gibt, denn der Ätherkörper ist reine Energie. Wenn unser physischer Körper stirbt, löst sich der Ätherkörper aus ihm heraus und unser Selbst findet sich auf der Ätherebene wieder. Dies wird vom Sterbenden als eine große Befreiung und Ausweitung erlebt, von der so viele berichten, die dem Tode schon nahe gekommen waren. Hinterbliebene, denen der Verstorbene noch einmal in seinem Ätherkörper erscheint, beschreiben dann diese Erscheinung auch als viel lebendiger, vitaler und jünger als im irdischen Leben. Ein Beispiel möchte ich dazu anführen. Eine Frau erzählte mir von ihrem

Mann, der Wissenschaftler war und von Spiritualität oder Leben nach dem Tod überhaupt nichts hielt. Seine Lebenshaltung bezeichnete sie als eher negativ. Er war in mittlerem Alter, war recht sportlich und joggte jeden Tag. Eines Tages saß sie im Wohnzimmer, während ihr Mann seine Jogging-Runde drehte. Plötzlich stand er mitten im Raum, überaus strahlend und positiv, so wie sie ihn gar nicht kannte. Sie berichtete, dass er ihr viel, viel lebendiger und irgendwie intensiver erschien als gewöhnlich. Sie sprach ihn an, weil sie dachte, er sei früher zurückgekommen. Er sprach nichts, winkte ihr lächelnd zu und verschwand. Sie war ziemlich erschrocken und dachte an eine Halluzination. Kurze Zeit später brachte ein Polizist die Nachricht, dass ihr Mann an einer Herzattacke gestorben sei und man ihn auf der Straße gefunden habe. Für sie war dieses Erlebnis ein Zeichen, dass das Leben auch nach dem Tod weitergeht, ob man nun gläubig ist oder nicht. Sie beschäftigte sich von diesem Erlebnis ab mit dem Spiritualismus, nahm Sitzungen bei Medien und ist heute in der Hospizbewegung tätig.

Vorbereitung auf diese Phase im Leben: Meditation ist eine ganz wesentliche Basis, sich seines höheren Selbst bewusst zu werden, die einseitige Fixierung auf das Körperliche, das dem Körperlichen Verhaftet-Sein, zu überwinden. In jeder guten Meditation spielt die Atemtechnik eine wichtige Rolle. Mit dem Atem treten wir ja in dieses Leben ein und mit dem Atem entlassen wir uns auch wieder aus dieser Welt. Eine profunde Atemtechnik ist daher hilfreich in den Phasen der Ablösung aus dem Körper.

5.1.1 Die drei Lebensfäden

Der Ätherkörper ist die Schnittstelle zwischen Diesseits und Jenseits. An dieser Stelle ist auch eine Rückkehr auf die physische Ebene noch möglich. Die Berichte über Nahtoderlebnisse veranschaulichen dies, wie auch Erfahrungen mit Komapatienten. Dies wird möglich durch die Art und Weise, wie Physis und Ätherkörper miteinander verbunden sind. Das Bild vom Lebensfaden, der beim Tod abgeschnitten wird, dient uns oft als Metapher, entspringt aber einer energetischen Wirklichkeit. In den indischen Lehren wird die energetische Verbindung, die Physis und Ätherkörper verknüpft, als Lebensfaden, Silberschnur oder „Sutratma“ bezeichnet. Silberschnur deshalb, weil diese Verbindung aus leuchtender Energie besteht. Sie stellt die Verbindungslinie dar, über die die Seele mit ihren verschiedenen Körperhüllen Kontakt hält, weshalb wir uns auch als Ganzes, als Ich-Einheit empfinden können. Diese Silberschnur besteht aus drei Energiefäden, die mit entsprechenden Nervenplexus im Körper und den dazugehörigen Chakren verbunden sind.

- Ein Faden ist im Herzen verankert und dient der Belebung, der steten Integration des physischen Körpers und dem Kontakt zur Welt.
- Ein weiterer Faden ist am Scheitelpunkt des Gehirns verankert, der in Kontakt mit der Zirbeldrüse steht, und über ihn fließt Bewusstsein ein. Über ihn stehen wir mit dem „Denker in uns" in Verbindung.
- Der dritte Faden ankert in der Milz und ist eng mit dem Solarplexus verknüpft. Er ernährt die Zellen mit Energie und schließt den Körper an die kosmischen Rhythmen der Natur an.

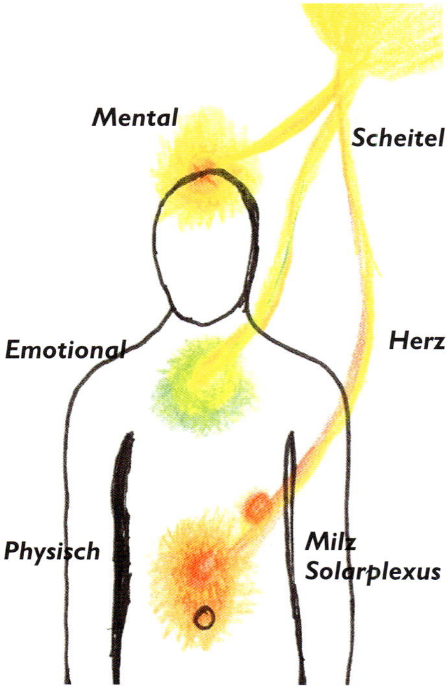

Die 3 Lebensfäden

Der dreifache Silberfaden verbindet sich mit:

Kopf (Wille, Geistfunken, Strom des Bewusstseins)
Herz (Strom des dynamischen Lebens, Seelenkern, Liebe, Qualität)
Milz (Kraft, Form, Rhythmus des Kosmos)

Beim Ablösen aus dem Körper spielen diese drei Lebensfäden eine wichtige Rolle und auch zum Verständnis des Komas oder der Alzheimer Erkrankung können sie viel beitragen. Zieht sich nur der Bewusstseinsfaden zurück, so bleibt der Körper funktionsfähig, aber das Bewusstsein ist nicht mehr auf der physischen Ebene zu finden und damit fehlt auch die Integrität des Ichs mit seinen Sinnen und die Möglichkeit des Ausdrucks. Das Bewusstsein leitet eine solche Aktion oftmals ein, um in extremen Notfällen dem Körper Zeit zu einer Regeneration zu geben. Es kann aber auch durch Schock zurückgedrängt werden. Der Zustand des Komas kann ein Resultat einer solchen Notwendigkeit sein. Aber auch im gewöhnlichen Tagesablauf gibt es eine Zeit, in der sich der Bewusstseinsfaden zum Teil vom Körper zurückzieht, nämlich während des Schlafens. Im Traumbewusstsein befinden wir uns auf der ätherischen oder astralen Ebene. Es gibt einige Menschen, die sich während des Schlafes bis auf die Mentalebene zurückziehen können, um dort Inspirationen oder geniale Gedanken zu bekommen. Große Wissenschaftler und Künstler berichten von Erfahrungen, dass ihnen etwas während des Schlafens eingegeben wurde. Der Schlaf wurde daher aus gutem Grund auch der „kleine Bruder des Todes" genannt und eröffnet dem Menschen eine Übungsmöglichkeit für das Sterben. In manchen östlichen Schulungen wird der Einschlafvorgang dazu benutzt, ganz bewusst in die anderen Ebenen oder die Traumwelt einzugehen, bis sich ein kontinuierliches Bewusstsein einstellt. Auf diese Weise wird die kontrollierte Verlagerung des Bewusstseins über viele Jahre geübt, was natürlich für den physischen Sterbeprozess eine große Hilfe ist.

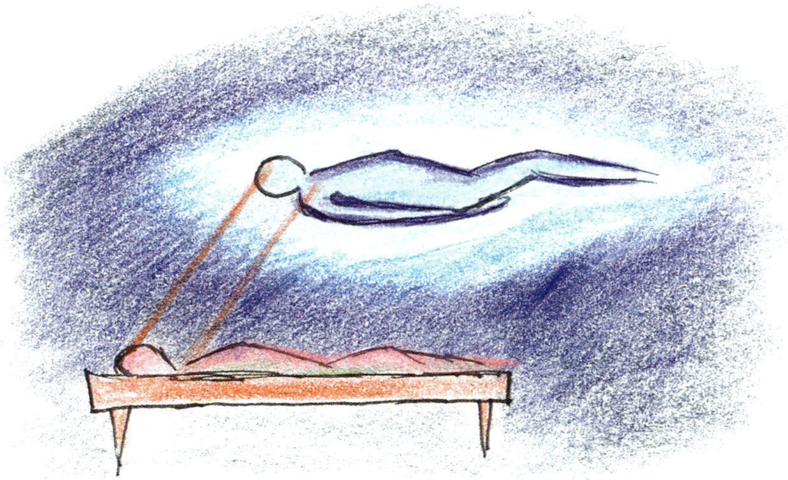

Ablösung des Astralkörpers während des Schlafes

Solange also sich nun der Bewusstseinsfaden zurückzieht, ist eine Rückkehr ins irdische Dasein stets möglich. Zieht sich der Lebensfaden auch aus dem Herzen zurück, dann ist ein Mensch an der Grenze des Todes. Menschen, die solches erleben und doch wieder ins Hier und Jetzt zurückkommen, haben dann ein Nahtoderlebnis gehabt. Zieht sich der Lebensfaden aber aus der Milz zurück, so erfolgt unweigerlich der Tod, da damit die Zufuhr aller Vitalenergie gestoppt wird, die die Funktion und Einheit der Körperzellen aufrechterhält. Forscher wie Raymond Moody oder C. G. Jung haben ganz vergleichbare Beobachtungen gemacht. Sie stellten fest, dass bei Ausfall des Bewusstseins zumindest ein Teil der Psyche in eine andere Wirklichkeit hineinreicht. Es findet eine Dissoziation, Trennung oder Spaltung innerhalb der Psyche statt, die fast durchweg als Tunnelerlebnis beschrieben wird. Während zum Beispiel während einer Ohnmacht oder eines Komas ein Teil der Psyche mit dem Körper verbunden bleibt, geht der andere in den Bereich der Zeit- und Schwerelosigkeit über, was der Kranke als unzerstörbares Bewusstsein oder ganzheitliches Ich erlebt. Die Beobachtung der beiden Wissenschaftler beschreibt nichts anderes als das, was die indischen Lehren mit dem Sutratma, den drei Lebensfäden ausgedrückt haben.

5.1.2 Die drei Austrittspforten

An den Stellen im Körper, an denen die Lebensfäden verankert sind, befinden sich die drei Ausgangstore, über die ein Mensch seinen Körper verlassen kann, sei es vorübergehend oder auch für immer. Es sind Tore, die sowohl in das irdische Leben hinausführen, als auch in die feinstofflichen Welten hinein. Wie ein Mensch sein Leben führt, von welchem jener Zentren aus er es steuert, bestimmt auch den Weg aus dem Körper im Sterbeprozess.

1. Tor ***Solarplexus, Milz***

Der Solarplexus ist jenes Tor, das uns am meisten mit der irdischen Welt und vor allem dem menschlichen, kollektiven Emotionalfeld, der Astralebene, verbindet. Durch dieses Tor verlässt daher vor allem jener Mensch seinen Körper, der sehr eng mit der materiellen Welt verbunden ist, der sich hauptsächlich nur den irdischen Dingen gewidmet hat. Er selbst, seine Gefühle und Wünsche standen im Mittelpunkt des Lebens. Es lässt sich leicht vorstellen, dass dies der schwierigste Übergang ist, denn das Festhalten des Ego am Gewohnten spielt hier eine wichtige Rolle. Der Übergang kann dabei zum Kampf werden. Hier können schwere Krankheiten dem Sterben vorausgehen oder aber es tritt ein überraschender, plötzlicher Tod ein. Dieses Tor lässt sich mit dem Element Feuer vergleichen. Ausbrennen, Verbrennen und Verglühen sind dazugehörige Prozesse bei dieser Art der Ablösung.

Bilder: Träume und Erleben von Feuer, Flammen, Vulkanen, Explosionen, Waldbränden, Reinigung und Läuterung durch Feuer.

Das Feuer ist zum einen die alles belebende Kraft der Schöpfung, aber es zerstört auch, damit wieder neues Leben verstärkt gedeihen kann. Es stellt die zwei Seiten Gottes dar, seinen begeisterten Willen, aber auch seinen glühenden Zorn. Die Psyche des Menschen wird von den Alchemisten als Feuer bezeichnen. Im Feuer des Wollens treibt die Psyche das körperliche, materielle

Dasein voran. Im Feuer des Zorns kann sie aber auch zerstören. Im Sterbeprozess verlagert sich die Energie von der körperlichen auf die psychische Ebene, die dadurch intensiviert wird. Dieses intensive Feuer brennt alles Körperliche, Vegetative hinweg, bis nur noch der unzerstörbare Kern des Lebens zurückbleibt. Es scheidet das Vergängliche vom Ewigen. Im Feuer läutert sich der Eigenwillen des Menschen und bringt sein Opfer dar. In den Vorstellungen vom Fegefeuer und im Feuerbestattungskult finden wir die transzendenten Qualitäten des Feuers ausgedrückt.

2. Tor ***Herz***

Dieses Tor benutzt, wer sich dem „Dienen“ und der Hingabe im Leben gewidmet hat. Es ist der altruistische Mensch, dessen Aufmerksamkeit mehr anderen Wesen und seinem Verhältnis zu ihnen gilt. Meistens sind solche Menschen mit sich und der Welt im Reinen und können gelöst gehen. Dieses Tor ist dem Element Wasser vergleichbar, was mit den Themen Loslösen, Reinigen und Fließen zu tun hat. Der Tod kommt meist schnell, friedlich oder sanft.

Bilder: Träume und Erleben von Meer, Flüssen, Quellen.

Wasser ist ein fließendes, lösendes Element. Alte Krusten werden im Bad aufgelöst und der Mensch kommt neu daraus hervor. Im Sterbeprozess wird dies als Zerfließen erlebt, als ein Strömen hin auf eine starke Lichtquelle. Alles scheint zu fließen, die Farben, Formen und Bilder. Große Ruhe ist damit meistens verbunden und der Kontakt, die Beziehung spielt dabei eine Rolle. Der Sterbende begegnet zum Beispiel Menschen und Wesen, mit denen er in Liebe verbunden ist und die schon vor ihm gegangen sind. Aber es gilt sich auch von den Beziehungen aus seinem jetzigen Leben zu lösen.
In den Vorstellungen vom Unterweltfluss Hades, den es zu überqueren gilt, um auf die Insel der Seligen zu gelangen, finden wir dies ausgedrückt oder auch im Wasserbestattungsritus der Inder.

3. Tor ***Scheitel***

Durch dieses Tor verlässt jener Mensch seine Hülle, der sein Bewusstsein im Leben geschult und sich spiritueller Erkenntnis gewidmet hat. Dies ist das Tor, durch das die Ablösung vom Körper am leichtesten erfolgt, denn der Mensch hat vorher gelernt, über spirituelle Techniken wie zum Beispiel Meditation, sein Bewusstsein immer wieder an diesem Punkt zu sammeln. Dieses Tor steht in Verbindung zum Element Luft, also der Leichtigkeit und dem Licht.

Bilder: Träume von Vögeln, Wolken, Höhe eines Turmes oder Berges.

Fliegen bedeutet Losgelöstsein von aller irdischen Schwere und wurde stets mit Freiheit gleichgesetzt. Daher waren Vögel stets ein Symbol der Seele, die sich frei in allen Welten bewegen kann. In vielen mythologischen Berichten vom Jenseits erscheinen die Verstorbenen als Vögel und in der mittelalterlichen Ikonographie entweicht die Seele als Vogel aus dem Körper. Daher pflegte man früher stets ein Fenster im Raum eines Sterbenden offenzuhalten, damit die Seele hinausfliegen könne. Das Element Luft setzt voraus, dass dem Imaginären, dem Geistigen eine Priorität vor allem Irdischen eingeräumt wird. Im Oberwallis gibt es an vielen Häusern bis heute das sogenannte „Seelenfenster", das geöffnet wird, wenn der Sterbende seine Seele dem Schöpfer zurückgibt.

5.1.3 Das ätherische Doppel

Zieht sich das Leben aus dem Körper zurück, sammelt es sich zunächst am Ausgangstor und bildet dort ein „Doppel" des Menschen, ganz so, wie er sich selbst im Leben als Form gesehen hat.

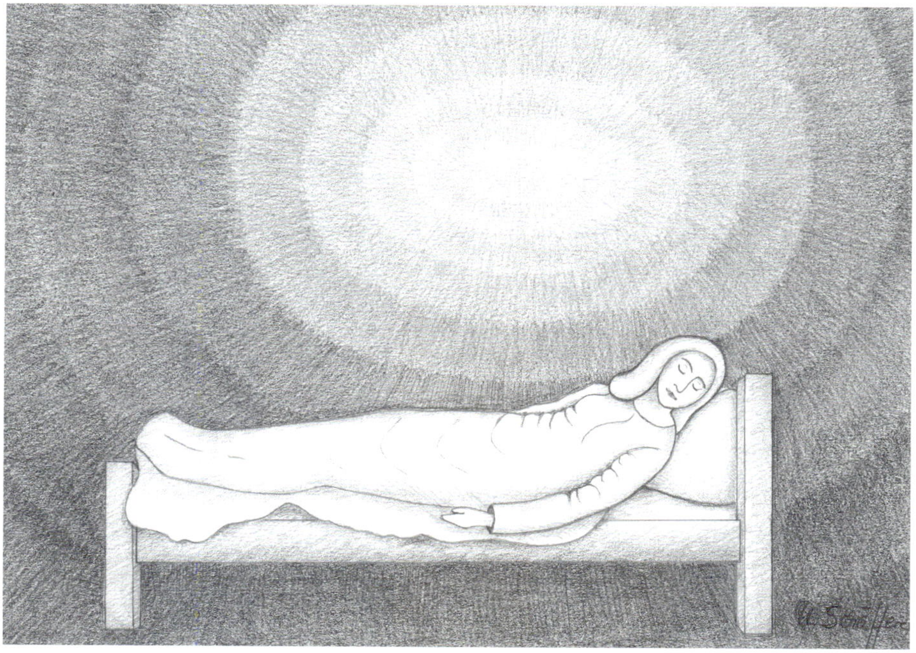

Der Rückruf der Seele

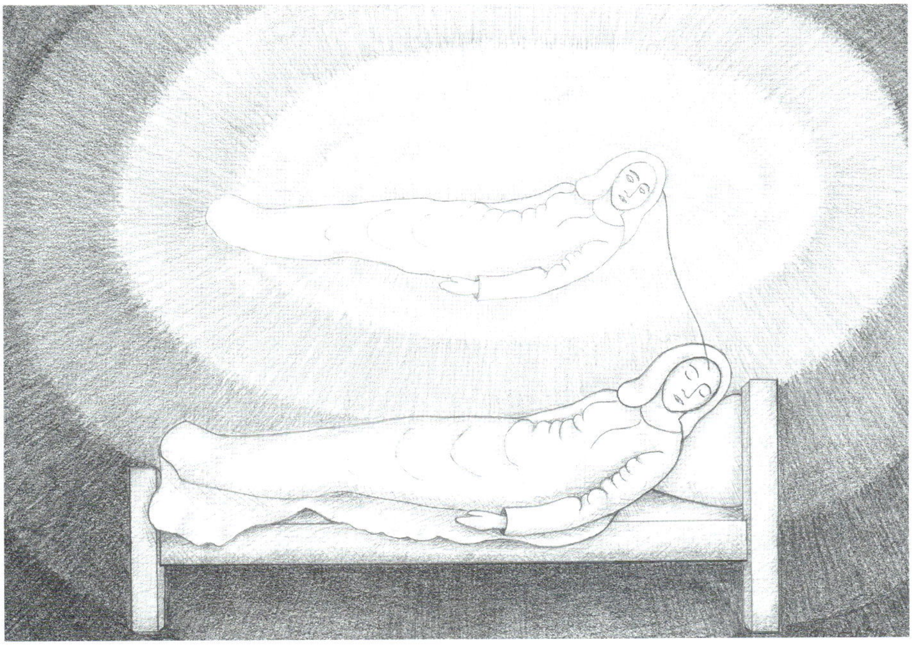

Konzentration im Ätherkörper

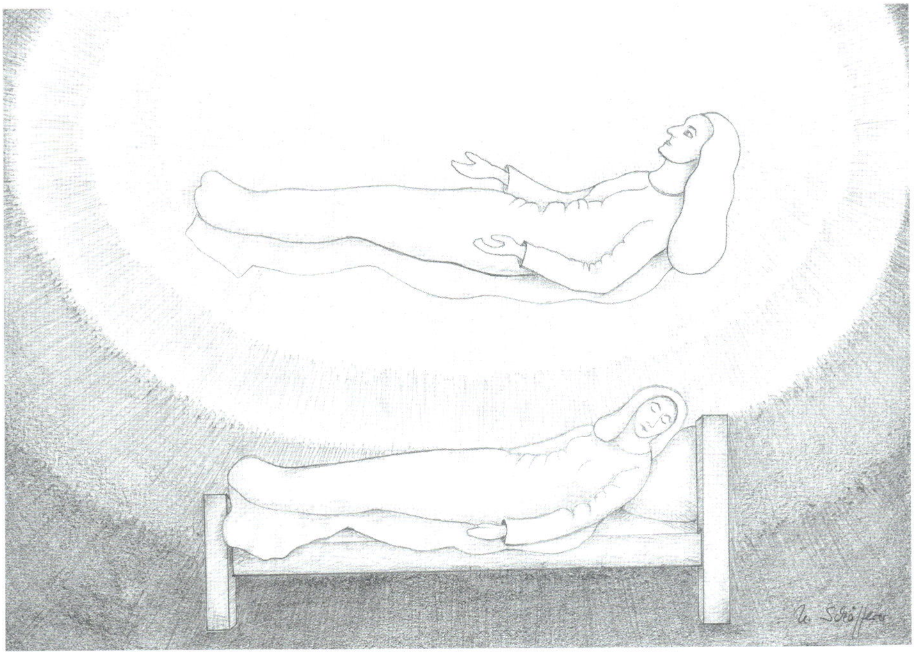

Auflösung des Lebensfadens / Loslösung vom Körper

Ankunft in der geistigen Welt

Das Gedankenbild des Sterbenden von sich selbst formt diese Ätherform. In der Wirklichkeit seiner ätherischen Form lebt er weiter, auch wenn die Beziehung zum Körper abgebrochen ist. Aber das ist nicht die letzte Stufe. Normalerweise ist der Aufenthalt im Ätherkörper nur für kurze Zeit. Der Sterbende schreitet weiter in seinen Astralkörper hinein und der Kontakt zum Ätherkörper bricht dann ab. Er beginnt sich dann recht schnell in seine Energiebestandteile aufzulösen. Im Falle allerdings, dass der Verstorbene so an der physischen Welt klebt, dass er nicht loslassen kann, bleibt er länger in diesem Ätherkörper als nötig, was nicht wünschenswert ist. Er bemüht sich dann nämlich alles das zu tun, was er auf Erden getan hat, was aber so auf dieser Energieebene nicht mehr möglich ist. Er versucht sich auch den noch Lebenden bemerkbar zu machen und kann nicht verstehen, dass niemand auf ihn reagiert. Ja manche sehr im irdischen Denken verhaftete Personen bemerken gar nicht, dass sie überhaupt gestorben sind. Solch eine Person kann noch in ihrem Haus leben und energetisch dort wirken, manchmal zum Übel der dort wohnenden, „lebendigen" Menschen. Auf dem ganzen Weg des Übergangs gibt es aber geistige Helfer und Freunde, die sich kümmern und über die wirkt zum Beispiel ein Medium, um einem solchen unwissenden Menschen klarzumachen, dass er jetzt in einer anderen Welt lebt und er weitergehen muss auf seinem Weg der Ablösung. Dass ein Verstorbener noch kurze Zeit seinen Ätherkörper bewohnt oder später auch jederzeit einen solchen kurzfristig annehmen kann, um zum Beispiel Kontakt über ein Medium zu jenen Menschen aufzunehmen, die er aus dem irdischen Leben kennt und denen er sich verbunden fühlt, ist ganz natürlich. Tiere spüren es ganz genau, wenn ein Verstorbener als Ätherform in den Raum tritt.

Auch im Ätherkörper haben wir also einen Prozess der Rückerstattung vor uns, denn die ätherischen Energien lösen sich ebenfalls auf und kehren in den allgemeinen Energiepool des Kosmos zurück. Materie und Substanz leihen wir von der Erde, die Energie vom Kosmos.

Panorama des vergangenen Lebens:
Ist der Sterbende im Ätherkörper, so sieht er wie ein Betrachter sein Leben an sich vorüberziehen. Es entfaltet sich das Lebenspanorama. Er sieht die Aufgabe seines Lebens und ob er dieser gerecht worden ist. Es sei betont, dass kein Gott ihm diese Aufgabe zuteilt, sondern die Seele des Menschen bestimmt selbst ihre Aufgabe für das jeweilige Leben und in ihrem Lichte urteilt sie dann auch über das Ego. Findet sich das Ego als im Leben selbstsüchtig oder grausam, so wird es auf der nachfolgenden Astralebene jene Unterebene aufsuchen, wo es mit sich ins Reine kommen kann. Die Ablösung zum Ätherkörper bringt eine Bestandsaufnahme, die einem Film gleicht. Daher soll in dieser Phase, also kurz vor und nach dem Tod, nichts die Ruhe und Stille stören, in der ein Sterbender sein Leben betrachtet. Ruhe und Andacht gilt es zu wahren. Das Aussenden von liebevollen Gefühlen, Heilgedanken, positive Gebete usw. sind da hilfreich.

5.2
Die Läuterung – Phase II

Die Astral- oder Emotionalebene beherbergt die Welt der Gefühle. Sie wird als Ebene der Illusion bezeichnet, da hier alle Gefühle der Menschheit gespeichert sind und sie somit eine Welt ist, die von Menschen erschaffen wurde und nicht von der göttlichen Kraft. Sie lässt sich somit auch gleichsetzen mit der Welt des kollektiven Unbewussten und macht das möglich, was wir Beziehung nennen. Jeder Mensch ist über seinen Emotional- oder Astralkörper mit dieser Ebene verbunden. Dieser beherbergt sowohl die eigenen Gefühle als auch alle Gefühle dieser Welt an sich. Wir müssen uns stets klar vor Augen halten, dass im Universum die Entwicklung ganz unterschiedlicher Ebenen gleichzeitig vonstatten geht. Der Einzelmensch hat seine Entwicklung, aber auch seine Familie, die Nation, die Menschheit. Gleichzeitig hat auch die Erde ihre eigenen Evolution, wie auch die unterschiedlichen Naturreiche. Während unserer Inkarnation sammeln wir aus allen diesen Ebenen das an Qualitäten an, was für unsere Entwicklung wichtig ist. Das macht es ja möglich, dass wir in die richtige Zeit, richtige Familie, richtige Nation geboren werden. Dabei spielt der Emotionalkörper eine wichtige Rolle, da er über die nötigen Anziehungs- oder Abstoßungskräfte verfügt.

Der Emotionalkörper gibt uns die Fähigkeit zur Sensitivität, zur sinnlichen Wahrnehmung und verbindet unser Bewusstsein mit den Sinnen. In ihm finden wir fließende Farben und Formen, die sich jederzeit zu allen möglichen Bildern und Formen erschaffen lassen, die wir als Gefühle erleben.

„Auch Sohravardis weitere Ausführungen über die seelische Welt, die er als Zwischenbereich der Imagination auffasst, sind hochinteressant. In der Imagination sieht er nämlich das eigentliche Wesen der Seele, nicht nur das schöpferische Gestalten von Bildern, sondern auch die Fähigkeit, materielle Körper in subtile Körper zu verwandeln."

(„Im Umkreis des Todes", Franz, Rohn, Jaffe, Daimon Verlag, S.74)

Wir erbauen uns unsere Welt selbst über innere Bilder, die mit Gefühlen verwoben sind. Je nach Stärke der Anziehungskraft einer solchen Emotional- oder Gedankenform verwandelt sie sich in eine materielle Wirklichkeit oder auch nicht. Sie bilden die Brille, durch die wir das Leben wahrnehmen. Somit ist die Astralebene eine schöpferisch kreative Ebene, auf der viele Verstorbene zunächst ihre eigene Welt wiedererschaffen, wie sie sie auf Erden kannten. Über diese bildhafte Ebene können sie einem Medium Informationen zukommen lassen über ihre irdischen Verhältnisse. Solange wir im Körper wohnen, erscheinen uns die feinstofflichen Ebenen als irreal. Wie wirklich sie sind und welche große Macht sie haben, können wir aber schon während des Träumens erleben. Für den Träumenden ist jedes Ereignis eine ebensolche Wirklichkeit wie auf der physischen Ebene. Wird man auf dieser Astral- oder Traumebene von einem Löwen gejagt, so reagiert unser Körper mit Ausschüttung von Hormonen, Puls und Atemfrequenz steigen und man wacht dann am Morgen zerschlagen und schweißgebadet auf, ganz so, als hätte man einen schweren Kampf gefochten. Es ist eine wirkliche Welt oder Sphäre, die wir im Schlaf betreten, die wir aber auch klar und bewusst durchwandern, nachdem wir im Sterbeprozess den Ätherkörper abgelegt haben. Der Unterschied zwischen Schlaf und Tod ist, dass im Schlaf das Energieband, die Silberschnur, erhalten bleibt und damit eine Rückkehr in den Körper ermöglicht wird. Beim Tod löst sich diese Schnur komplett und eine Rückkehr ist nicht mehr möglich.

Die Astralebene unterteilt man in zwei Regionen, nämlich eine obere und eine untere. Die untere Region ist dem Träumenden zugänglich, die obere aber nicht. Die Menschen mit Nahtoderlebnissen kommen an das Tor der oberen

Astralebene, wo sie Stimmen hören oder gar verstorbene Familienmitglieder sie erwarten. Wenn sie ins irdische Leben zurückkehren sollen, werden sie hier abgewiesen, was die meisten Menschen als überaus schmerzlich beschreiben. Wer durch dieses Tor geht, kann nicht mehr zum physischen Körper zurückkehren, denn der Ätherkörper wird hier abgelegt und man befindet sich ganz in der Astralwelt. Die Astralebene ist eine Welt der Dualität, die aber formbar ist. Der Verstorbene sieht hier sein Leben in seiner Ganzheit. Er kann beide Seiten seiner Gefühle aus dem Leben erleben, die guten wie die schlechten. Gefühle aus dem Leben erscheinen auf dieser Ebene ganzheitlich. Hier kann der Verstorbene lernen, schöpferisch seine emotionalen Erfahrungen aus dem Leben auszuwerten und umzugestalten. Und hier richtet sich der Mensch auch selbst, je nach seinen Taten. Er sieht das goldene, vollkommene Licht seiner Seele und in dieser Helligkeit leuchten auch die Schattenseiten seines vergangenen Lebens stark auf. Und wie streng wir uns selbst richten können, das kennen die meisten von uns schon aus dem irdischen Leben. Aber es ist nicht nur ein Richten, sondern auch die Möglichkeit der Wiedergutmachung. Und auf dieser Ebene können wir jene Wesen wiedertreffen, die wir lieben und geliebt haben. Das können Menschen oder auch Tiere sein. Wir werden hier mit dem Thema der Läuterung, des „Ausmerzens" konfrontiert, aber auch mit dem der Vergebung.

5.2.1 Prozess der Läuterung

Die Vorstellungen vom nachtodlichen Leben sind oftmals von seltsamer Prägung, als würde ein solches Erlebnis jeden Menschen von Grund auf verändern. Dabei lässt sich der Vorgang eher einem solchen vergleichen, als würden wir einen Mantel ablegen. Das Ablegen des alten Mantels an sich macht keinen neuen Menschen aus uns. Kein Mensch wird also in einem Augenblick besser, intelligenter oder reiner, wenn er die Daseinsebene wechselt und ein Mörder mutiert nicht automatisch zum Engel, wenn er stirbt. Wir nehmen all das an Schwingungen mit, was zu unserem irdischen Dasein gehört hat. Da gibt es reine, gute Schwingungen, aber auch Trübungen und Ungutes. Es bedarf daher eines Prozesses der Reinigung und Läuterung, der uns die höheren Sphären im Jenseits öffnet und uns eine Neuorganisation ermöglicht. Die Astralmaterie ist eine eigenständige, formbare belebte Substanz des Kosmos, ähnlich einer Knetmasse, die unterschiedliche Grade an Qualität aufweist. Pflegen wir im irdischen Leben hauptsächlich schlechte, negative Gefühle, so wird unser Astralkörper aus grober, schwerer Substanz bestehen. Hegen wir positive, edle Gefühle, dann wird er aus feineren, leichteren Atomen sein. Im Sterbeprozess wird die Qualität unserer Gefühlswelt uns auf die entsprechende Ebene der Astralwelt ziehen. Auf der untersten, dichtesten Ebene können wir uns durchaus in der Hölle unserer eigenen Gefühle wiederfinden. Wir erleben sie als „Hölle", weil im Licht unserer Seele die niederen Begierden ihr wahres Antlitz zeigen. Es sind verzerrte, verformte Seelenkräfte, die die Seele leiden machen. Solch eine vergleichbare Hölle können wir aber auch durchaus schon während des Erdenlebens erleben, wenn wir zum Beispiel etwas Schlechtes getan haben und uns diese Tat bis in die Träume verfolgt. Es brodelt dann in uns, treibt uns um, macht uns schlaflos, kurzum, wir fallen in einen Zustand höchster Unruhe, werden zu Getriebenen. Daher kommt sicher auch jener häufig ganz widersinnig scheinende Effekt, dass Täter, die von der Polizei endlich gefasst werden, plötzlich total erleichtert, ja dankbar, sind. Jede Gier, jedes Verlangen lässt uns durch seine Schwere an der Erde haften und treibt uns vor sich her.

Diese dunklen Felder können wir einem Prozess der Läuterung unterziehen. Nach Aussage zum Beispiel der Theosophie gibt es aber Menschen, die sind über ihren Schatten mit dem kollektiven Schattenreich so verwoben, dass sie ihr Muster, die sie auf der Erde gelebt haben, unbedingt weiter ausleben möchten. Das kann zum Beispiel bei Drogensüchtigen oder auch bei Mördern der Fall sein. Solche Verstorbenen sind so in sich befangen, dass sie zunächst nicht auf die Ratschläge der geistigen Helfer hören. Ihr Problem ist nun, dass sie weder Stoffliches im Jenseits finden noch die entsprechenden Organe dafür haben. Was sie aber tun können ist, sich in das Energiefeld von sensitiven, labilen Personen, die kein starkes Selbstbewusstsein und daher wenig Kontrolle über ihre Kräfte haben, einzuschwingen, um sie für ihre Zwecke zu missbrauchen. Sie werden versuchen, ihre eigenen Gefühle und Begierden über andere auszuleben. Dies kann zum Beispiel ein Grund für Süchte sein. Theosophen empfahlen daher stets, dass vor allem gerade junge, noch nicht in sich gefestigte Menschen, wie auch psychisch labile oder hochsensitive Menschen nie Orte aufsuchen sollten, deren Schwingung solche Verstorbenen anzieht, die mit ihren Begierden nicht klarkommen und die dort nach Kontakt mit noch inkarnierten Menschen suchen. So sollten solche Orte wie Bars, Bierkneipen, Spielhallen usw. absolut gemieden werden, um einer „Besetzung" mit fremden Energien zu entgehen. Damit so etwas stattfinden kann, muss natürlich in dem inkarnierten Menschen eine Resonanz zu diesem Thema da sein, muss eine Tür offenstehen. Nur dann kann ein Einfluss stattfinden. Dies wiederum betont die Bedeutsamkeit, dass wir unser Bewusstsein schulen und eine ethische Lebenshaltung entwickeln. Nur so bleiben wir vor niedereren

Schwingungen gefeit. Betrachtet man das vorher beschriebene Geschehen der Einflussnahme unter dem Gesichtspunkt des Karmas, so kann dieses dazu führen, dass sich ein inkarnierter Mensch seines Schattens „Sucht“ bewusst wird und indem er sich zum Beispiel in eine Therapie begibt, betreibt er seine eigene Erlösungsarbeit, wie natürlich auch die jenes Verstorbenen, mit dem er in Kontakt steht. So wird ein Weiterschreiten in der Entwicklung für beide möglich. Ich möchte nochmals betonen, dass das eine der vielen Möglichkeiten für Süchte sein kann. Bei schweren Abhängigkeiten liegt ein solcher Einfluss überaus nahe. Bekannt sind auch Fälle von Menschen, die gemordet haben und von einer Stimme berichten, die ihnen dies eingegeben habe. Allerdings erlebt das Thema „Besessenheit oder Besetzung“ gerade im Bereich des Geistigen Heilens eine absolut inflatorische Verwendung und so gilt es vorsichtig zu sein. Ja, es gibt eine Menge von Therapeuten, für Mensch wie Tier, die jedes Fehlverhalten oder Defizit sofort unter dem Aspekt der „Fremdbesetzung“ sehen. Dabei ist eine solche Diagnose, was sie ja ist, oftmals nur Ausdruck der Hilflosigkeit des Heilers angesichts der Resistenz vieler Krankheiten.

Vorbereitung auf diese Phase der Läuterung im Leben: Bemühen wir uns positive, reine und hohe Gefühle schon im irdischen Leben zu pflegen, so macht das unseren Astralkörper leicht und gibt ihm eine höhere Schwingung. Die Ablösung von der Erde wird also leichter sein. Es gilt Negatives nicht zu verdrängen, sondern es anzuschauen, aufzuarbeiten und zu Positivem zu wandeln. Jesus hat diese ganz wichtige Aussage gemacht, dass selbst wenn wir etwas Böses in der Vergangenheit getan haben, in dem Moment alles vergeben ist, in dem uns eine tiefe Reue ergreift und wir im Leben umkehren. Heute nennen wir in der Therapie eine solche Arbeit an den dunklen Seiten unseres Seins „Schattenarbeit“. Eine Haltung der Hingabe und Selbstlosigkeit, aber auch des Loslassens schon im irdischen Dasein ist gerade für die Ablösung von der astralen Welt von unschätzbarem Wert.

5.3
Die Vereinigung – Phase III

Haben wir die Astralebene hinter uns gelassen, so tritt unser wirkliches Ich ans Tageslicht.

„Mein neues Ich war nicht mehr das vertraute Ich,
sondern gleichsam ein Sublimat davon, wenn es mir auch irgendwie bekannt vorkam,
wie etwas, was ich schon immer tief begraben gewußt hatte,
unter einem Überbau von Ängsten, Hoffnungen, Wünschen und Begierden.
Dieses Ich hatte nichts mit unserem diesseitigen Ego zu tun. Es war reiner Geist,
endgültig, unveränderlich, unteilbar, unzerstörbar. Wenngleich absolut einmalig,
individuell geprägt, war es gleichzeitig Teil eines unendlichen,
wohl geordneten Ganzen."

(„Im Umkreis des Todes", Franz, Rohn, Jaffe, Daimon Verlag, S.76)

Besser lässt sich der Übergang von der Astral- zur Mentalebene nicht beschreiben. Die Vereinigung des zuvor geläuterten Selbst findet nun auf der sogenannten Kausalebene statt, der Welt der Ursachen, die auch als höhere Mentalebene bezeichnet wird. Die Persönlichkeit hat sich ihrer Hüllen entledigt und vereint sich nun wieder mit ihrem Seelenaspekt, um entweder weiterzugehen oder sich auf eine neue Inkarnation vorzubereiten.

Die Mentalebene ist die Ebene der größten Freiheit und Beweglichkeit. Telepathie ist ihr Kommunikationsmittel und Gedanken sind hier eine Wirklichkeit. In der höchsten Region der Mentalebene finden wir unser Selbstbild, das Motto, das unsere Inkarnation geleitet hat. Hier finden wir die Absicht unseres Lebens, die Idee, die unsere Seele verfolgt. Gleichzeitig kommen wir hier in Kontakt mit dem Teil von uns, den wir als Seele bezeichnen und der manchmal auch als Kausal- oder Bewusstseinskörper bezeichnet wird. Dies ist der unvergängliche, ewig währende Teil von uns, unsere Bestimmung innerhalb des kosmisch göttlichen Planes. Hier verschmilzt unser Selbst wieder mit unserem wahren, ewigen Sein. Auf dieser Ebene finden wir auch die geistigen Lehrer unseres Lebens, die uns auf unserem Weg der Entfaltung helfen und auch gleichgesinnte Mitschüler. Im Leben auf der Erde können wir solchen Mitschülern begegnen, denn sie zeigen sich als Menschen, mit denen man eine innere Verbindung hat. Meist arbeitet man am selben Thema oder hat dieselben Ideen und Ideale vom Leben. Der Verstorbene betritt diese Schöpfungswerkstätte des Lebens, die als Devachan, Himmel oder leuchtendes Land bezeichnet wird, in dem alle Gedanken Wirklichkeit sind und die Urbilder aller irdischen Dinge liegen. Menschen, die höhere Werte verwirklicht haben, wie unpersönliche Liebe, Bewusstsein oder künstlerische Schönheit finden sich hier wieder. Halle des Lernens wird sie auch genannt. Auf der hohen Mentalebene liegt der Kausalkörper des Menschen, also der Seelenfunke, der die Essenz aller Leben gespeichert hat und das nächste Leben bewusst so vorbereitet.

Vorbereitung für die Phase der Vereinigung im Leben: Hilfreich für diese Phase der Wiedervereinigung mit unserer Seele ist im irdischen Leben eine Haltung des positiven Denkens. Indem wir positiv zum Leben stehen, positiv uns selbst gegenüberstehen, akzeptieren wir das Sein, wie es ist. Das Annehmen, das Ja-Sagen zum Dasein bringt einen Menschen in die Nähe seiner Seelenschwingung. Und indem wir lernen, das Leben so anzunehmen, wie es auf uns zukommt – kein leichter Lernprozess, wie jeder von uns aus eigener Erfahrung weiß – ermöglichen wir die Entfaltung und Erweiterung unseres Bewusstseins. Nur ein weites Bewusstsein vermag das Göttliche zu erkennen.

5.4 Praktische Konsequenzen

für unser Denken

Aus den bisherigen Ausführungen ergeben sich klare Möglichkeiten und Konsequenzen für unser Leben und unser Denken.
Alle vorher geschilderten Ebenen oder Welten durchwandern wir, wenn wir nach dem physischen Tod einst zurückkehren werden zu unserer Seelenheimat. Entsprechend bleibt auf all diesen Ebenen Bewusstsein und Kommunikationsfähigkeit erhalten. Wenn wir unseren physischen Körper ablegen, so verlieren wir zwar unsere Sprechorgane, aber wir können unsere energetische Präsenz mitteilen, unsere Gefühle und Gedanken. Schulen wir schon im irdischen Leben unsere Medialität und Spiritualität, so können wir nicht nur lernen, mit diesen Ebenen jetzt schon besser zu kommunizieren, sondern es wird uns später auch leichter fallen, von dort aus dann zu kommunizieren und zu helfen, wenn wir einst selbst einmal hinübergegangen sein werden. Medialität kann helfen, das Mysterium Tod besser zu verstehen und damit die Angst zu nehmen. Denn letztendlich ist Tod ein Akt der Befreiung, eine Rückkehr zu all den spirituellen Möglichkeiten, die in uns angelegt sind. Er bietet die Möglichkeit, ausgebrannte Elemente in uns zu ersetzen und neue Möglichkeiten zu schaffen. Je mehr wir uns mit der irdischen Formwelt identifizieren, desto begrenzter wird unser Wirkungsradius sein, desto schwieriger fällt es uns den Platz jeweils auszufüllen, den die göttliche Welt für uns bestimmt hat. Mit dem Tod kehren wir nicht nur zu unserem kosmischen Ich zurück, sondern werden auch frei für neue Aufgaben, die die göttliche Welt und unsere Seele für uns bestimmt haben. Im Folgenden sollen in Kurzform einige wichtige Fragen zum Thema Tod besprochen werden.

Wie lässt sich der Angst vor dem Tod begegnen?

Depressionen und Zweifel angesichts des Phänomens „Tod“ lassen sich durch folgende Lebenseinstellung positiv verändern:

1. **Erkenne Dich selbst als unsterbliches Wesen. (Beachte: Energie folgt dem Gedanken!)**
2. **Beherrsche Dein Denken, denn durch dieses kann das Unsterbliche erkannt werden.**

3. Lerne verstehen, dass die Form nur der Schleier ist, der den Glanz der Göttlichkeit verhüllt.
4. Erkenne, dass das eine Leben alle Formen durchdringt, dass es vom seelischen Standpunkt aus keinen Tod, kein Elend, keine Trennung gibt, sondern nur Leben. Leben ist die Grundlage allen Seins, ist die „prima materia", der Ausgangsstoff, und kann niemals je von einem Menschen wirklich selbst erschaffen werden. Der Mensch kann verändern und verwandeln, aber niemals neu erschaffen. Stets braucht er zuvor eine Grundsubstanz. Da das Leben also stets da ist, gibt es auch keinen wirklichen Tod, sondern nur Veränderung und Verwandlung.
5. Löse Dich von der Formseite und gehe hinein in das Licht des Seins, so endet die Illusion. Lebe Dein Leben bewusst jeden Tag, von seiner Geburts- bis zu seiner Todesstunde und spüre dem nach, dass der Tag unwiederbringlich vorübergeht, das Leben aber stets weitergeht. Tue jeden Tag das, was auf Dich zukommt, und was getan werden muss.

Warum zieht sich die Seele aus dem Körper zurück?

1. Es ist ein Entschluss der eigenen Seele, da sie den Lebensauftrag erfüllt sieht. Sie kann ein langsames Zurückziehen einleiten, zum Beispiel über eine Krankheit oder auch ein direktes. Zeit spielt für die Seele keine Rolle. Für sie existiert keine lineare Zeit (s. Kapitel Zeiten, Zyklen), die nach Längenmaß die Dauer festlegt. Ein Schmetterling oder eine Fliege leben nach diesem Maßstab eine überaus kurze Zeit und doch ist ihr Leben erfüllt, da es noch andere Zeitdimensionen gibt. Das Leben eines Kindes, das früh stirbt, kann erfüllt sein. Es kann aus verschiedenen Gründen nur kurz die Erde berührt haben, zum Beispiel weil ihm ein energetischer Teilaspekt fehlt, den es über die physische Geburt wiedererlangt oder weil es wie ein Engel kurz die Erde berührt, um bestimmte himmlische Energien in einem bestimmten Feld auf der Erde zu manifestieren. So sagte C. G. Jung: „Die Antwort auf das menschliche Leben liegt nicht innerhalb der Grenzen dieses Lebens." (Im Umkreis des Todes, Franz, Rohn, Jaffe, Daimon Verlag 1980, S.23)
2. Die Seele sieht keine Möglichkeit mehr, eine sinnvolle, kreative Entfaltung der Potenziale auf der Erde zu entwickeln. Die Selbstverwirklichung und Entfaltung ist aus irgendwelchen Umständen nicht mehr gegeben, das Leben in einer Sackgasse.
3. Eine karmische Verpflichtung, die mit anderen Menschen zusammen-

hängt und aus letzten Leben stammt. Dies kann zum Beispiel die Ursache eines tödlichen Unfalls sein.

4. **Eine karmische Verpflichtung, die eine Gruppe von Menschen in Zusammenhang mit der Erde hat. Hier könnte man als Beispiel die Naturkatastrophen anführen.**
5. **Die göttliche Welt braucht die Seele für eine andere, dringendere Aufgabe.**

Wie können wir uns selbst auf den Übergang vorbereiten?

Jede fundierte spirituelle Schulung ist auch eine Vorbereitung für den Übergang und das Leben danach. Wichtig ist bei all diesen Schulungen sich darüber klar zu sein, an welcher Stelle im Leben ein Mensch sich gerade befindet. Ein jugendlicher Mensch hat zum Beispiel ganz anderes zu lernen, als ein Mensch in fortgeschrittenem Alter. Ein Jugendlicher ist auf dem Inkarnationsbogen, er muss sein Leben auf dieser Erde erst finden und festigen, bevor er sich mit den exkarnierenden Kräften beschäftigt. Widmet sich ein Kind oder Jugendlicher schon jenen Kräften, kann das gefährliche Folgen haben, weshalb es im Osten stets Klostertraditionen gab, in denen junge Menschen eingebunden wurden, wenn sie einen spirituellen Weg gehen wollten. Bei uns im Westen erleben wir heute leider zunehmend, dass junge Menschen oder Menschen, die noch keine Stabilität und Verwirklichung im irdischen Leben überhaupt entwickelt haben, die frustriert und erfolglos sind oder sich minderwertig fühlen, sich verstärkt mit jenen Exkarnationskräften beschäftigen, mit der Folge, dass die Bewusstseinsstörungen eminent zunehmen. Um sich gut auf den Tod vorzubereiten, heißt es also nicht dem irdischen Leben den Rücken zu kehren, es sei denn, man empfindet eine religiöse Berufung und geht den Weg einer klösterlichen Tradition. Im Gegenteil, das Leben braucht den Tod und umgekehrt. Der Mensch, der in seinem Sinne ein „gutes Leben" gelebt hat, der Ja zu seinem irdischen Leben und zu seinen Potenzialen gesagt hat, der „mit seinem Pfund gewuchert hat", wird auch einen „guten Tod" leben. Es ist also wichtig, dass wir uns in dieses irdische Leben integrieren, ohne dabei aber die geistige Welt zu vergessen oder zu vernachlässigen. Wir haben vorher schon gehört, dass es Übungen und Lebenshaltungen gibt, die uns später helfen können beim Übergang. Diese sollen an dieser Stelle nochmals aufgeführt werden:

1. **Meditation hilft die Energien in den Kopfzentren zu konzentrieren. Sie schult den Wechsel der Bewusstseinsebenen. Die Atemtechnik spielt dabei eine wichtige Rolle.**

2. Medialität schult jene Kommunikationstechniken, die wir später auch im Jenseits anwenden werden und verhilft zu einer ganzheitlichen Erfahrung von Leben.
3. Schattenarbeit verhilft dazu, Licht in das eigene Sein zu bringen. Schatten und Schwere können sich somit auflösen, was zu innerer Leichtigkeit und Freiheit führt.
4. Die Einstellung „mit dem Lebensfluss zu gehen" erhält die Fähigkeit das Leben so zu nehmen, wie es kommt. Die Kräfte eines starren Widerstandes, ein nicht förderliches Festhalten an den Dingen fixiert sich auf das Problem und lässt diesem daher noch mehr Energie zukommen. Widerstand ist eine ganz natürliche Reaktion, sollte dann aber immer wieder in eine Lösung übergehen.
5. Eine abendliche Rückschau des Tages vor dem Einschlafen hilft, die wichtigen, essenziellen Erfahrungen im Leben herauszuschälen. Indem wir unser Augenmerk auf das Wesentliche eines Tages richten, lernen wir unsere Energie auf die Wahrheit zu fokussieren.
6. Ein bewusster Einschlafvorgang schult unsere Fähigkeit, die feinstofflichen Welten bewusst zu betreten und ihre Wirklichkeit anzuerkennen.
7. Hilfreich ist ebenfalls eine innere Haltung, dass Diesseits und Jenseits keine räumlich voneinander getrennten Welten sind. Sondern alles existiert in einem Hier und Jetzt, oder um mit der Bibel zu sprechen: „Gottes Haus hat viele Räume." Daher sollten wir nach Möglichkeit von Verstorbenen nicht in der Vergangenheitsform sprechen, wenngleich wir damit das sprachliche Problem haben, wie wir dann jemandem mitteilen können, dass der Verstorbene in dieser irdischen Welt nicht mehr erreichbar ist. Aber indem wir stets in der Gegenwartsform sprechen, gewöhnen wir unser Denken an die ewige Fortdauer des Bewusstseins.

Kontakt zu Verstorbenen und Ahnen

Die Frage nach dem Einfluss der Verstorbenen wird immer wieder auf den Medialitätskursen gestellt, denn nicht wenige von uns haben Stress mit ihren verstorbenen Angehörigen oder Vorfahren. Manche fühlen sich auch unangenehm berührt bei der Vorstellung, dass das Jenseits nicht Galaxien entfernt ist, dass jene Verstorbenen noch zu uns Kontakt haben, ja vielleicht sogar noch Einfluss auf unser Leben nehmen könnten. Da kommen viele Ängste und unerledigte Themen ins Spiel.

1. Wir alle sind mehr oder weniger das Ergebnis unendlich vieler Einflüsse auf unser Leben, die wir meist gar nicht bewusst wahrnehmen. Was von all diesen Einflüssen entstammt wirklich unserer eigenen Individualität, was ist erlernt, einfach unbewusst übernommen, aufgedrückt? Es ist mit der Suche nach unserem ureigenen Selbst doch so, als würden wir ständig wunderbare Klänge hören, könnten aber nicht erkennen, von welchem Instrument sie kommen. Es ist wichtig, dass wir uns auf die Suche nach der Ursache der Klänge begeben, dass wir unser „Instrument" finden. „Mensch, erkenne Dich selbst!" war stets eine Grundforderung der esoterischen Lehren. Wir haben im Laufe der Jahrhunderte im Westen hart daran gearbeitet, die Individualität zu fördern und zu stärken. Das ist gerade auch unter dem ethischen Aspekt, der Frage nach der Freiheit eines jeden Wesens, ein ganz entscheidender Schritt nach vorne. Der Preis dafür war, dass darüber der Kontakt zum Feld verloren ging, in dem ein Mensch lebt, das auch ganz wesentlicher Teil seines Seins ist. Die Beziehungsfähigkeit reduzierte sich damit ebenfalls. Familie, Vorfahren, Heimat und Gemeinschaft verloren an Gewichtung, was einen Verlust bedeutete. Heute haben wir den Zenit der Individualisierung erreicht und erkennen nun neu, dass Beziehungen überlebenswichtig und hilfreich sind, ja zum spirituellen Selbstverständnis gehören. Die Verbundenheit mit jenen Menschen unserer Familie, die einstmals gelebt haben und die es letztendlich möglich gemacht haben, dass wir heute überhaupt auf dieser Erde existieren, gewinnt eine neue Bedeutung. Auch wir heute möchten unseren Nachkommen eine Erde übergeben, auf der es sich lohnt zu leben. Also, wir alle sind in diesen Prozess des Lebens in alle Ewigkeit eingebunden, weshalb der Kontakt zu den Ahnen so tröstlich und hilfreich ist. Auch sie haben gelebt, geliebt, gefeiert, gelitten und nach irgendeiner noch verhüllten goldenen Zukunft gestrebt. Es ist nur zu natürlich, dass sie aus dem Jenseits auch weiter bemüht sind, uns zu helfen, das Leben auf der Erde voranzubringen, ja uns selbst voranzubringen. Gleichzeitig relativiert sich in uns dadurch dieser stete innere Druck zu Einmaligkeit und Perfektion. Gerade in Phasen der Einsamkeit und der Schwäche ist es tröstlich zu wissen, dass man nie alleine ist, dass es Hilfe auch aus dem Jenseits gibt. Und viele Menschen, die dem Sterben nahe waren und wieder zurückgekommen sind, berichten von verstorbenen Angehörigen, denen sie begegnet wären auf ihrer Reise. Ist es nicht tröstlich zu wissen, dass wir nicht alleine sind, auch dann nicht, wenn wir den großen Übergang vollziehen?

2. Wir haben die Freiheit Kontakte zu pflegen oder aber auch nicht. Das gilt für diese Welt, wie auch für die andere. Wenn wir keinen Kontakt zu verstorbenen Angehörigen haben möchten, dann wird auch keiner zustande kommen. Wir bestimmen, ob wir die Tür öffnen möchten oder nicht. Verstorbene können von ihrer Ebene aus ohne unser Zutun weder unser Leben betreten, noch überhaupt die irdische Ebene. Die innere Verbindung vom Herzen aus erschafft die Brücke der Kommunikation. Besteht ein liebevolles Verhältnis, so ist ein Kontakt möglich. Manchmal kann dies auch auf einer karmischen Verpflichtung beruhen, dass erlösende Worte nicht gesprochen wurden, Dinge noch unerledigt sind. Dann mag äußerlich gesehen der Kontakt zu einem Verstorbenen unangenehm sein, Widerstand in uns hervorrufen, aber wir sollten erkennen, dass es lediglich der Versuch des Verstorbenen ist, der im Jenseits mit ganz neuen Augen sieht, uns zu helfen dieses Problem zu erlösen, damit wir erlöst werden und freier unseren Weg gehen können. Es ist eine Art Liebesdienst, auch wenn sich dies unseren Gefühlen so nicht darzustellen vermag. Die einzige Möglichkeit besteht also, dass wir selbst, bewusst oder unbewusst, einen Kontakt aufbauen, in diesem Sinne also selbst zum Medium werden oder ein Medium für einen Kontakt aufsuchen. Eine einzige Möglichkeit gibt es, dass Verstorbene auch ungerufen erscheinen können, nämlich zum Beispiel in einer lebensbedrohlichen Situation. Also nur in der Absicht einer notwendigen Hilfe können sie ungerufen erscheinen.

6. Zeiten – Zyklen – Krisen

Die Zeit

„Es sitzt die Zeit im weißen Kleid und webt und singt und webt.
Sie sitzt über ein offenes Grab, es rollen ihr lächelnd die Tränen herab.
Es sitzt die Zeit im weissen Kleid und webt und singt und webt.
So sitzt sie singend viel tausend Jahr und weint und lächelt und webt immerdar.“

Joseph Ludwig Stoll

6.1 Bewusstsein und Zeit

Kreis und Gerade – *Zwei Arten, die Zeit zu erleben*

Um das Problem des Menschen im Umgang mit Geburt und Tod zu verstehen, um dem Phänomen der Medialität näher zu kommen, ist es nötig, sich mit dem Phänomen der Zeit zu beschäftigen. Denn ohne eine bestimmte Art des Zeiterlebens, das wiederum an die Welt des Raumes und der Objekte gebunden ist, gäbe es dieses Verständnisproblem nicht. Das Zeiterleben, das wir aus unserem Alltagsdenken kennen, ist ein lineares. Wir erfahren unser Leben als sukzessives, lineares Voranschreiten, als eine Gerade, die einen Anfangs- und einen Endpunkt miteinander verbindet. Auf dieser Linie geht es stets und unerbittlich voran. Weder ist ein Anhalten, noch eine Umkehr, noch eine Flucht möglich. Diese Art des linearen Zeiterlebens ist direkt an unseren Körper gebunden. Der Körper wächst heran und wir können ihn weder anhalten, noch können wir ihn wieder in einen vorherigen Zustand zurückführen. Er hakt anscheinend Einheit um Einheit auf dieser Zeitgeraden ab, wobei die Geburt, der Zeitpunkt des Körperlich-In-Erscheinung- Tretens, den Anfangspunkt und der unbekannte Zeitpunkt des Todes den Abschluss bildet. Wir wissen zwar verstandesmäßig, dass es ein Vorher gegeben haben muss und es auch ein Nachher gibt, aber als Körperwesen können wir das real nicht fassen. Es ist ja ein Leben ohne unsere eigene Körperpräsenz. Erst wenn wir körperlich erscheinen in dieser Zeitwelt, erleben wir uns als Ich und damit die Welt als real. Alles was vorher war, ist für unseren Verstand abstrakt und irreal. Wenn wir uns aus dieser Welt wieder verabschieden, so haben wir keine Vorstellung, was aus uns werden wird, denn mit unserem Ende endet auch die lineare Zeit. Die Linie ist Anfang und Ende. Dementsprechend gestalten wir auch unser Leben, das von Punkt zu Punkt auf dieser Linie voraneilt. Mit zunehmendem Alter scheint die Lebenslinie immer drängender, unerbittlicher zu werden, da die Anziehungskraft des Zielpunktes deutlicher verspürt wird.

„Durch die Zerhackung des ewig fließenden Zeitverlaufs und seiner vielfachen triumphalen Wiederkehr im Leben eines jeden Menschen ist das geordnete Widerspiel von bewegenden und gestaltenden Kräften im Menschen entscheidend gestört.
Gleichmäßig stückt sich ihm eine Stunde an die andere. Würde man einen Arbeiter in der Fabrik, einen Beamten im Büro fragen, weißt Du, wo Du mit dem heutigen Tag in deinem Jahre stehst, so wird er sehr erstaunt sein und nicht wissen wie antworten. Denn ein Tag in seinem Arbeitsleben steht zusammenhanglos neben dem anderen, sie schwingen nicht durch das Jahr, wie etwa die Arbeitstage des Landmannes.
Die Schnelligkeit des modernen Arbeitslebens lässt alle davon Betroffenen vor allem an der Ungegliedertheit ihrer Zeit leiden. Das müssen wir hier festhalten. ´Ich habe keine Zeit`, sagt man und besagt damit etwas ganz Furchtbares, dass man nämlich seine Lebenszeit nicht mehr gliedern, nicht mehr dehnen kann, wie man selbst eigentlich will. `Ich habe keine Zeit` ist das armselige Geständnis, dass man die feingegliederte Zeitenfolge des Jahres in seinem Leben nicht mehr mitschwingen lassen kann, dass man sich überrennen lassen muß

von der Arbeitswelt unter dem Druck, mehr tun zu müssen, als die Zeit eigentlich hergibt. Man hat dann in der Tat keine Zeit mehr, man stellt sich außerhalb der Zeit."

(Fritz Klatt, aus dem Aufsatz „Pädagogik der Tages- und Jahreszeiten", 1928)

Im vorgeburtlichen Zustand scheint der Mensch ein anderes Zeiterleben zu haben. Er befindet sich in einer Einheit mit der Mutter, die für ihn die ganze Welt ist. Alles Leben kreist um ihn und es gibt weder einen Anfang noch ein Ende. Er hat weder das eigene Leben noch die Welt in diesem Zustand objektiviert. Auch in den ganz frühen Zeiten der Menschheit kann man davon ausgehen, dass Menschen die Zeit als einen ewigen Wechsel erlebten, als ein stetes Kreisen, das weder Anfang noch Ende besitzt. Das Weltbild der alten Kulturen war ganz am ewigen Lauf von Sonne und Mond orientiert. Die Sonne wandert rechts herum, weshalb derjenige, der mit der Sonne wandert, „im Recht geht", also mit Gott geht. Auf dieser Wanderung gibt es nur ein Auf- und Absteigen, ein Sich-Offenbaren und ein Zurückziehen, den Weg der ewigen Verwandlung. Jeder scheinbare Schlusspunkt auf einem Kreis ist gleichzeitig ein Neubeginn. So wenig wie der Lauf der Sonne stockt oder abbricht, so wenig tut dies das Leben. Tod ist da nur ein äußeres, organisches Phänomen, denn wenn die Form der Pflanze im Herbst abstirbt, so ist dies nur scheinbar, äußerlich, und ihr Lebenskeim bricht im Frühling wieder erneut hervor in die Welt des Sichtbaren. In diesem Sinne ordneten die frühen Kulturen jedem Lebewesen einen solchen ewigen Lebenskeim zu, der für den Menschen mit dem Namen „Seele" belegt wurde.

In einem solchen zyklischen Kreisen von Zeit gibt es kein Geschichtsbewusstsein, wie wir das heute kennen und ebenfalls ist die Kontur der Individualität nicht sehr deutlich ausgeprägt. Jedes einzelne Sein schwingt mit den großen Rhythmen der Natur. Der Tod ist ein Punkt der Wendung, des „Umwechselns" des Lebens, um dann in anderer Form erneut weiterzugehen, so wie die Sonne zur Wintersonnenwende stirbt, um gleichzeitig neu geboren zu werden. Das Leben „ist" und daher kann in einem solchen Universum nichts sterben. Daraus resultiert auch die Bedeutung des Ahnenkultes, denn die Verbindung zu ihnen geht nicht verloren, bleibt zu jeder Zeit bestehen, da alles Leben ewig kreist. Dieses zyklische, mythische Zeitbewusstsein kennt den Tod als organisches Phänomen, aber da der Körper lediglich ein Fahrzeug oder Gefäß für die irdische Reise der Seele ist, bedeutet er keinen absoluten Endpunkt. Der Mensch erlebt sich in diesem Bewusstsein als eins mit einem beseelten, von Göttern bewohnten Kosmos, als eins mit Mutter Natur und der Schöpfung. Seine Abgrenzung, seine Heraustrennung als Individuum ist noch nicht stark ausgeprägt. Erst eine neue Stufe der Entwicklung in der Menschheit löste dieses zyklische Zeiterleben zugunsten eines linearen ab und führte zu der Individualisierung, wie sie heute ihren Höhepunkt hat. Dies scheint mit Auftreten des Christentums zusammenzuhängen, denn in der Bibel wird der irdischen Schöpfung ein klarer Anfangspunkt gesetzt, wie auch eine definierte Endzeit. Auf dieser Zeitlinie erhält alles eine einmalige, unwiederholbare Bedeutung, auch der einzelne Mensch selbst. Der Mensch als einzelner befreit sich im Laufe seiner Geschichte immer mehr aus dem Ganzen, gibt sich als Individuum eine stärkere Kontur, was eine stärkere Abgrenzung voraussetzt. Damit treten aber auch neue, große Fragen in sein Leben, zum Beispiel die Relativität allen Seins und damit auch des eigenen.

„Steigerung des Ich-Bewußtseins, Problematisierung des Todes, Aktualisierung der in Vergangenheit, Gegenwart und Zukunft sich entfaltenden linearen Zeit gehören also zusammen. Obwohl viele Hochkulturen von der im zyklischen Zeitbewußtsein angelegten Möglichkeit des Übergangs in das eschatologische Zeitbewußtsein ergriffen worden sind, vermochten sie nicht den letzten Schritt zu tun, den Israel in dem Gedanken der creatio ex nihilo, der göttlichen Schöpfung aus dem Nichts, gewagt hat, auf den das christliche Weltverständnis und, in Verbindung mit griechischem Ursachendenken, die schließliche Herausarbeitung des historischen Bewußtseins zurückgehen. Nur hier hat ein Mythus, eine mythische Offenbarung Kräfte entwickelt, die zu einer Entmythisierung geführt haben, deren äußerste Konsequenzen unser Bewußtsein wiederum nicht erträgt, wiewohl es sie heraufbeschworen hat.“

(Helmuth Plessner, Über die Beziehung der Zeit zum Tode, Eranos Jahrbuch 1951, S.354, Rhein Verlag Zürich)

Plessner beschreibt den Verfall des ursprünglichen, zyklischen Zeitbewusstseins als einen Weg zu einer sinnentleerten Zeit. Die Einteilung der Zeit in kleinere Einheiten wie die physikalischen, biologischen, psychologischen, ökonomischen, politischen usw. würde eine Neutralisierung des Zeitbewusstseins herbeiführen. Indem dieses Denken vom Anfang und Ende der Welt und der Schöpfung in der Menschheit Fuß fasste, wurde die Kette endlosen Kreisens durchbrochen, wurden Vergangenheit-Gegenwart-Zukunft voneinander getrennt. Die Einmaligkeit eines Erlebens tritt in den Vordergrund, das „Niemalswieder“ erfährt eine deutliche Betonung. Die Kulturleistung einer Zeit, einer Generation, einer Nation, ja auch des Einzelnen, erfährt damit eine Anschubkraft. Der Intellekt des Menschen tritt ganz klar in den Vordergrund und übernimmt die Führung und Planung. Die Entmythisierung bringt die Individualisierung voran, allerdings zum Preis der Ganzheit. Vorher war die Welt vom „Göttlichen“ erfüllt, das mittels Riten immer wieder aufs Neue aktiviert wurde. Die Riten waren die göttlichen Jahresfeste und bestimmten die Zeit. So war jedes Fest der Wiedergeburt des Jahresgottes, was später in den Weihnachtsmythos einfloss, ein erfülltes mythisches Erleben. Jeder Teilnehmer eines solchen Ritus wurde vom selben Geist wahrhaftig erfüllt. Bild oder Symbol und Begriff waren noch nicht getrennt. Eine Diskussion darüber, ob die Oblate der Leib des Herrn wirklich sei oder diesen lediglich symbolisiere, wäre undenkbar gewesen. Die Riten waren lebendig, während sie im Zuge der Entwicklung des linearen Zeitbegriffs immer mehr zum toten, routinierten Ablauf degenerierten. Der Himmel wurde leer vom Göttlichen. Der Vorteil dieser Entwicklung hin zur Freiheit des Individuums war, dass sich der Wesensbegriff der Zeit veränderte. War die Zeit vorher naturgegeben, schicksalshaft, so wurde sie jetzt schöpferisch. Die Eigengestaltung und Eigenverantwortung wurden betont. Damit gewann das Individuum immer mehr an Bedeutung. Welt und Mensch wurden des Andenkens und der Überlieferung wert, das Leben zum persönlichen Schicksalsweg. Mit zunehmender Freiheit aber verstärkt sich die Bewusstwerdung des Quantitativen, also zum Beispiel der Masse der Individuen in dieser Welt, was eine Relativierung des Ichs bringt. Vorher war jedes Ich nur ein Teil eines größeren Ganzen. Rang, Ordnung und Platz waren klar verteilt. Jetzt musste sich jedes Individuum gegen viele andere Individuen durchsetzen. Gleichzeitig ist aber nichts so ungreifbar und ohne festes Netz wie die Freiheit. Freiheit will jeden Augenblick neu erobert sein, bedarf der Erhaltung. Gar nichts ist auf Dauer sicher in dieser Welt. Angst vor Verlust oder Nicht-Erreichen bestimmen das Leben. Um in einer freien Höhe mit dünner Luft zu leben, bedarf es eines starken inneren Haltes. Aber der Götterhimmel, der früher zur Orientierung diente, wurde vom Verstand leergeräumt. Eine „Kunst des Sterbenkönnens" wird auf diesem Weg des Verstandes vor allem daraufhin ausgerichtet sein, der scheinbaren Sinnlosigkeit des Lebens standhalten, der Nichtigkeit des kleinen Ichs und dem Mangel innerer Wirklichkeiten begegnen zu können. Ablenkung und Unterhaltung leisten dabei einen wichtigen Beitrag.

Die Ausrichtung des Verstandes auf die Außenwelt, die Welt des Objektiven, verstärkte die Identifikation des Ichs mit dem Körper, denn die Außenwelt wird mithilfe der körperlichen Sinnesorgane erfahren. Damit wird alles als bedrohlich erlebt, was dieses Ich als individuelle Form angreifen oder zerstören könnte. Der Tod wird zum Feind schlechthin, weil er einen Endpunkt dieser körperlichen Form bedeutet. Wir erleben diesen schmerzhaften Widerspruch in uns, dass es die Welt eigentlich nur gibt, so lange es uns gibt, denn nur wir allein können sie wirklich erleben. Ohne uns kann die Welt gar nicht sein und doch wissen wir, dass die Welt sich auch ohne uns weiterdreht. Somit befinden wir uns in einer äußerst schizophrenen Lage, einer Spannung, die uns zu zerstören droht. Wir haben also nur eine kurze Zeit am großen Leben teil und gleichen damit jenem Süchtigen, der gerade seinen „Stoff" hat und weiß, es wird eine Zeit kommen, da wird er ihn nicht mehr haben und diese Vorstellung martert ihn schon jetzt. Wir sind Süchtige des Stoffes, können ohne ihn nicht sein, solange wir uns noch nicht aufgemacht haben, nach anderen Wirklichkeiten zu suchen. Da Vergangenheit nicht real oder relativ ist, das Zukünftige unbestimmt, bleibt dem Ich nur ein Weg der Sinnfindung: Leben im Augenblick. Eine Haltung der Beruhigung, die wir in der heutigen, westlichen Wohlstandsgesellschaft leben. Genüsse aller Art besänftigen unsere Unruhe, unser Unwohlsein. Und da tritt heute plötzlich eine Kultur in die Weltpolitik ein, die aus einer anderen Zeit stammt und die Ruhe des Genusses stört, unser Unbehagen plötzlich wieder wach macht. Mit der Herausforderung der radikal muslimischen Bewegungen an westliche Werte tritt die alte Frage wieder in den Raum: Was ist der Lebenssinn? Wir erleben plötzlich Menschen, die Relikte aus einer anderen, vergangenen Zeit zu sein scheinen, die für einen sicheren Platz im Paradies sich und andere in einen grausamen Tod bomben. Es sind Menschen, die suchen bewusst den Tod, weil ihnen ihre geistlichen Inspiratoren Bilder eines alten Götterhimmels wieder als Wirklichkeit vermitteln. Leben und Tod verlieren hier wieder wie in alten Zeiten ihre festumgrenzte Definition und die Übergänge werden fließend. Sieht sich ein Mensch im göttlichen Auftrag und Kontext, spielen das individuelle Leben oder persönliche Werte keinerlei Rolle mehr. Leben und Tod haben in solchem Glauben einen völlig anderen Stellenwert. Diese Art von archaischem Lebenssinn ist für unseren Verstand nicht nachvollziehbar und nicht zu verstehen. Er ist ja in der Tat eine Rückkehr in eine alte Zeit, was noch nie gut war. Aber gleichzeitig ist er Ausdruck von jenen unendlich vielen sinnsuchenden Menschen, die am Gift der neuen Zeit, dem Konsum, der Ablenkung via Fernsehen oder Internet genippt haben, die aber nicht die finanziellen Mittel haben, um sich ständig damit betäuben zu können. In Deutschland erlebten wir im Nationalsozialismus und seiner Ideologie ganz ähnliches. Auch sie verstand es, die kollektiv-geschichtliche und zugleich individuelle Angst vor dem Tod als dem sinnlos gewordenen Leben mit ihren Mythen zu bannen. Millionen zogen begeistert in den Krieg, um ihr Leben für eine Idee zu opfern. So hat jede Form von Zeit auch ihren Preis und immer wieder werden wir konfrontiert werden mit Anstößen für die Suche nach Sinn und Werten. Ein lineares Zeitverständnis erfordert von uns Menschen eine unglaubliche spirituelle Bewusstheit und vor allem eine Zusammenhaltekraft, die wir Herzenskraft oder Liebe nennen. Nur dann erfüllen wir sie mit Sinn und vergeuden sie nicht mit toten Werten. Die mythische Zeit wiederum erfordert einen starken Charakter, Selbstständigkeit und innere Freiheit. Nur wer sich aus ihr immer wieder lösen kann,

erkennt im Abstand die Richtigkeit und Wirklichkeit von Sein. Die Einseitigkeit des westlichen Verstandesdenkens, gefördert durch mächtige Industrien, ist ebenso unhaltbar, wie die Forderung einer Rückkehr zum „alten Glauben". In der gemeinsamen Diskussion aber eröffnet sich vielleicht eine neue Perspektive der Sinnsuche und Definition für die gesamte Menschheit.
Die mythische, zyklische Zeit, in der Sein und Bedeuten sich nicht unterschieden, in der das Mysterium Realität war, besaß ein Wort, das ihr Zeitverständnis deutlich widerspiegelt: „Einst". Das Wort „einst" bezeichnete Vergangenheit wie auch Zukunft zugleich, beide Begriffe gehen ineinander über und gleichen der indischen Vorstellung, vom ewigen Rad der Welt, vom Rad des Karma. Zeit bestimmt sich hier durch inhaltliche, schöpferische Gestaltungen, ist ein Kommen und Gehen, eine Offenbarung des rhythmischen Daseins und Werdens. Alles ist in einem solchen Weltbild belebt, ist eine zeitliche Erscheinung des Kosmischen in einer irdischen Gestalt. Dass wir in eine solch schöpferische Dimension der Zeit mit dem Tod wieder eintreten, beschreibt Aniela Jaffe in einem Bericht über C.G. Jungs letzte Jahre:

„In der Tat vollzog sich in den letzten Jahren bei Jung eine Art Rückzug in das innere Reich. Am auffallendsten war eine schon früh eingetretene Wandlung seines Zeitgefühls: bei aller wacher Präsenz im Hier und Jetzt wurde ihm unsere Welt mehr und mehr zu einer sich entfernenden und nur noch quasi existierenden Wirklichkeit. Die Imminenz des Todes und Weltanschauung in conspectu mortis sind in der Tat eigenartige Erfahrungen: Das Gegenwartsgefühl erweitert sich über den Tag hinaus rückschauend in Jahrhunderte der Vergangenheit und vorschauend in noch ungeborene Zukünfte. – Es war, als zöge sich die Seele bereits in den zeit- und raumlosen Geheimnisgrund des Seins zurück, und das gab Jung trotz aller depressiven Augenblicke das Grundgefühl der Heiterkeit."

(Im Umkreis des Todes, Aniela Jaffe, Daimon Verlag Zürich, 1980, S.26)

Wir leben heute in einem Zeitalter des Intellekts, des individualisierten Verstandes und somit unterliegen wir einer linearen Zeitvorstellung. Unser Verstand verknüpft einzelne Teile zu einem sinnvollen Ganzen, zu einer Erfahrung und kann diese wiederum vergleichen mit vergangenen Erfahrungen. Fehlt diesem Verstandesdenken ein Kettenglied an Information, kann es keinen sinnhaften Zusammenhang mehr herstellen. Wie vorher schon erwähnt, knüpft er die Definition von Leben an eine anfassbare, begreifbare Körperlichkeit, wie zum Beispiel auch Farbe und Wärme eines Körpers, an organische Prozesse und an Beweglichkeit. Erfüllt ein Körper das nicht, erscheint er wie tot. In diesem Sinne ist für den Verstand ein Stein etwas Unbelebtes, ein Objekt und ein Körper ohne Wärme und Bewegung ist für ihn tot. Ein Leben ohne Körper gibt es für den Verstand nicht. Er selbst ist an unser Gehirn geknüpft, das als Organ wiederum ein vergänglicher Teil unseres Selbst ist, weshalb es nicht verwundert, dass Philosophen wie zum Beispiel Rudolf Steiner immer wieder dargelegt haben, mit diesem Organ des Denkens ließe sich nur Totes wahrnehmen und alle Denkvorgänge seien in Wirklichkeit „Absterbeprozesse". Der Verstand mit seinem linearen Denken scheint also nicht der geeignete Partner zu sein für die Lösung der Fragen nach Transzendenz und Spiritualität. Der Verstand weiß weder etwas von unserem vorgeburtlichen Leben, so wie er auch nichts wissen kann über das nachtodliche Leben. Denn diese Zustände entziehen sich allen Vorgängen des Isolierens, Herauslösens, Abtrennens, Messens. Fakten sind darüber nicht zu gewinnen. Die Griechen setzten den Gott Chronos oder Saturn, der mit Stundenglas und Hippe ausgerüstet ist, als Symbol für diese lineare Zeitwirklichkeit. Saturn ist der Wächter an der Grenze. Er ermöglicht uns den Weg der konkreten Erfahrung, des konkreten Wissens, der aber stets nur in einer begrenzten, fest umrissenen Welt möglich wird. Daher werden die saturnalen Werte wie Stabilität, Grenze, Ausschließen, Sicherheit, Festhalten, in Besitz nehmen in einem solchen Denken so wichtig. Die Kulturstufe des Ackerbaus, die den Ausbau von festen Werten, Strukturen und Besitz erfordert, entwickelt diesen Weg bis heute.

Wie lässt aber Shakespeare seinen Hamlet sagen: „Es gibt viel mehr auf dieser Welt, als euch euer Verstand je träumen ließe!"

Das zyklische Zeitbewusstsein bleibt erhalten, wenngleich es meist tief verschüttet ruht. Die östlichen spirituellen Wege wurden erschaffen, um wieder Zugang zu diesem Bewusstsein zu erhalten. Es ruht in dem ewigen Kreislauf des Seins und lehrt uns scheinbar Paradoxes, nämlich: „Alles Sein entsteht aus dem Nichts" oder „Aus der ewigen Leere entsteht alle Fülle!". Ganz zu Beginn des Buches habe ich schon einmal jene wunderbare Stelle aus dem Taoteking von Laotse zitiert, die dieses kreisförmige Denken anzeigt und die ich hier nochmals zur Erinnerung zitieren möchte.

„Dreißig Speichen umgeben eine Nabe:
In ihrem Nichts besteht des Wagens Werk.
Man höhlet Ton und bildet ihn zu Töpfen:
In ihrem Nichts besteht der Töpfe Werk.
Man gräbt Türen und Fenster, damit die Kammer werde:
In ihrem Nichts besteht der Kammer Werk.
Darum: Was ist, dient zum Besitz.
Was nicht ist, dient zum Werk."

Laotse (Tao te king, E. Diederichs Verlag, Düsseldorf, 1978, S.51)

Im westlichen Kulturkreis wurde diese Verbindung von Leere und Fülle, von gleichzeitigem Sein von Leben und Tod im Symbol des Ouroboros ausgedrückt, jener Schlange, die sich selbst auffrisst und doch gleichzeitig neu gebiert.

Ouroboros, die Weltenschlange

Fassen wir also nochmals zusammen. Es gibt ein lineares Zeitbewusstsein, das unsere Vorstellung von Welt prägt. Aber in uns verborgen liegt ebenfalls ein anderes Zeitbewusstsein, nämlich das zyklische oder kreisförmige, das weder Anfang noch Ende kennt. Beide sind sie Wirklichkeiten. Betrachten wir die beiden Möglichkeiten von Zeitbewusstsein in der Gegenüberstellung.

Zirkuläre Zeit	**Lineare Zeit**
Kreis	Gerade
Rhythmus, Zyklus	Takt, Pendel
Lebendig variiert	Aneinandergereiht
Fließend	Begrenzt, klar
Unbewusst	Bewusst
Entspannung	Spannung
Hingabe	Dramatik, Schicksal
Form leerend	Form füllend
Wesensbetont	Form-, Werte-, Nutzenbetont
Endlos	Anfang-Ende

Wunderbar können wir die Unterschiedlichkeit beider Zeitvorstellungen in der Musik erleben. Hören Sie doch einmal in einen gregorianischen Choral aus dem Mittelalter hinein. Welche Vorstellung der Zeit werden Sie da hauptsächlich vorfinden? Natürlich die zirkuläre Zeit. Die Zeit in dieser Musik bleibt fast stehen, hat kaum eine äußere Dynamik und Dramatik zu bieten. Menschen, die sehr rational und vorwiegend mit ihrer linken Gehirnhemisphäre arbeiten, werden eine solche Musik als überaus langweilig empfinden, da diese ihnen zu ruhig ist und sie so auf sich selbst zurückgeworfen werden. Aus demselben Grund lehnen viele ja auch die indische Musik mit ihren langen Ragas ab, denn auch die klassische nordindische Musik wurzelt in einem kreisförmigen Denken, was sich schon daran zeigt, dass die Ragas sich an den Tageszeiten orientieren, wie übrigens auch der gregorianische Choral.
Ganz anders dagegen verhält sich die europäische Musik ab der Renaissancezeit, in der ja das moderne wissenschaftliche Denken seinen grandiosen Aufstieg begann und der Fokus sich immer mehr auf das Individuum und den Intellekt richtete. Unterhaltungs- und Tanzmusik florieren, die Musik trennt sich vom Sakralen und das Weltliche gewinnt an Bedeutung. Plötzlich bekommen die linearen Kräfte des Verstandes, also Aufbau, Form, Dynamik und Spannung in der Musik eine ganz große Bedeutung. Der einzelne Ton, das Individuum, erlebt sich in Spannung zum Ganzen, also der Harmonik. Der Verlauf der Musik wird nur vom Leitton geprägt, der eine Art Hochpunkt vor dem Zustande der Erlösung und Entspannung bildet und alles im Musikstück wird plötzlich auf den Schluss, das Ende oder Finale hin orientiert. Es entsteht ein ungeheure Dynamik und Dramatik in der Musik, die in ihrer Spannung im Laufe der Jahrhunderte stets weiter ausgebaut wurde. Das Lineare macht also eine unglaubliche äußere Dynamik möglich und der Hörer mit seinen persönlichen Empfindungen, seinem emotionalen Erleben, steht im Mittelpunkt. Das Kreisförmige dagegen strebt danach, den Hörer in jene tiefe Ruhe oder Stille zu führen, in der das Innere, die Stimme des Göttlichen, hörbar wird.
Hören Sie einmal geistliche Mittelaltermusik und danach eine Sinfonie von Johannes Brahms, da werden sie deutlich den Unterschied zwischen zyklischem und linearem Streben, zwischen Stille und Lautstärke, zwischen Meditation und Dramatik erfahren.

Die verschiedenen Zeitalter

Wir sehen also, dass es keinen absoluten, einzigen Zeitbegriff gibt, sondern die Qualität des Zeiterlebens abhängig ist von unserem Bewusstsein, von unserer Einstellung zur Welt. In der Menschheitsentwicklung gab es nach Ansicht des

Kulturpsychologen Jean Gebser unterschiedliche Zeiterfahrungen, aus denen sich spezifische Zeitalter ableiten.

Zeitalter	Raum/Zeit	Wesen	Bewusstsein
archaisch	Vor Raum und Zeit	Ganzheit	undifferenziert; Tiefschlaf
magisch	raum- und zeitlos	Einheit	Schlaf (Emotion), kräftegebunden
mythisch	naturgebunden	Polarität	Traum (Imagination)
mental	raum – und zeithaft	Gegensatz von Ich und Nicht-Ich	Wachheit (Abstraktion)

Das archaische Zeitalter: Dies ist jene weit zurückliegende Zeit, als der Mensch noch eins mit der Natur war und kein Ich kannte. Er war alles und alles war in ihm. Diese Art Zugehörigkeit bezeichnen wir als Einheit oder Ganzheit. Das wäre ein kreisförmiges Sein, wie es zum Beispiel ein Kind im Mutterleib erlebt. Es herrscht eine vollkommene Identität zwischen Innen und Außen, ein Einssein.

Das magische Zeitalter: Der Mensch erwacht zu einem gewissen Ichgefühl, wird somit selbst zur Einheit und erlebt nun Zeit und Raum als ein von ihm getrenntes Wesen, an dem er über instinktives und rituelles Verhalten teilhaben kann. Dies zeigt sich zum Beispiel in der Orientierung am Lauf des Mondes und der Sonne und den daraus entstehenden Ritualen. Er stellt fest, dass die Kräfte der Welt Einfluss auf ihn haben, er aber auch Kräfte nutzen kann und somit selbst Einfluss ausübt. Die Pubertät trägt durchaus viel von den Zügen dieses Zeitalters und nicht zufällig erscheinen okkultes Interesse und magische, also parapsychologische Begabungen gerade bei Pubertierenden.

Das mythische Zeitalter: Der mythische Mensch erkennt Zeit in den sich wiederholenden Zyklen der Natur, die nie ganz gleich sind. In inneren Bildern versucht er die Kräfte darzustellen, deren äußeres Ergebnis letztendlich die Zyklen sind. Er sieht hinter den äußeren Erscheinungen größere Wesen oder göttergleiche Gestalten, die das Weltgetriebe lenken und deren Spielball er ist. Um ihre positiven Seiten, ihren Segen erfahren zu können, muss er sie gnädig stimmen oder werden wie sie selbst. Während des Erwachsenwerdens, unserem Hineinwachsen in die Strukturen der Welt, unserer Zeit der inneren Formung, können zum Beispiel Lehrer oder Idole zu unseren „Göttern“ werden. Wir ahmen sie nach, um unsere Kräfte entsprechend zu lenken.

Das mentale Zeitalter: Das Messen und Organisieren von Raum und Zeit wird bedeutungsvoll und erzeugt eine kollektive Norm. Gleichzeitig wird aber auch das subjektive Erleben von Zeit wichtiger. Der Mensch wird zum Herrscher über die Kräfte des Weltalls, indem er ihnen ihren Zauber, ihre Magie nimmt und sie in Maß und Gesetz einzwängt. Der erwachsene Mensch unterliegt heute besonders dem Einfluss dieser Kräfte.

Wir können also davon ausgehen, dass Menschen in anderen Zeitaltern ein anderes Zeiterleben hatten und damit Geburt und Tod einen anderen Stellenwert besaßen. Andere Autoren, wie zum Beispiel C. G. Jung oder Marie Louise von Franz schließen sich eher griechischen Philosophen wie Plato an, der ähnlich den Raumdimensionen von verschiedenen Zeitdimensionen sprach. Diese werden in der Vorstellung mit sich unterschiedlich schnell drehenden Rädern verglichen, die spezifische Zeitwirklichkeiten hervorrufen.

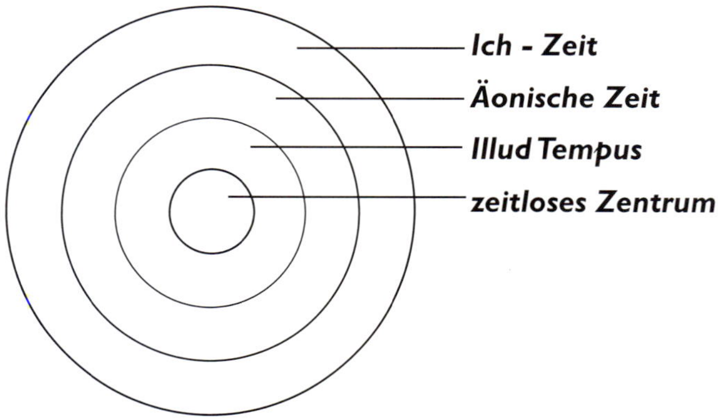

Zeitdimensionen nach Plato

Zeitloses Zentrum: Gleich dem Auge des Zyklons liegt dieser Kreis in der Mitte und bildet die Nabe des Universums. Es ist die göttliche Einheit, die weder Zeit noch Raum kennt. Hier herrscht die Ruhe, das Große Nichts, die unendliche Leere, die Ewigkeit allen Seins und doch entstammt die ganze Schöpfung diesem Kreis. Es ist die Leere, die alle Fülle in sich birgt.

Illud Tempus: Zwischen der innersten „Nicht - Zeit" und der Zeit, liegt jener zeitlos lange Augenblick der Schöpfung, in der die archetypischen Urbilder aller Dinge und Handlungen erschaffen wurden. Es ist eine Art „außerzeitliches Urmuster des Seins". Sie bleiben immer erhalten. Die irdischen Nachbildungen dieser Archetypen dagegen sind dem zeitlichen Zerfall unterworfen. Durch Erzählungen der Schöpfungsmythen und Wiederholen der Rituale kann der Mensch diese Urbilder immer wieder erneuern.

Äonische Zeit: Dieses Zeiterleben entspräche wohl dem kreisförmigen oder zyklischen. „A-I-U“ sind die sprachlichen Urlaute des Menschen. Das „A“ gleicht dem Öffnen, entspricht daher dem Frühling, während das „I“ als hellster Vokal für den Sommer steht. „Das „U“ beschließt als dunkelster Vokal das Jahr und steht für den Winter. „A-I-U“ bedeutete im Indogermanischen „lange Zeit, Leben, Ewigkeit“. Im Indischen ist „ayu“ oder „ayus“ das Leben selbst oder die Lebenskraft und im Griechischen bedeutet „aion“ so viel wie „Lebenszeit, Ewigkeit“. „A und O“ bilden das Erste und Letzte, den Gesamtzeitraum der Offenbarung des göttlichen Lebens als Schöpfung. Das Aion kann mit den 25920 Sonnenjahren in der babylonischen Astrologie verglichen werden, der Weltzeit, wenn nämlich der Frühlingspunkt durch alle Tierkreiszeichen gewandert ist und der „Gottessohn“ wieder an der gleichen Stelle des gleichen Sternbildes im gleichen Tierkreiszeichen aufgehen wird. Es ist für uns ein unvorstellbar langer Zeitraum, in der Zeit und Ewigkeit sich verwischen.

Ich-Zeit: Dieses Rad dreht sich am schnellsten und steht für die menschliche Zeit.

Aus dem Vorherigen wird ersichtlich, dass es ganz unterschiedliche Zeitebenen gibt, in die wir eintreten können. Haben wir beim Sterbeprozess das Zurückziehen von der äußeren auf die inneren Ebenen erwähnt, so bedeutet dies auch ein Zurückziehen unseres Bewusstseins aus dem Kreis der Ich-Zeit in eine größere Zeiteinheit, die Plato als den äonischen Zeitkreis bezeichnet. Wir verlassen also nicht nur die Dimensionen des festen Raumes, um in eine feinstoffliche, ätherische Dimension, in einen neuen Zustand einzutreten, wir treten auch in eine andere Zeit-Wirklichkeit ein. Bei der Geburt erfahren wir die Umkehrung des Prozesses. Daher ist die „Tunnelerfahrung“ beim Sterbeprozess nur zu verständlich, um von dem einen Kreis zum nächsten zu gelangen, denn dort wo Weite und Enge sich begegnen, entsteht der Strudel, die Spirale.

Der „durchschnittliche“ Mensch bleibt in der Ich-Zeit gefangen, aber ein spirituell erwachter Mensch und ein Medium können sich, obgleich noch im Körper gefangen, in eine andere Raum- und Zeitdimension versetzen, weshalb scheinbar Außergewöhnliches möglich wird. Ein Medium durchläuft in gewisser Weise bewusst diesen steten Wechsel der Zeitebenen, wie diesen der gewöhnliche Mensch sonst nur bei Geburt und Tod vollzieht.
Das qualitative Zeiterleben scheint eng an die Ausrichtung unseres Willens, an seine Absicht gebunden zu sein. Wenn wir uns zur Geburt entschließen, dann

richtet sich der Fokus unseres Willens oder Begehrens auf die Welt der Materie. Es entsteht eine Anziehungskraft, ein Streben, das uns in die irdische Zeitqualität bringt. Das Ablösen aus dieser Welt geschieht dann, wenn wir den Fokus unserer Ausrichtung wieder ändern, wenn unser Wille wieder in das Reich der Seele strebt. Über die Ausrichtung unseres Bewusstseins setzen wir „Zeit" in Bewegung.

Alice A. Bailey beschreibt ihre Definition von Zeit mit folgenden Worten:

„Das Gefühl der Zu- oder Abneigung bedeutet nichts anderes, als dass die bewusste Wesenheit einer atomaren Form gewahr wird, deren Schwingung in ihr magnetisches Feld eintritt, und dass sie diese Form nach dem Gesetz ihres eigenen Daseins entweder anziehen oder abstoßen muß.
Wir können demnach „Zeit" als einen Betätigungsvorgang oder eine fortschreitende Entwicklung betrachten, in der das innewohnende Bewußtsein seinen Gegenpol sucht und dabei unter das Gesetz der Anziehung gerät."
(Alice A. Bailey „Eine Abhandlung über kosmisches Feuer", Lucis Verlag Genf, S.342)

„Zeit" ist also etwas, was aus dem Leben selbst heraus entsteht, aus dem Spannungsfeld zwischen unserem irdischen Selbst und unserem geistigen. Auch im Alltagsleben können wir dies erfahren. Dort erzeugen Punkte, die in der Zukunft liegen, über ihre Anziehungskraft die Dynamik der Zeit. Der vom Zeitpunkt ungewisse, aber sichere Tod, der in der Zukunft irgendwo lauert, ist ein ebenso mächtiger Anziehungspunkt, der unser Leben dynamisiert. Spirituelle Schulungen versuchen daher ja den Menschen von der Dynamik der linearen Zeit abzuziehen, um ihn in sein kreisförmiges Bewusstsein hineinzubringen, das der zyklischen Zeit zugehört. Ziehen wir uns einige Wochen ins Kloster zurück, so erleben wir einen Rückgang dieser Dynamik zugunsten anderer Qualitäten.

Ganz ähnlich definieren auch andere Autoren die Zeit als Ergebnis einer Polarität. Der Wissenschaftler J.T. Fraser bezeichnet die Zeit als „Konflikt", der Theologe Nikolaus von Kues „Zeit" als „Koinzidenz von Gegensätzen". In etwa können wir das nachvollziehen, wenn wir daran denken, wie unterschiedlich wir Zeit erleben können. Wenn ein Mensch zum Beispiel mit einem Gipsbein im Bett liegt, so wird der Austausch mit der Welt eingeschränkt und die Zeit scheint in solcher Verfassung unendlich langsam zu vergehen. Aber sein Wille ist auf die äußere Welt gerichtet, die Anziehungskraft dorthin also stark, weshalb dann große Unruhe und Gereiztheit eintreten können. Ist ein Mensch mit seinem ganzen Sein begeistert im lebhaften Austausch mit der

Welt, dann scheint die Zeit sehr schnell, oft zu schnell zu vergehen. Für einen verliebten Menschen scheint es Augenblicke zu geben, während deren die Zeit förmlich stehen zu bleiben scheint, da die Polarität für einen Moment aufgehoben ist. Spirituelle Schulungen nutzen den Zusammenhang von Bewusstsein und Zeit. Über die Veränderung der Ausrichtung des Bewusstseins verändert sich die Qualität der Zeit.

Zeit und Synchronizität

Die ganze Erde und unser ganzes biologisches Sein wird von Zeiten, Zyklen und Rhythmen bestimmt, wobei der Polarität Licht – Schatten die größte Bedeutung zukommt. Auch die verschiedenen Teile unseres Ichs unterliegen ganz unterschiedlichen Zeitläufen und Rhythmen, die alle ihre eigene Wirklichkeit haben. Der physische Körper selbst hat seine Zeit, nämlich den Biorhythmus, der besonders stark vom Verhältnis Tag – Nacht beeinflusst wird. Wird der menschliche Körper mit einem Flugzeug auf einen anderen Kontinent transportiert, muss sich seine Körperzeit zwangsläufig der neuen anpassen, was bei manchen Menschen leichter vonstatten geht als bei anderen. Unser Ätherkörper hat seine eigene Zeit, die so wunderbar in der Meridianuhr der Akupunkturlehre dargelegt ist und die wiederum auch stark mit den Zyklen der Atmosphäre und des Erdmagnetfeldes zusammenhängt. Unabhängig von dem Zeiterleben unseres physischen Körpers kann unser „Emotionalkörper" in einer ganz anderen Zeit leben. Er ist nicht unbedingt gebunden an die Rhythmen der äußeren Natur und kann unabhängig davon agieren.

So kann das Gefühlsleben eines Menschen ja weit hinter dem tatsächlichen Alter seiner Physis zurückliegen oder auch umgekehrt. Ein Schockerlebnis oder Trauma kann einen Menschen einfrieren auf einer bestimmten Zeitstufe seines Lebens. Manche Menschen sind frühreif, andere altklug, andere brauchen mehr Zeit, andere wiederum leben hauptsächlich in der Vergangenheit und wieder andere streben stets weit voraus in die Zukunft. Manche Menschen handeln noch im reiferen Alter nach Gefühlsmustern, die sie in der Pubertät zum Beispiel festgelegt haben. Es ist nicht einfach zu sagen, wann ein Mensch eigentlich wirklich auf all seinen Ebenen im Hier und Jetzt ist. Unsere Emotionen werden stark von jenen Zyklen beeinflusst, die vom Hormonsystem gesteuert werden, wie auch umgekehrt unsere Emotionen das Hormonsystem beeinflussen.

Schreiten wir weiter zum Zeitverständnis unseres Denkvermögens, das noch weit unabhängiger ist, als das unseres Gefühlslebens. Hier gilt es sich vorzustellen, was es braucht, damit ein Mensch zu einem bestimmten Zeitpunkt mit bestimmten Dingen im Leben zusammentrifft, die ihn prägen und mit denen er vielleicht sogar sein zukünftiges Schicksal teilt. Diesen Vorgang könnten wir als eine Art „biographische Zeit" bezeichnen, die uns als Einzelperson in Kontext stellt zum Ganzen.
Wir sehen also, dass es viele Zeit-Wirklichkeiten in uns gibt.

Die unseren Energieebenen entsprechenden Zeiten nochmals im Überblick:

1. Körper – Biorhythmus
2. Ätherkörper – Meridian- und Organuhr
3. Emotionalkörper – Befindlichkeiten, Hormonzyklen, kosmische Zyklen
4. Mentalkörper – Biographische Zeit
5. Seele – Unendlichkeit, zeitlos

Unzählige verschiedene Funktionskreise im Zusammenhang mit der Zeit muss unser Körper und unser Ich in sich selbst abstimmen und diese dann wiederum mit den Rhythmen der Außenwelt. Es greifen also so viele verschiedene Rhythmen und Zyklen in unser System ein, dass es uns verwundert, wieso sich kein Chaos einstellt.
Es muss also in uns etwas geben, das man einen Zeit-Organismus nennen könnte. Rudolph Steiner hat denn auch die ursprünglichen fünf Sinne erweitert auf zwölf, wobei der „Zeitsinn" einer dieser Sinne ist. Nur so ist es überhaupt denkbar, dass die verschiedenen Wechselwirkungen in eine Synchronizität und Abstimmung gebracht werden können. Wenn es also einen

ordnenden Zeitorganismus in uns gibt, so erhebt sich die Frage, ob dieser ebenfalls mit den Zeitorganismen anderer Menschen, die uns in unserem Leben begegnen, synchronisiert ist. Und ist unser Zeitorganismus sogar noch synchronisiert mit Rhythmen, die die Nation betreffen oder die Epoche, in der wir leben? Dies muss ja so sein, wie könnten wir sonst jemanden oder etwas begegnen, der oder das eine Bedeutung für uns hat! Beschäftigt man sich mit der Biographie von Menschen und der Geschichte überhaupt, so kommt man ebenfalls zu diesem Schluss. Denn was im Moment des Geschehens wie Zufall aussieht, zeigt sich im Gesamtkontext eines Lebens oder einer Geschichte als überaus sinnvoll und passend. Es scheint also eine Art „kosmische Uhr" zu geben, auf die alle Rhythmen und Zyklen überhaupt abgestimmt sind und dies bestätigt wiederum, dass es eine kosmische Intelligenz außerhalb unseres Alltagsbewusstseins gibt, die uns zu den Erfahrungen unseres Lebens lenkt. Es gibt Zeiten, da sind Dinge im Leben möglich und es gibt andere Zeiten, da sind sie es nicht. Zufall und Schicksal bekommen so eine neue Bedeutung.

Der Zufall, also das Nichtgewusste und Nichtgeplante, das nicht der linearen, analytischen, deduktiven Gesetzmäßigkeit unterliegt, hat ja eine größte Bedeutung in unserem Leben, er ist ein Lehrmeister. Wir lernen per Zufall jemanden kennen, und es ist die große Liebe. Wir geraten durch Zufall in eine Vorlesung, die wir von uns aus nie geplant hätten zu besuchen und wir sind vielleicht fasziniert von dem Thema, das von da ab unser Leben bestimmt, ihm eine neue Richtung gibt.

Es scheint also Gesetze zu geben, die Umstände und Ereignisse in unserem Leben mit anderen synchronisieren, so dass etwas möglich wird, was unser Verstand nicht vorausberechnen kann und den wir bis jetzt „Zufall" nennen. C. G. Jung hat über das Wesen der Synchronizität ausführlich geschrieben und betont darin die psychische Relativität von Zeit und Raum. Alles Geschehen erweist sich als Geschehnis sinngemäßer Koinzidenzen, also was womit zusammenzutreffen beliebt. Synchronizität ist nach Jung ein „sinnvolles zeitliches Zusammentreffen eines inneren mit einem äußeren Ereignis, ohne dass diese zwei Ereignisse kausal voneinander abhängig sind."

William Bryant schreibt im gleichen Sinne:

„Die Synchronizität dirigiert die unbewussten Impulse unseres Willens,
die uns zur richtigen Zeit an den richtigen Ort führen,
damit wir auf das Ereignis treffen, das uns verändern wird."

(W. Bryant, Der verborgene Puls der Zeit, Vlg. Die Pforte, Dornach 1997)

Betrachtet man die Welt, so könnte man der Meinung sein, es gebe Millionen in Körpern isolierter Bewusstseinseinheiten, die alle sich bemühen, der vielen Eindrücke und Einflüsse Herr zu werden und die versuchen, so gut es geht ihr Leben zu führen. Dieses Gefühl der Isolierung, das etwas von Lebensillusion und Sinnlosigkeit hat, kann sich verändern, sobald wir eine Verbindung zu den vielen anderen Leben herstellen und feststellen, dass es da Berührungspunkte und Gemeinsamkeiten gibt. Erst dann wird unsere bescheidene Lebensgeschichte zum Bestandteil jener allumfassenden Biographie, die die Menschheit und die Erde schreiben. Erst die Synchronizität gibt uns ein Gefühl der Zugehörigkeit zum ganzen Universum, so wie es die Menschen des Altertums in sich erlebt hatten. Sie hatten ja die religiösen Feste und Feiern genauestens abgestimmt mit den großen kosmischen Rhythmen, die sie im Jahreslauf abgebildet sahen. Zu solchen Zeitpunkten kamen sie in Kontakt mit den größeren Kreisläufen des Kosmos und konnten damit in Kontakt mit höheren Wesen kommen. Daher hatte der Tod auch einen anderen Stellenwert, er war nur eine der vielen Stufen auf dem Weg zurück zur göttlichen Einheit, zur Ewigkeit.

Die Zeit ist weiblich

Die Zeit galt als Mutter aller Dinge, denn sie erschafft ihre Kinder und verschlingt sie aber auch wieder. Alles kommt aus der Mutter und kehrt in sie zurück. In den frühen Kulturen wurde die Zeit daher von Frauen verkörpert. Interessant ist nun, dass die Zeit damals durch drei Elemente oder Qualitäten verkörpert wurde, also eine trinäre Zeitvorstellung herrschte und nicht wie heute ein binäre.
Im antiken Griechenland finden wir die Zeit dargestellt in den drei Schicksalsgöttinnen, den Moiren:

Klotho – spinnt den ewigen Faden des Lebens,
Lachesis – bestimmt die Länge, also die abgemessene Zeit
Atropos – die Unabwendbare, schneidet ihn ab.

Es gibt bildliche Darstellungen dieser drei Damen: Klotho sitzt am Spinnrad, Lachesis zeigt auf den Globus und Atropos zeigt die Stunde der Sonnenuhr. Somit gibt es also drei Zeitringe, die sich gegenseitig durchdringen und das Weben des Fadens erinnert zudem stark an die indische Vorstellung von der Sutratma, dem Lebensfaden (s. Kapitel 5.1.1)

Atropos	Das lineare, endliche, vergängliche Zeiterleben. Schritte des Lebens.	Lebensfaden in der Milz
Lachesis	Das ganzheitliche, kreisförmige Zeiterleben, das ganze Leben	Lebensfaden im Herzen
Klotho	Das kosmische, solare Zeiterleben. Seelenleben	Lebensfaden an der Spitze des Scheitels

Solange wir das Leben linear sehen, als einen Verlauf von unwiederbringlich abgehakten Schritten oder Teileinheiten, wird Atropos über uns herrschen. Schaffen wir es, ein ganzheitliches Erleben zu erreichen, in dem jeder Augenblick vollkommen ist, so erleben wir Zeit als einen Weg der fortschreitenden Ganzwerdung und Vollendung. Die Entwicklung von Bewusstsein und Wahrheit des Herzens zielt darauf ab. Lachesis regiert diese Zeit eines ganzen Lebens. Alle zusammengesetzten Wesenheiten, zu denen wir auch gehören, zerfallen irgendwann. Wenn wir es schaffen, unser Bewusstsein von allen veränderlichen, zusammengefügten Erscheinungen abzuziehen, so erreichen wir die allumfassende Einheit und treten in die Zeit Klothos ein. Die Schulung von solarem Bewusstsein, die „Einweihung oder Erleuchtung“ zum Ziel hat, schlägt diese Richtung ein.

In der germanischen Mythologie finden wir als Pendant die drei Damen als Urd (Entstehen, Quelle), Verdandi (Werden, Sein, Gegenwart) und Skuld (Vergehen, Zukunft). Dies entspricht auch unseren drei großen Erkenntnismöglichkeiten: Instinkt (Unter- und Körperbewusstsein) – Intellekt (Verstandesbewusstsein) – Intuition (Über- oder Seelenbewusstsein). Der Instinkt ist ein Ergebnis unserer Erfahrungen als Menschen aus einer langen Vergangenheit und ist inzwischen unter die Bewusstseinsschwelle gesunken, weshalb Instinkt für uns nicht greifbar ist. Er arbeitet von unserem Körperbewusstsein aus und wir sagen auch „aus dem Bauch heraus spüren und handeln“. Wir heutigen Menschen befinden uns auf der Stufe des Intellekts. Die Intuition als geistige Kraft ist dagegen erst in ihren Ansätzen entwickelt und liegt noch in der Zukunft, oberhalb unseres Alltagsbewusstseins.

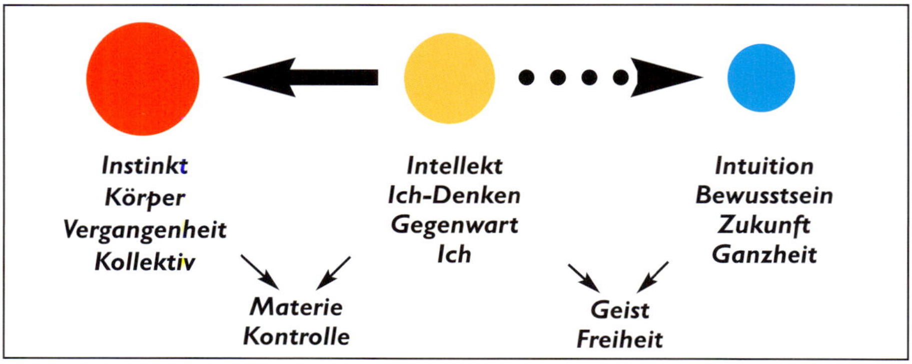

Vom Instinkt zur Intuition

Im Moment sind wir vor allem auf unseren Intellekt konzentriert, da er uns Zeit und Raum anhand von Lage und Bewegung rein körperlich erleben lässt. An diese objektive Erfahrung binden wir die Realität des Seins. Der Instinkt stellt dem Intellekt fertige Muster bereit, die auf vergangener Erfahrung, sei sie kollektiv oder persönlich erworben, beruht. Diese Werte- und Reaktionssysteme sind in unserem Körper abgespeichert. Der Intellekt erfasst neu ankommende Impulse, gleicht sie mit diesen Mustern ab und bewertet sie. Alles wird aussortiert, was unangenehm, schmerzhaft oder verunsichernd wirkt. So entwickeln sich unsere Lebenshaltung und persönliche Charakteristik, woraus auch unsere Lebensplanung erwächst. Nun gibt es aber jene X-Faktoren in unserem Leben, die nicht vorhersehbar und als rein zufällig erscheinen und die doch unsere ganze verstandesmäßige Planung über den Haufen werfen können. Es sind die Kräfte unserer Seele, die allein das Ziel unserer Reise kennt und deren Impulse wir nicht bewusst erfassen können, solange wir rein auf das Materielle, Objektive konzentriert sind. Jene Kraft, mit der wir so etwas Ganzheitliches wie die Seele erfassen können, nennen wir Intuition. Sie ermöglicht uns inneres Wachstum und ist mit der bewussten Synchronisation von Zeit beschäftigt.

Die folgende Tabelle zeigt die drei Bewusstseinszustände, nämlich das körperliche, persönliche und seelenhafte Bewusstsein und ihre Entsprechungen.

Seele	**Persönlichkeit**	**Körper**
Zukunft	Gegenwart	Vergangenheit
Intuition	Intellekt	Instinkt
Ganzheitliches Bewusstsein	Biographie	Objektive Form
Kreisförmige Zeit	Lineare Zeit	Punktuelle Zeit
Skuld	Verdandi	Urd

Und mit dieser Vorstellung einer Dreiheit unseres Seins werden wir der Wirklichkeit viel gerechter, die nur zum Teil im Linearen existiert. Irgendetwas in uns gibt es, irgendeinen X-Faktor, den unser linear planender Verstand nicht berechnen kann, etwas, das tief in uns verborgen ist und unsere Entwicklung ganz entscheidend mitgestaltet. Irgendetwas reift da wie ein Samenkorn in den verborgenen Tiefen unserer Seele und wird zur rechten Zeit durch einen Strahl von außen zum Leben erweckt. Plötzlich ist es da, überraschend und unvorhersehbar. Arthur Koestler hat das auf seine Weise sehr schön formuliert:

„Ich habe schon immer geglaubt, dass es in der Verwaltung der göttlichen Vorsehung eine Sonderabteilung gibt, die nur dafür zuständig ist, dass einem Leser genau zum richtigen Zeitpunkt das richtige Buch in die Hände kommt."

Zeit und Wahrnehmung sind also eng verknüpft. Ändern wir unser Bewusstsein und damit die Wahrnehmung, treten wir in ein anderes Zeiterleben ein. Damit verändern wir auch unseren inneren Zugang zum Wesen des Lebens und des Todes.

6.1.1 Übungen

zum Thema Zeit

Jede gute spirituelle Schulung enthält stets auch Übungen, die Faktoren wie Zeit und Rhythmus beinhalten. In unserem Körperorganismus ist es vor allem der Atem, der uns mit diesen verbindet. Rhythmische Atemübungen sind daher eine wichtige Grundlage, die uns eine Kontrolle über den Atem und somit auch über unsere Zeit geben. Östliche Schulen lehrten von jeher, dass die Lebensdauer eines Menschen an die Art seines Atmens gebunden ist. Richtig zu atmen verlängere daher das Leben. Aber es gibt auch noch andere Übungen oder Meditationen, die uns helfen können, zu einem zyklischen, kreisförmigen Denken zu kommen. Die folgenden kleinen, aber sehr wirkungsvollen Übungen, mögen dies veranschaulichen.

1) Atem-Übungen

Es gibt überaus viele unterschiedliche Atemlehren und Richtungen, weshalb es an dieser Stelle vermessen wäre, eine Übung herauszunehmen. Jeder suche am besten nach einer Atemschulung, die für ihn angemessen scheint. Ich persönlich halte das Singen für die einfachste, gesündeste Methode der Atemschulung, die ohne großen intellektuellen Überbau auskommt. Jeder kann singen, gleich was ihm Lehrer früher auch gesagt haben mögen und für jeden steht Chorsingen offen.

2) Der Kreis des Alltags

Wir leben heute schon fast nicht mehr linear, sondern punktuell, also von Termin zu Termin. Das Kreisförmige des Tages kann aber wieder mehr in unser Bewusstsein kommen, wenn wir entsprechend üben. Wir sollten uns drei Fixpunkte am Tag einrichten, an denen wir üben.

- ✫ **Am Morgen: Beginne die Einstimmung in den Tag, indem Du den wunderbaren neuen Tag begrüßt. Suche Dir ein Leitmotiv, ein Motto, einen schönen Gedanken, der Dich durch den Tag begleiten soll. Meditiere über diesen Gedanken, indem Du Dich ganz mit ihm ausfüllst. Eine solche Meditation kann im Stehen, Sitzen oder Gehen (zum Beispiel durch den Garten) abgehalten werden. Die Morgenmeditation greift die noch vom Schlaf langsamere Schwingung unseres Denkens (Alphawellen) auf und erschafft eine Art Lichtstrahl, der Dich durch den Tag leitet, Wegweisung und Hilfe ist. Sie erschafft eine bestimmte Schwingung oder Qualität, die den Tag prägen wird. So wird der Anfangspunkt des Tages geschaffen.**

- ✯ **Zu Mittag: Halte kurz inne und erinnere Dich an die morgendliche Meditation, an Deinen Gedanken. Schaue, wie er sich bis jetzt ausgewirkt hat. Verstärke ihn nochmals. Atme gut ein und aus.**
- ✯ **Am Abend: Mit der abendlichen Meditation betrachte in der Rückschau den Tag. Welches waren die wirklich wichtigen Erfahrungen, vom Blickpunkt Deiner Seele aus, im Laufe des Tages? Betrachte dabei Deinen Tag wie ein Zuschauer. Die Essenz dieser Rückschau ist das Samenkorn für den Schlaf und damit für den neuen Tag.**

3) Bewusstes Musik-Hören

Die Musik ist eine Kunst in der Zeit, da sie Verlauf und Gleichzeitigkeit besitzt. Daher vermittelt uns Musik die unterschiedlichen Qualitäten von Zeit.

- **Höre zunächst einmal für eine festgesetzte Zeitdauer Musik von J. S. Bach (zum Beispiel Brandenburgisches Konzert, Cembalokonzert, Orgelwerk) oder ein Werk von W. A. Mozart (zum Beispiel eine Sinfonie, Klarinettenkonzert etc.).**
- **Danach höre bewusst einmal mit genau derselben Zeitlänge in die gregorianische Musik oder in den langsamen Teil eines indischen Ragas hinein. Werde Dir der unterschiedlichen Qualität der Zeit bewusst.**

4) Meditation: „ Die Sanduhr“

Setze Dich bequem, so dass Du nicht auf Deinen Körper achten musst. Atme gleichmäßig und ruhig. Eine leichte Entspannungsmusik im Hintergrund mag hilfreich sein. Achte auf das Ein- und Ausatmen. Dann zähle ganz langsam und bewusst von zehn an abwärts. Wenn Du bei der I angekommen bist, sage Dir: „Ich befinde mich jetzt in einem entspannten Zustand, auf einer tieferen Ebene meines Seins, und das ist gut so!“
Genieße diese tiefere, entspannte Ebene. Dann stelle Dir innerlich eine alte, große Sanduhr vor. Erschaffe Dir in allen Details das Gehäuse und den Sand, der sich in der unteren Hälfte befindet. Die obere Hälfte ist leer. Wie fühlt sich das von außen betrachtet an? Welche Gefühle und Gedanken entstehen dabei? Meditiere darüber!
Dann drehe die Sanduhr um, so dass die obere Hälfte nun die volle ist. Der Sand strömt jetzt nach unten. Wie fühlt sich dies an? Versuche jetzt eins mit dem Sand zu sein, selbst zum Sand zu werden, der Dein irdisches Ich verkörpert. Dein Leben rieselt mit der Zeit herab und die obere Hälfte leert sich nach und nach. Welche Gefühle steigen auf? Irgendwann bist Du vollkommen in der unteren Hälfte angelangt. Dann stell Dir vor, wie eine unsichtbare „göttliche“ Hand die Sanduhr wieder umdreht und Du befindest Dich wie der Sand wieder oben und das Spiel beginnt aufs Neue. Meditiere über deine Erfahrungen und Eingebungen.

6.2
Die Lebenszyklen

„Die ganze Welt ist Bühne
Und alle Fraun und Männer bloße Spieler,
Sie treten auf und gehen wieder ab,
Ein Leben lang spielt einer manche Rollen
Durch sieben Akte hin. Zuerst das Kind,
Das in der Wärtrin Armen greint und sprudelt;
Der weinerliche Bube, der mit Bündel
Und glattem Morgenantlitz wie die Schnecke
Ungern zur Schule kriecht; dann der Verliebte,
Der wie ein Ofen seufzt, mit Jammerlied
Auf seiner Liebsten Brau`n; dann der Soldat,
Voll toller Flüch` und wie ein Pardel bärtig,
Auf Ehre eifersüchtig, schnell zu Händeln,
Bis in der Mündung der Kanone suchend
Die Seifenblase Ruhm. Und dann der Richter,
Im runden Bauche, mit Kapaun gestopft,
Mit strengem Blick und regelrechtem Bart,
Voll abgedroschner Beispiel, weiser Sprüche,
Spielt seine Rolle so. Das sechste Alter
Macht den besockten hagern Pantalon,
Brill` auf der Nase, Beutel an der Seite;
Die jugendliche Hose, wohl geschont,
'ne Welt zu weit für die verschrumpften Lenden;
Die tiefe Männerstimme, umgewandelt
Zum kindischen Diskante, pfeift und quäkt
In seinem Ton. Der letzte Akt, mit dem
Die seltsam wechselnde Geschichte schließt,
Ist zweite Kindheit, gänzliches Vergessen,
Ohn` Augen, ohne Zahn, Geschmack und alles.“

William Shakespeare

Wer könnte den Lebenslauf besser auf den Punkt bringen, als ein genialer Schriftsteller wie William Shakespeare? Er besaß ein ungeheuerliches Wissen und eine scharfe Beobachtungsgabe. Sein Abriss der sieben Lebensalter des

Menschen ist überaus heiter und komisch, aber es stellt sich beim Lesen doch auch eine gewisse Nachdenklichkeit ein. Ich bin sicher, es gibt keine geringe Anzahl von Menschen, die im Alter mithilfe ihres Verstandes ihr Leben auf sein Material hin überprüfen und zu dem Schluss kommen: „Sollte das wirklich schon alles gewesen sein?" In der Tat glichen sich in alter Zeit sicherlich die Lebensläufe in ihrer Routine mehr als heute und doch, es gibt Zyklen im Leben oder „Akte", wie es Shakespeare nennt, die bestimmte Energien und Erfahrungen auf kollektiver Basis zu vermitteln scheinen. Shakespeare nimmt hier 7x10 Jahre als Grundlage des menschlichen Lebens, was in etwa der allgemeinen Struktur des menschlichen Lebens entspricht, der die altersgemäßen Phasen der individuellen Entwicklung zugrunde liegen. Aber Shakespeare war auch im esoterischen Wissen seiner Zeit bewandert und besaß grundlegende Kenntnisse von der Astrologie.

Eine der ältesten und wie ich finde auch eine der grundlegendsten Wissenschaften, die das Wesen der Zeit und der Zyklen untersucht, ist eben die Astrologie. Die Astrologie verknüpft den Lebenszyklus des Menschen mit den vielen anderen Zyklen im Kosmos. Der Lebenslauf ist eingebettet in Rhythmen und Schwingungen, zeigt sich als unterschiedliche Stufungen, mittels derer wir auf etwas Größeres hinwachsen. Für mein Verständnis von „Lebenszeit" war die Astrologie überaus hilfreich. Sie hat meine Einstellung zur Zeit, zum Leben und zum Tod verändert, die vorher nur das Willkürliche, Zufällige sah und so jede Sinnfindung unterband. Die Astrologie betrachtet alles Sein als ein unendliches Kreisen. Gleich einer Kette verknüpft sich ein Zeitkreis mit dem nächsten. Füge ich einen Kreis an einen anderen, so erhalte ich die Form einer liegenden Acht, dem Symbol des unendlichen Lebens und der Integration allen Seins.

In der Astrologie spielen ganz verschiedene Zyklen eine Rolle, die alle in Verbindung zur Umlaufzeit der Planeten stehen. Alle diese Zyklen haben mit dem Thema „Integration" zu tun. Jeder Zyklus lässt uns auf etwas hinwachsen, was am Endpunkt eine Transzendierung unserer Kräfte möglich macht, so dass wir uns auf einem nächsthöheren Kreis wiederfinden. Einen der wichtigsten Zyklen möchte ich hier vorstellen, nämlich den 7-Jahre-Zyklus. Durch die Biologie haben wir bestätigt bekommen, dass sich alle sieben Jahre das Zellenleben des Körpers vollständig regeneriert. Die Sieben war stets die Grundzahl des Lebens, seiner Kräfte oder Qualitäten und seiner Ordnung. Wir haben sieben Wochentage, sieben Grundfarben, sieben Ganztöne, sieben Planeten nach der alten Astrologie.

Der Astrologe Dane Rudhyar nimmt die Umlaufzeit des Uranus als maßgebenden Zyklus für die irdische Lebensspanne eines Menschen, denn Uranus ist der erste Planet jenseits unseres Sonnensystems. Saturn begrenzt die irdische Welt, die irdische Lebensdauer, steht für die begrenzte Individualität, während Uranus ein „Transsaturianer" ist, also etwas, was außerhalb der festen Welt liegt. In Uranus begegnen wir der Transzendenz, der größeren Ganzheit. Somit ist die Schwelle von Saturn zu Uranus das, was wir als Tod erfahren und Saturn (Chronos) war stets der Begrenzer der Zeit, die Gestalt mit Stundenglas und Sense oder auch der Hüter der Schwelle, der am Tor zwischen der irdischen Raum-Zeit-Struktur und dem Himmel wacht. Die Umlaufzeit von Uranus durch den Zodiak beträgt etwa 84 Jahre und in dieser Zahl liegen andere wichtige Planetenzyklen verborgen. So beträgt der Jupiterzyklus zwölf Jahre und in sieben Stufen (7x12=84) vollendet er die Umlaufzeit des Uranus. Der für das persönliche Schicksal so wichtige Zyklus des Saturns beträgt im Durchschnitt in etwa 28 Jahre und in drei Stufen (3x28=84) vollendet er die Zeit des Uranus. Gerade der Zyklus des Saturns, dem Herrn der irdisch bemessenen Zeit, teilt unser Leben in drei ganz große Abschnitte oder Stufen, in der unser Selbst lernt, sich seine drei Bewusstseinsebenen zu erobern, um mit ihrer Hilfe Erfahrung und Erkenntnis zu sammeln:

1. – 28. Lebensjahr *Vergangenheit*
Genetik, Erbe, Tradition, Herkunft, Einfluss der Umwelt, Aufbau des eigenen Ichs
Aneignung des physischen und emotionalen Körpers. Entwicklung des Verstandes oder Intellekts, der zum unteren Bereich des Mentalkörpers gehört.

28. – 56. Lebensjahr *Gegenwart*
Ausbau der Individualität und Persönlichkeit, Ich-Verwirklichung, Ausstrahlen in die Umwelt.
Aneignung des höheren Mentalkörpers (übergeordnetes, abstraktes Denken).

56. – 84. Lebensjahr *Zukunft*
Ernte, Essenz des Lebens, Auswertung, das Wesentliche, über den Tod hinaus reichende Ziele und Werte, Weitergabe von Erfahrung an die Gemeinschaft, Spiritualität, Transzendierung der eigenen Welt, Vorbereitung für die nächste Welt
Aneignung des spirituellen Selbst oder Überselbst (Sinnsuche, Lebensweisheit).

1. – 28. Lebensjahr	28. – 56. Lebensjahr	56. – 84. Lebensjahr
Inkarnationsphase	Selbstverwirklichungsphase	Exkarnationsphase
Ergreifen des Körpers u. seiner Funktionen. Hineinwachsen aus dem Spirituellen ins Körperliche. Ausbildung der Emotionen und des Verstandes. Finden der eigenen Persönlichkeit	Ausbau und Festigung persönlicher Qualitäten, Werte, Konzepte, Ideale und Stil. Aufbau von Eigenem. Schärfen der eigenen, unverwechselbaren Charakteristik	Die Essenz des Lebens, Reife, Weisheit, dauerhafte, überpersönliche Werte, Sinn, Philosophie, Spiritualität, das Jenseits. Hinauswachsen aus dem Körperlichen ins Spirituelle hinein
Familie, Freunde Das persönliche Ich Gesellschaft	Gesellschaft Das soziale Ich	Gemeinschaft Das kosmische Ich
Das Weiche, Ungeformte	Das Harte, Feste, Formende	Das Milde, sich der Form Entziehende
Ausprobieren, Handeln	Wollen, Erschaffen, Gestalten	Wissen, Erfahrung, Weisheit
Aussicht	Umsicht	Einsicht
Ins Leben treten	Leben ausfüllen	Leben erfüllen

Ich denke, dass Geburt und Tod keine abstrakten Zeitpunkte sind, die vom ersten und letzten Atemzug aus gedacht werden können, sondern es sind große Phasen des Lebens. Es braucht viele Jahre, bis wir ganz auf dieser Erde angekommen sind, ganz in ihr geboren sind, unser Rüstzeug ausgebaut haben und wissen, wer und was wir sind. Daraufhin erfolgt eine lange Phase der Konsolidierung, in der wir das im Außen verwirklichen, wonach uns unsere Schaffenskraft drängt. In dieser Phase sind wir am Tiefsten mit der Welt der Materie und unserer Form verschmolzen. Und dann beginnt jener dritte große Abschnitt des Lebens, in dem wir verstärkt den Einfluss neuer, oftmals verunsichernder Kräfte spüren. Schon in dieser Phase beginnen die Exkarnationskräfte – die ja nichts anderes als geistige Kräfte sind – sich bemerkbar zu machen. Das merkbare Abnehmen der körperlichen Leistungsfähigkeit, oftmals labilere Gesundheit, Fragen nach dem Sinn des Lebens, verstärkte Begegnungen mit dem Phänomen des Sterbens usw., beginnen unsere bisherige Ausrichtung und Einstellung zum Leben zu hinterfragen. Die Umrisse unserer festen Welt beginnen sich wieder aufzulösen und wir können das Spirituelle dahinter entdecken.

Diese drei großen Abschnitte oder Zyklen bilden ein übergeordnetes Gerüst für das menschliche Leben, wobei dies nicht als starres Schema zu sehen ist. So sind in jeder Phase natürlich persönliche, soziale und auch spirituelle Qualitäten vorhanden, aber zu jeder der drei großen Abschnitte erfährt jede einzelne Qualität eine verstärkte Bedeutung. Es kann auch zu Überschneidungen, Vorwegnahmen oder Kristallisationen kommen. So kann sich ein junger Mensch schon sozialen und spirituellen Themen stellen. Aber die Betonung liegt bis zur Volljährigkeit vor allem auf dem Ich, der eigenen Persönlichkeit. Wie wir als Ich die Welt sehen, bestimmt unser Denken und Handeln. Indem wir später in Familie und Beruf eingebunden sind, in soziale Strukturen, erfordert es eine differenziertere, pragmatischere Sicht der Welt und oftmals muss unser Ich sich da zurücknehmen. Mit der Reife der Jahre treten überpersönliche und spirituelle Werte immer mehr in den Vordergrund. Es ist in den meisten Fällen nicht gesund, wenn wir Phasen schon vorwegnehmen oder auch gar nicht durchlaufen. Lebt ein junger Mensch schon die Reife des Alters, also lebt er isoliert von Gleichaltrigen und widmet er sich stets den schwierigen Fragen des Lebens, so ist das meist nicht förderlich. Eine Ausnahme bildet das, was wir Berufung nennen, aber auch hier zeigt die Biographie vieler genialer Denker und Künstler den Preis, den es dafür zu zahlen gilt. Üblicherweise muss man erst sein Leben in der Welt leben, sich verwirklichen, bevor dann im Alter, aus der ruhigen Lebensreife heraus, das Überpersönliche und Spirituelle erneut angegangen werden kann. Aus diesem Grunde hat Rudolf Steiner auch geraten, dass junge Menschen sich nicht zu sehr mit medialen Fähigkeiten oder paranormalen Phänomenen beschäftigen sollten, da sie dies zu stark in Kontakt mit den Exkarnationskräften bringt. Auf der anderen Seite gibt es ältere Menschen, die schrecken vor allem, was mit dem Thema Alter zu tun hat, zurück. Sie bemühen sich mit allen Mitteln auf der Körperebene den Alterungsprozess aufzuhalten. Sie möchten den Zustand der Jugendlichkeit festschreiben. Die Schönheits- und Fitnessindustrie ist ein stetig wachsender Markt. Nichts ist dagegen zu sagen, dass man sich körperlich und geistig fit hält, aber wenn dies aufgrund einer Verdrängung tiefsitzender Ängste geschieht oder aufgrund der Nichtakzeptanz der Wandlung des Lebens, dann mag es zwar einen scheinbaren Aufschub bringen, aber irgendwann wird man sich den endgültigen Fragen stellen müssen. Es kann ja überaus grotesk sein, wenn ein älterer Mensch dem Körperkult und Jugendlichkeitswahn verfällt, weil er verzweifelt versucht, auf dem Boden der Inkarnationskräfte zu bleiben. Die Betonung in dieser dritten Phase sollte auf dem Geistigen liegen und natürlich ist es wichtig, dass wir unseren Körper als Fahrzeug dieser Welt ehren, pflegen, gebrauchen und erhalten. Aber letztendlich ist es das Geistige in uns, das uns in die andere Welt geleitet, während der Körper zurückbleiben muss.

Beschäftigt man sich mit den Zyklen und ihren Themen, so ergeben sich zwei wesentliche Erkenntnisse: Es gibt keine isolierte, absolute Individualität und es gibt natürliche Rhythmen, die alles Leben mitgestalten. Es gibt nicht diese isolierte Besonderheit eines Individuums in dem Sinne, dass alles irgendwie subjektiv und rein zufällig ist. Jeder Mensch durchläuft die gleichen Zyklen oder Phasen im Leben, wie alle anderen auch. Es gibt also so etwas wie Lebensmuster, die einen übergeordneten Rahmen bilden, in dem alle individuellen Variationen möglich sind. Das Erleben eines Menschen ist subjektiv und die Essenz, die er daraus zieht, ebenfalls. In diesem Sinne ist er einzigartig. Aber es gibt einen Zeitstrom, Abschnitte oder Zyklen, in die wir alle eingebettet sind, was wiederum die Einheit allen Seins, bei aller Individualität, betont. Wir sind eine Einheit im großen Ganzen. Ein solches Verständnis des Lebens kann überaus hilfreich sein, denn es lehrt uns, auf welche Kräfte wir achten sollten, damit wir im natürlichen Fortgang des Lebens bleiben. Denn nur so können wir harmonisch auf jenen Punkt hinwachsen, den wir Tod nennen. Der natürliche Fluss des Lebens lehrt uns die Kunst des Sterbens. Aber wir können so auch besser schwierige Lebensphasen verstehen. Wir erkennen dann, dass es eine natürliche Erklärung für all unsere Fragen, Ängste und Schwierigkeiten gibt, dass andere Menschen auf ihre Weise ebenfalls jede dieser Phasen mit allen Hochs und Tiefs durchlaufen. Meist denken wir ja sehr aus unserem Ego heraus, dass alles nur uns selbst geschehe und es anderen viel besser gehe. Was aber noch wichtiger ist: Das Verständnis der Zyklen kann helfen, uns auf solch schwierige Phasen vorzubereiten und sie gut abzuschließen, damit wir diese Erfahrungen nicht stets aufs Neue wiederholen müssen, bis wir endlich aus ihnen gelernt haben. Oftmals leben wir doch dahin und hoffen, dass der Kelch an uns vorübergehen möge. Das bedeutet keinesfalls, dass ich die Probleme des Lebens hier herunterspielen möchte, denn sie haben für jeden Menschen eine essenzielle Bedeutung, bilden eine Herausforderung an seine Lebenskraft. Leben wir aber unbewusst vor uns hin, so ist jede Krise ein Schock, denn wir sind nicht gerüstet und vorbereitet. Zum Beispiel ist jene Phase zwischen dem 40. und 50. Lebensjahr oftmals eine existenzielle Herausforderung an unser System. Wir leben bis dahin gut, haben eine gute Energie, mit der wir manches „reißen“ können und plötzlich tritt in dieser Phase eine schwere gesundheitliche Krise bei uns auf oder wir werden mit Krankheit oder gar Tod eines nahen Angehörigen konfrontiert. Es kommt wie ein Schock über uns, denen es zuvor so gut ging. Chaos, völlige Verunsicherung machen sich breit und unser Lebensfundament, unser Glauben an uns beginnt zu schwanken. Wir werden mit Grenzen und Endlichkeit konfrontiert. Existenzängste und ein Gefühl der Lebensbedrohung tauchen auf. Das alles erschüttert unsere Welt vollkommen. Wissen wir um die Gesetze der Zyklen, so erkennen wir, dass das, was wir erleben, ganz natürlich ist und dieser Phase im Leben entspricht. Es geht um Lernen, was uns zur späteren Reife führen soll. Dies enthebt uns zwar nicht der Schmerzen dieses Prozesses, aber es gibt uns doch ein Gefühl, dass es nicht um ein blindes Schicksal geht, sondern um natürliche Energiekreisläufe, denen auch wir selbst unterliegen. Das Fazit, das wir z. B. aus einer gesundheitlichen Krise dieser Phase ziehen können, ist sicherlich, dass wir danach nicht mehr einfach „drauflosleben", wie wir das zuvor getan haben, sondern dass wir sorgfältiger mit uns und unserem Körper umgehen. Plötzlich interessieren wir uns vielleicht für Gesundheit, besuchen zum Beispiel Kurse darüber. Nicht wenige hat ein solcher Einbruch im Leben zur Heilpraktikerausbildung geführt. Alles, was bisher selbstverständlich war, kommt in einer solchen Phase auf den Prüfstein.

Man versteht mithilfe der Zyklen also viel besser, was die Krisen im Leben bedeuten, welchen Sinn sie haben können. Dadurch werden schwierige Zeiten nicht unbedingt nur zur Katastrophe, sondern erhalten eine gewisse natürliche Stellung als Phasen, in der es um Verwandlung und Transformation geht. Auf das Thema „Lebenskrise" – und der Tod ist zweifelsohne eine solche – komme ich nachher noch ausführlicher zu sprechen.

Im Folgenden möchte ich die einzelnen Siebenjahresabschnitte mit ihren Themen kurz vorstellen, mit der Absicht, dass eigene Krisen verständlicher werden und unser Denken mehr in die kreisförmige, zyklische Vorstellung hineinkommt. Jeder Zyklus hat einen Eingang oder Anfang (Entstehen), einen Höhepunkt der Spannung (Werden, Sein) und einen Ausklang (Vergehen) und ist somit ein ganz eigener, vollständiger Lebenszyklus. Er ist in kleinem Maßstab das, was die Spanne von Geburt bis Tod als Ganzes ausmacht. Die Essenz, die wir aus ihm ziehen, bildet die Grundlage für den nächsten Zyklus und das Ziel jedes Zyklus ist die Verwandlung. Lernen wir so über die Zeit in unserem Leben zu denken, dann bekommt auch der physische Tod als Punkt der geheimnisvollsten Verwandlung einen anderen Stellenwert in unserer Sinnfrage. Die nachfolgende Darstellung der Lebensphasen ist sehr gerafft. Wer sich ausführlicher damit beschäftigen möchte, sei zu diesem Thema auf die Bücher von Alexander Ruperti und Rudolf Treichler im Anhang am Ende des Buches verwiesen.

1. – 7. Lebensjahr ***Hineinwachsen in diese Welt***

Wir kommen aus einer anderen Welt und in den ersten Jahren ist deren Einfluss noch stark. Nach der Geburt beginnen wir vom fast fertigen Kopf in unsere Gliedmaßen hineinzuwachsen. Wir erobern uns den Mechanismus unseres Körpers. In der ersten Zeit sind die Einflüsse aus der Geisteswelt noch sehr stark, weshalb Phantasie und Märchen so wichtig sind. In diesen Lebensjahren werden wesentliche physische und psychische Strukturen für die zukünftige Persönlichkeit aufgebaut. Das Ich erhält seine Prägung auch mittels der Einflüsse seiner Umwelt. Es ist eine Zeit, in der wir alle wichtigen Fähigkeiten absorbieren, die mit Unabhängigkeit, Überlebensmuster und Wertvorstellungen zu tun haben. Gefühle sind in dieser Phase sehr mächtig und essenziell. Manche Psychologen vertreten die Ansicht, dass es einem Erwachsenen nicht möglich sei, das auszuradieren oder zu transformieren, was in dieser Zeit an Prägung stattgefunden hat.

Eingang: Fülle aller Möglichkeiten, Abhängigkeit
Spannung: Funktionale, willentliche Aneignung der Werkzeuge
Ausklang: Selbstständigkeit

7. – 14. Jahr ***Entwicklung zum Ich***

In dieser Zeit – oder kurz zuvor – bekommen wir die ersten festen Zähne, was unsere zunehmende Selbstständigkeit dokumentiert. Wir müssen jetzt die Nahrung selbst kauen, also unser Leben selbst in die Hand nehmen. Meist beginnt mit dieser Phase die Schulzeit. Wir entwickeln unser Ich, indem wir unsere Gefühle nach außen transportieren, um über Situationen und Reaktionen im Umfeld zu lernen. Das ermöglicht Selbsterfahrung und fördert die Selbstentdeckung. Das Ich lernt gleichzeitig sich selbst zu behaupten in diesem Feld, was den Willen entwickelt. Das Messen der Kräfte in Spiel und Wettkampf ist dabei wichtig, gleichzeitig ist es eine Zeit hoher Kreativität und schöpferischen Schaffens.
In dieser Phase wird durch die Erprobung der eigenen Macht und der Stärke des eigenen Selbstausdrucks sowie das Ausloten auch von Grenzen ein wesentlicher Baustein gelegt für das spätere Wirken in der Gesellschaft.

Eingang: Selbstständigkeit
Spannung: Ich-Behauptung
Ausklang: Du-Beziehung

14. – 21. Jahr *Phase der emotionalen Orientierung*

In dieser Phase ergibt sich immer mehr eine emotionale Abgrenzung zu den Eltern. Sie sind nun nicht mehr perfekte Götter, sondern normale Menschen mit Stärken und Schwächen. Die Pubertät zeigt diesen konfliktreichen Prozess der Abgrenzung. Die Ich-Kraft wird stärker und drängt nach Befreiung. Wir möchten jetzt nur noch wir selbst sein. Mit Schwinden der Familienzugehörigkeit werden neue Beziehungen wichtig. Ist das Willens-Ich zu schwach ausgeprägt, dann kann in dieser Zeit eine ganz starke Identifizierung mit einer Gruppe möglich werden. Vor allem spielt natürlich die erwachende Sexualität eine wichtige Rolle. Die oder der Geliebte wird zum Spiegelbild des Selbst und seiner Bedürfnisse. Wir werden auf unserer Suche nach Liebe in die Welt hineingezogen und mit tiefen Kräften in uns konfrontiert. Die Anziehungskraft spielt dabei eine Rolle und über die sich ergebenden Kontraste erfahren wir mehr über uns selbst. Die erste große Liebe ist mit Idealen überhäuft, aber in der Auseinandersetzung mit der Alltagswirklichkeit fallen diese ab und die Wirklichkeit kommt hinter allen Bildern zum Vorschein. Wir entwickeln dadurch unser konkretes Ich und seine Beziehungsfähigkeit in dieser Phase. Weiterhin drängt es uns in die Welt hinaus, am Ganzen teilzuhaben und mitzusprechen, was die Gesellschaft heute mit Wahlalter und Führerschein initiiert.

Eingang: Erweitertes Ich, Beziehung
Spannung: Identifizierung, Trennung
Ausklang: Reife, Fertigkeit

21. – 28. Jahr *Ausweitung des Ich – Die Eroberung der Welt*

Diese Phase setzt die vorherige fort und es entscheidet sich, wie und in welchem Umfang wir an der Gesellschaft teilnehmen und welchen Platz wir ausfüllen möchten. Mit Ende der Schulzeit findet meist die endgültige Loslösung von der Abhängigkeit des Elternhauses statt. Wir sind dann auf uns selbst gestellt. Manche gründen jetzt eine eigene Familie, andere widmen sich dem Studium oder der Eroberung der Welt. Wir vergleichen dann die aktuelle Welt mit unserer früheren und sortieren, was davon wir für die weitere Zukunft übernehmen. Die Verantwortung tritt jetzt ungleich stärker hervor. Gleichzeitig denken wir in die Zukunft, was wir alles bewegen und ändern wollen. Es ist eine Zeit der hohen Energie und Ideale, Emotion und Denken bilden ein Dreieck, was auch ganz explosiv werden kann. Kommen Emotion und Denken zusammen, so kann das zu gefährlichen Spannungen führen. Daraus können revolutionäre, anarchistische Grundzüge resultieren, Depressionen und Leistungshochdruck. Wie wir in dieser Phase Spannungen meistern, bestimmt unser Verhalten, unseren Umgang mit Energien in der Zukunft.

Eingang: Fertigkeit, Wahl
Spannung: Optimierung, Spezialisierung
Ausklang: Wegfindung

28. – 35. Jahr *Zeit der Entscheidung*

Die Zeit um das dreißigste Lebensjahr ist für alle Menschen eine der wichtigsten Umbruchzeiten. Wir spüren instinktiv, dass von der jetzigen Entscheidung alles Wesentliche für unser persönliches Leben abhängt. Haben wir zuvor eine Phase der Weite und des Ideals erlebt, so spüren wir das Zusammenziehen der Kräfte und wie wir die Dinge auf den Punkt bringen müssen. Wir müssen jetzt prüfen, wie und wo wir ins Leben passen. Ist der Beruf wirklich der richtige, trägt die Partnerschaft oder Familie, welche stabile Größen sichern unsere Existenz? Ist alles bisher noch ein großes Experiment gewesen, in dem Veränderung und Neuanfang immer noch möglich waren, so spüren wir nun, dass es so nicht weiter gehen wird, dass wir uns auf irgendeine Art festlegen müssen oder auch festgelegt werden. Andererseits spüren wir aber auch die Chance, jetzt unser Potenzial voll entfalten zu können und unsere Fähigkeiten beweisen zu können. Wir werden ernst genommen und bekommen die Möglichkeit, weitreichende Aufgaben zu übernehmen. Unsere Kräfte der Selbsteinschätzung werden geprüft und wir arbeiten an unserem Selbstbild, das, was wir nach außen für andere verkörpern möchten. Wir bekommen jetzt die Chance, unser Ich in der Welt geltend zu machen und unsere persönliche Schwingung einzubringen.

Eingang: Wegfindung
Spannung: Entscheidung, Leistung
Ausklang: gefestigtes Selbstbild

35. – 42. Jahr *Phase der Zentrierung und vollen Kraftäußerung*

In dieser Phase setzen wir den zuvor begonnenen Prozess fort. Wir bemühen uns immer mehr unser Selbst zu sein und unseren Platz in der Welt auszubauen. Selbstbestimmung und eigenverantwortliches Handeln prägen diese Phase. Dafür setzen wir alle Kräfte ein, die wir haben. Es gilt jetzt Ökonomie und Haushalten zu lernen, denn die Kräfte bauen sich schneller ab als zuvor.

Schwierige Krisen beschert diese Phase allen, die ihren Platz in der Gesellschaft nicht gefunden haben oder deren Ich von inneren Konflikten zerrissen ist und keine Stoßkraft entwickelt.

Eingang: Selbstbild
Spannung: Verantwortung, Einsatz
Ausklang: Überprüfung

42. – 49. Jahr *Zeit der Überprüfung*

Um Fuß im Leben und in der Gesellschaft zu fassen, haben wir bisher meist zweckorientiert gearbeitet. Beziehungen wurden aus diesem Grunde geknüpft oder haben sich aus der Arbeit heraus entwickelt. Eine Ehe, die man wegen der Kinder aufrechterhalten hat, wird jetzt überprüft, da die Kinder jetzt schon erwachsener, zum Teil schon ganz selbstständig sind. Wir erfahren die Grenzen unserer expansiven Kräfte, was uns zu innerer Einkehr, Rückschau und Bewertung führt. Ernüchterung macht sich breit und das Lebensgefühl hat einen schalen Geschmack oder gleicht dem eines gefangenen Vogels. Alles wird jetzt auf seine Tiefe und wirkliche Bedeutung hin überprüft. Wir bezeichnen diese Zeit als Midlife-Krise, denn es geht darum eine stabile Basis zu finden, die über materielle Zweckbindung hinausgeht. Das körperliche Befinden tritt jetzt stärker in den Vordergrund, denn die volle Potenz steht uns nicht mehr so ohne weiteres zur Verfügung, was sich in sexuellen Schwierigkeiten oder einem Burn-out-Syndrom zeigen kann. Der Körper stellt sich in vielem um, vor allem im Bereich des Hormonhaushalts. Wir stellen fest, dass wir gesundheitlich und bewusstseinsmäßig an uns arbeiten müssen. Ein ökonomischer Einsatz der Kräfte ist jetzt gefragt. Der Einfluss des Geistigen nimmt vermehrt zu, was bei allen psychischen Krisen zu vermehrter innerer Reife führen kann. Die Suche nach dem Wesentlichen im Leben, nach Sinn, nach vitaler Lebendigkeit und junger Frische kann zu allerlei Irritationen, Desorientierung, zu Ängsten und Panikgefühlen, zu Impotenz und zu Schlafstörungen führen. Ziel dieser Phase ist es, zu einer eigenen Wahrheit über das Leben zu finden.

Eingang: Veränderung
Spannung: In Frage stellen
Ausklang: Lebenseinstellung

49. – 56. Jahr *Zeit der Reinigung und Wertung*

Wie sich diese Phase entwickelt, hängt sehr von den Kraftreserven und der inneren Balance eines Menschen ab. Es kann sich der Radius des gesellschaftlichen Wirkens ausweiten und die eigene Erfahrung befähigt, anderen sein Wissen zu vermitteln. Waren die Phasen zuvor sehr kraftraubend, so kann es aber auch zu Krisen kommen, wie zum Beispiel einer Krankheit, die dazu führt, dass man Zeit zum Nachdenken bekommt, um die notwendigen Veränderungen und Erneuerungen einzuleiten. Geschieht dies nicht, kann eine Erneuerung nicht eintreten und die Kräfte der Kristallisation können sich dann in der Phase danach deutlich bemerkbar machen. Versäumnisse, Misserfolge und Irrtümer früherer Jahre, die nicht bearbeitet wurden, tauchen in dieser Phase wieder auf. Oftmals kommen wir mit den Werten aus der Kindheit in Kontakt, weil wir uns vielleicht jetzt mehr um die Eltern kümmern müssen.

Eingang: Lebenseinstellung
Spannung: Ausweitung
Ausklang: Erneuerung

56. – 63. Jahr *Zeit der Zusammenfassung*

Viele berühmte Menschen schreiben ihre Memoiren in diesem Zeitraum. In dieser Zeit erfahren wir die Würdigung unserer Arbeit und können das ernten, was wir einst gesät haben. Das persönliche Wirken im Leben wird von der Gesellschaft gewürdigt, durch eine Auszeichnung und die Versetzung in den Ruhestand. Alles lässt sich jetzt gelassener angehen. Aber gleichzeitig werden jetzt die Weichen gestellt, ob wir den weiteren Weg kreativ vornehmen oder uns einfach gehen lassen und in den festen Strukturen belassen, ob wir gemeinschaftsorientiert bleiben oder den Weg der Vereinsamung gehen. Es ist eine Phase, in der wir mit den überpersönlichen, spirituellen Werten konfrontiert werden. Wer sich damit bisher nicht beschäftigt hat, wer keinen höheren Sinn in seinem Leben gefunden hat als den materiellen, der wird sich in dieser und der nächsten Phase nicht leicht tun. Manche „Senioren" beginnen in dieser Zeit ein neues Studium oder entdecken ganz neue Horizonte für sich.

Eingang: Zusammenfassung
Spannung: Sinnfrage
Ausklang: Neues Leben

63. – 70. Jahr *Zeit der Reife*

Diese Phase ist eine ganz entscheidende, inwieweit die Kräfte des Abbaus in unser Leben eingreifen können. Gelingt es, dass unser Leben ein wichtiger Beitrag zur Gemeinschaft bleibt, dass Kreativität und überpersönliche Ziele unser Sein prägen, dann können wir den Sinn unseres Daseins vertiefen, Gebiete neu erobern. Auf diese Weise schaffen wir es, die nun immer stärker werdenden Kräfte der Kristallisation oder das Abnehmen der Vitalkraft zu transzendieren. Gelingt uns das nicht, so engt sich das Leben zunehmend ein. In dieser Hinsicht ist das Thema „Tod" auch übergeordnet zu betrachten, denn der Organismus mag sein Leben aufrechterhalten, auch wenn das Leben eines Menschen schon völlig kristallisiert ist und sich längst in leeren, automatischen Ritualen und Handlungen ergeht. So kann ein Mensch in Teilen seines Lebens durchaus schon weit vor jenem Zeitpunkt sterben, an dem der Organismus seine Tätigkeit einstellt.

Eingang: Zusammenfassung
Spannung: Aufbruch
Ausklang: Weisheit

Ab dem 70. Jahr *Zeit der Verklärung*

Die Zeit hat in dieser Phase eine andere Bedeutung und Qualität, da wir uns viel mehr uns selbst widmen können oder auch müssen. Die nun folgenden Siebenjahreszyklen sind lange nicht mehr so klar ausgeprägt wie zuvor. Jetzt entfernen wir uns immer weiter von der Welt in dem Sinne, dass wir alles aus einem viel größeren Abstand heraus betrachten können. Weltliche Dinge haben kaum noch eine Bedeutung und die innere Welt rückt in den Mittelpunkt. Das, was im Leben wirklich wichtig ist und war, die unvergänglichen Werte schälen sich klarer heraus. Daraus wächst eine Weisheit, die den Jüngeren Fingerzeig und Mahnung sein und zum nachdenklichen Innehalten anregen kann. Wir brauchen nun mehr Zeit für alles und mehr Ruhe. In gewisser Weise bereiten wir uns damit auf die Verschiebung von Zeit und Raum vor, die mit dem irdischen Tod eintritt.

6.2.1 Übungen

zu den Zyklen

Die folgenden Übungen sind Imaginationsreisen oder Bild-Meditationen. Wir nennen diese auch Alphareisen, da im Alphawellenbereich des Gehirns das Bilderdenken verankert ist. (Alphareisen siehe Anhang)

1. Der Baum im Jahreslauf

Die Laubbäume waren das ideale Symbol für den Wandel des Jahres, lassen sich doch an ihnen die Jahreszeiten deutlich ablesen. Der Baum ist ein Abbild der drei Zeitqualitäten, die allen Wandel bestimmen. In ihm fließt der unendliche Kreislauf des Seins, findet ewige Verwandlung zwischen den vier Elementen statt.

Der Lebensbaum

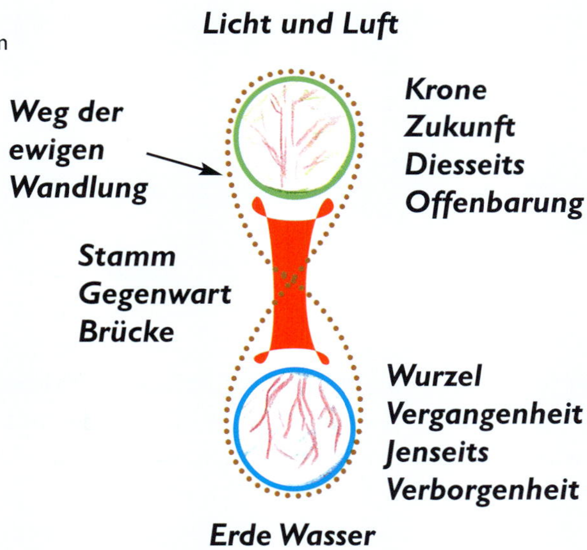

Bäume galten stets als beseelt, waren in vielen Kulturen die Urmenschen. Im Germanischen waren askr (Esche) und embla (Ulme, Erle) die beiden ersten Menschen. Es war der Welten- oder Lebensbaum, aus dem die ganze Schöpfung entstanden ist. Noch bis ins 20. Jahrhundert hinein pflanzte man ein Bäumchen nach der Geburt eines Kindes, also seinen Seelen- und Lebensbaum.

Zähle von zehn an abwärts und entspanne Dich. Erschaffe Dir einen Weg,

der durch eine wunderbare Landschaft führt. In dieser Landschaft erschaffe Dir einen Lieblingsplatz, an dem ein Baum steht. Werde eins mit dem Geist des Baumes. Meditiere dann über den Jahreslauf des Baumes. Visualisiere ihn zur Zeit des Frühlings. Tue dies ausführlich und mit Hilfe all deiner Sinne. Dann gehe in das Bild des Sommers. Wie fühlt sich der Sommerbaum an? Es folgen danach noch Herbst und Winter. Zum Abschluss befindest Du Dich wieder im Frühling. Betrachte die erfahrene Essenz des durchlaufenen Baumjahres, was in seinen Jahresringen sozusagen eingraviert wurde. Was ist der Ausblick in den nächsten Zyklus? Dann verabschiede Dich vom Baum und gehe den Weg, den Du gekommen bist zurück. Zähle von eins an aufwärts und bei zehn bist Du wieder im Hier und Jetzt. Strecke Dich.

2. Schmetterling

Schmetterlinge gelten als Symbol der menschlichen Lebensreise. Sie werden aus einem Ei geboren, erobern die Welt als Raupe, lassen in der Verpuppung alles reifen, um dann als Seele in den Himmel zu schweben. So in aller Kürze die Darstellung der Metamorphose des Schmetterlings. Schaue Dir in einem Biologiebuch einmal die Wandlungsphasen des Schmetterlings an, bevor Du in die Übung gehst.

Zähle wieder von zehn an abwärts, bis Du Dich entspannt fühlst. Begib Dich wieder zu deinem Lieblingsplatz in der Landschaft, wie in Übung eins beschrieben. Schaue, welcher Schmetterling Dir dort erscheint. Werde eins mit diesem und durchlaufe sein Leben. Meditiere über die einzelnen Phasen seiner Entstehung und sieh diese in Bezug auf Dein Leben. Kehre danach wieder zurück, indem Du von eins an wieder aufwärts zählst, wie in Übung 1 beschrieben.

6.3 Lebenskrisen

Für unsere eigene Erkenntnis, besonders aber für die Menschen in beratenden Berufen, ist das Thema der Lebenskrisen überaus wichtig. Wir müssen nämlich ganz klar unterscheiden lernen, ob es sich um ein Problem handelt oder um eine Krise. Für Probleme kann man Lösungen finden, für eine Krise aber nicht. In einer sogenannten Lebenskrise geht es um einen Wachstumsprozess, eine tiefe Verwandlung der Lebenskräfte. Diesen Prozess können wir als Berater und Heiler begleiten, aber der Betroffene muss diesen Weg der Verwandlung selbst gehen, denn es ist sein Weg der Erneuerung. Ganz anders liegt der Fall, wenn es sich um ein echtes Problem handelt. Probleme resultieren aus einem falschen Umgang mit den eigenen Kräften, aus mangelnder Flexibilität auf das Leben zu reagieren, mangelnder Anpassungsfähigkeit oder aus einer Unkenntnis der Regeln des Lebens. Nehmen wir das Beispiel eines hochsensitiven Menschen, der seinen Körper mit Süßstoff, Fleisch oder Alkohol überschüttet. Im Laufe der Zeit wird dieser Mensch von Krankheiten durchgeschüttelt und er wird von sich sagen, dass er in einer Krise sei. Aber eigentlich handelt es sich um ein Problem: Er erkennt oder respektiert nicht, dass sein Körper hochsensitiv ist. Er beachtet also die Regeln nicht und zahlt einen entsprechenden Preis dafür. Dieses Problem kann unter Umständen leicht behoben werden, indem dieser Mensch nämlich seine Ernährung umstellt. Ist die Ursache eines Problems also erkannt, dann lässt sich mit Sicherheit auch eine Lösung dafür finden. Für Probleme gibt es Lösungen, kann unser Verstand Maßnahmen entwickeln. Eine Krise dagegen ist für den Verstand nicht zu packen, da sie vom Betroffenen ein Durchleben, eine Verwandlung abfordert, wobei weder das endgültige Ziel noch ein konkretes Ergebnis vorhersagbar ist. Alles ist offen. Daher gilt es klar auseinander zu halten, was ein Problem und was eine Krise ist. Häufig erlebe ich Menschen in der Praxis, die zum Beispiel von ihrer Ehe-Krise sprechen. Dabei handelt es sich oftmals um keine echte Krise, sondern zum Beispiel um ein Problem der Kommunikation. In einem solchen Fall kann die Lösung in einer Verbesserung der Kommunikation zwischen den beiden Partnern erreicht werden. In einer echten Ehekrise dagegen entwickeln sich die Seelenwege der beiden Betroffenen unterschiedlich, was zu einem echten Auseinanderdriften werden kann. Für eine solche Krise kann man auch keine Lösungen finden, sondern kann dann zum Beispiel über das geistige Heilen begleitend wirken, wie immer sich auch die Wege der beiden Betroffenen entwickeln werden.

Halten wir also zunächst einmal fest:

1. Problem – Angelegenheit des Egos, des Selbst. Erkennen der Ursache bringt die Lösung. Klares Erkennen des Vorhandenen.
2. Krise – Angelegenheit der Seele. Prozess der Verwandlung, der Erneuerung und des Lernens. Wachstum auf das Neue, Unbekannte zu.

Unser Leben durchläuft immer wieder schwierige Phasen, wobei Geburt und Tod wohl die beiden wesentlichsten Krisen für uns darstellen. Wenn wir heute von „Krise" sprechen, so hat das stets den Beiklang von „Unglück oder Katastrophe". Dabei ist die ursprüngliche Bedeutung des Wortes „Krise", das aus dem Griechischen stammt, in unserem Begriff von „Trennung" und „Entscheidung" zu suchen. Krise ist nach dieser Definition nichts anderes als das, was eine Zeitperiode von der nächsten trennt oder ein Übergang zwischen dem, was wir waren und dem, was wir werden. Eine Krise ist eine Zeit der Entscheidung, die einer Veränderung im Leben vorhergeht, die alte Muster aufweicht, damit Neues entstehen kann. Krise ist ein energetischer Zustand.

Krise als Ergebnis energetischer Spannung

Die geistigen Schulen im Altertum erkannten drei Prinzipien oder Wesenszustände von Energie. In der Alchemie finden wir diese als Sulphur, Sal und Mercurius benannt, in der indischen Tradition hießen sie die drei „Gunas", nämlich Rajas, Tamas und Sattva.

Rajas	**Tamas**	**Sattva**
Sulphur	**Sal**	**Mercurius**
feurig	fest	fließend
Impuls	Trägheit	Schwingung
Aktivität	Passivität	Rhythmus
Aufbau	Abbau, Erhaltung	Ausgleich
Energie	Form	Verwandlung, Bewegung
geistig	körperlich	seelisch
gebend, initiierend	empfangend	gestaltend, schöpferisch
Idee	Verwirklichung	Ausstrahlung
Wille	Kraft	Seele
Vater	Mutter	Sohn/Tochter
Himmel, Feuer	Erde, Wasser	Mensch, Bewusstsein, Luft

Die folgende Abbildung zeigt die dynamischen Verhältnisse zwischen den drei Prinzipien.

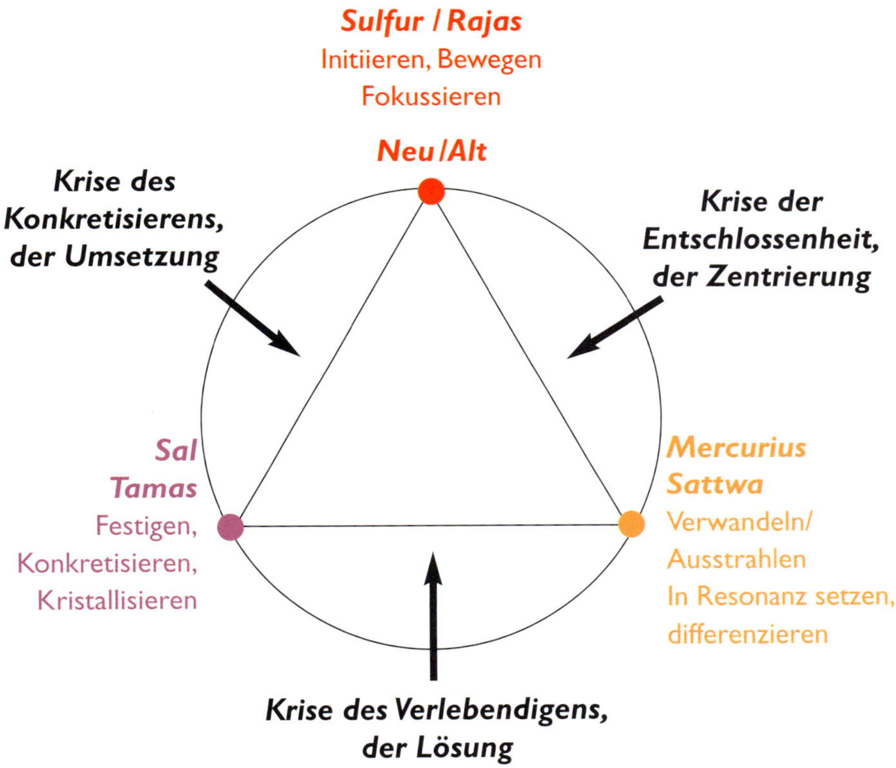

Die Dreiheit der göttlichen Kräfte

Die Energien bewegen sich zwischen diesen drei Zuständen und immer wenn die Energie von einem in den nächsten Zustand übergeht, kann es zu einer Krise oder zu Konflikten kommen. Wir können nach der Abbildung drei grundlegende Arten von Krisen ausmachen, die aus der Spannung zweier der Kräfte entstehen:

1. Sulphur *(Feuer)* – Sal *(Erde)*

Krise der konkreten Umsetzung und Manifestation

Thema: Leben, Bewegung, Wollen

Dies ist ein Konflikt zwischen dem Geist oder Willen des Feuers und der

Erde, zwischen dem Schaffensimpuls und dem Widerstand der Materie, zwischen der inneren und äußeren Welt, zwischen Wärme und Kälte, zwischen Aufbau und Zerstörung. Die feste Materie ist träge, was Stabilität möglich macht und an ihrem Widerstand können unsere Sinne Erfahrung sammeln. Sie mag keine Veränderung, ist beharrlich. Um sie in Bewegung zu setzen, braucht es Energie oder Kraft, also das Feuerelement. Im umgekehrten Sinne kann das Feuer in seiner überschießenden Energie überaus zerstörerisch sein, was die Erde dann auszubaden hat. Es braucht also ein Gleichgewicht zwischen den beiden Qualitäten. Wir Menschen haben jede Menge Ideen, aber sie müssen inkarniert werden, damit sie irdisch, konkret werden können. Dazu bedarf es der Überwindung der Schwerkraft der Materie. Der menschliche Wille ist zudem nicht nur produktiv, sondern kann auch zerstörerisch sein, wenn er keine Harmonie hat.

Hier fehlt sozusagen die dritte Kraft, nämlich das merkuriale Element mit seinem Gefühl und Rhythmus, das vermittelnd wirken kann. Dieses gilt es sich zu erschließen und gibt uns die Frage auf: Was bewege ich und was bewegt sich in mir?

a) Konflikt zwischen Sein und Wollen oder das Thema „Widerstand“

In diesem Falle hat die Erde mehr Gewicht als das Feuer. Eine Krise unter diesen Vorzeichen kann sich darin zeigen, dass sich alles dem eigenen Wollen widersetzt, dass einem von überall her Widerstand oder Kälte entgegen kommt. Die Eltern oder die Arbeitgeber wollen vielleicht nicht, was wir selbst wollen, der Zeitgeist spricht dagegen oder es fehlen die Finanzen usw. Schüren wir unser Feuer trotz der Widerstände zu lange an, so geraten wir in einen Zustand der Verspannung und Überhitzung. Zorn, Wut, Neid oder ein Burn-out-Syndrom mögen die Folge sein. Oder aber wir geben dem äußeren Druck nach, begeben uns in die Enge der Normen oder geben uns gar selbst auf und geraten in einen Zustand, in dem wir die Welt als kalt ablehnen. Oftmals ist es auch unser eigener Verstand als innerer Widersacher, der uns suggeriert, was alles nicht möglich oder erlaubt ist. Dann geraten wir in Zustände der Frustration und Depression. Das Feuer unseres Lebens wird dann nach und nach erlöschen. Die Balance zwischen Spannung und Entspannung – oder besser Wollen und Sein – ist eine ganz entscheidende in unserem Leben.

b) Konflikt zwischen Realität und Illusion oder das Thema „Trennung“

Ist das Feuer mächtiger als die Erde in uns, so steht unser Wollen nicht im Einklang mit dem Außen. Es kann zu einer Krise kommen, wenn unsere innere Welt nicht kompatibel zur äußeren ist. Wir erleben uns als getrennt von der Welt, bauen dann Luftschlösser oder wohnen im Elfenbeinturm. Isolation, Einsamkeit und Nicht-verstanden-werden können eine Folge sein. Materie ist träge und hat ihre ganz eigenen Gesetze. Beachten wir dies nicht, so wird unsere Energie wirkungslos verpuffen oder in die falsche Richtung gehen. Wir kennen alle den Konflikt zwischen unserem begehrenden Wollen und den beschränkenden Gesetzen, denen zum Beispiel schon unser eigener Körper unterworfen ist. Wenn wir keine Geduld, Ausdauer und Kenntnis besitzen, so kann das, was wir säen, nicht greifen und ruhig reifen. Wir hetzen dann vielleicht von einem Reiz oder Werk zum nächsten, suchen stets das Neue, werden aber nie ein Gefühl wie Erfüllung, Zufriedenheit oder Glück erfahren können. Schnell geraten wir in einen Zustand der Überforderung. Oder aber wir versuchen gewaltsam unser Wollen umzusetzen, was uns ebenfalls von der Umwelt trennt.

Weg der Lösung:
Um dieser Ebene entsprechende Konflikte zu lösen, bedarf es Qualitäten wie Überwindungsenergie, Anpassungskraft, Dynamik, Balance, Geduld, Lebensfreude, Ziele, Visionen, gutes Körpergefühl, klares Wissen.

2. Sal *(Erde)* – Mercurius *(Wasser, Luft)*
Krise des Lebendigwerdens und der Freiheit

Thema: Kreativität, Schöpferkraft, Fühlen

Dies ist ein Konflikt zwischen dem festen Element Erde und den beweglichen Elementen Wasser oder Luft. Etwas, was konkret in dieser Welt geworden ist, braucht Energie, um am Leben gehalten zu werden und Leben bedeutet Bewegung und Veränderung. Alles ist der Wandlung unterworfen und nichts lässt sich auf ewig konservieren. Alles, was wir erschaffen oder erhalten, müssen wir irgendwann loslassen. Das Kind muss die Eltern verlassen, um seine eigene Schwingung aufzubauen, sein Leben zu leben. Damit geht unumgänglich Veränderung einher. Angemessenheit ist dabei wichtig. Zu wenig Veränderung führt in die Kristallisation. Stete Veränderung dagegen, ohne jeglichen Rückbezug oder Halt endet im Chaos, ist ein Zustand der Haltlosigkeit und Anarchie. Letztendlich geht es bei dieser Krise um die Polarität von Festigkeit und Freiheit. Jemand, der nur an „seiner Scholle", also an festen Sicherheiten klebt, wird nie unabhängig sein können. Wer dagegen nur in der Veränderlichkeit lebt, wird sich mit Themen wie Verantwortung und Wert konfrontiert sehen.

In der Spannung der Elemente fehlt als vermittelnde dritte Kraft der Sulphur, also das schöpferische Feuer und der Wille. Es entsteht damit die Frage in uns: Was will ich wirklich und was möchte sich durch mich ausdrücken? Wo liegt die Essenz meines Lebens und das Ziel?

a) Konflikt zwischen Trägheit und Lebensfluss

Die Erde hat mehr Gewicht als das Wasser oder die Luft. Alles im Leben wird damit so schwer, so träge, so abhängig, dass es jeden Lebensrhythmus, jede Schwingung verliert. Bequemlichkeit und ein „Es sich einfach machen" ist eine gefährliche Einstellung, da die Autonomie des eigenen Seins bedroht ist. Gefühle der Freudlosigkeit, Schwermut, toten Routine, Langeweile und der Abhängigkeit mögen sich einschleichen. In uns entsteht der Drang zur Befreiung, damit das Leben wieder in Fluss kommen kann.

b) Konflikt zwischen Struktur und Chaos

Hier sind die beweglichen Elemente gegenüber der Erde im Vorteil. Fehlt eine Orientierung und Koordination der Bewegung, so wird alles willkürlich und ist nicht abgestimmt mit dem großen Lebensfluss. Ständige willkürliche Veränderungen und Neuerungen machen das Leben chaotisch und der Überblick geht verloren. Wenig Konkretes lässt sich so im Leben erschaffen und die innere Haltlosigkeit führt zur Zerrüttung, Überreizung und Überforderung.

3. Sulfur *(Feuer)* – Mercurius *(Wasser, Luft)*
Krise der Beziehung und des Sinnes

Thema: Wissen, Erkenntnis, Bewusstsein

Diese Konstellation bringt zwei mächtige Energien in Kontakt, nämlich Denken oder Wollen und Gefühl. Wenn wir geistige Ideen haben, die wir umsetzen wollen, so müssen wir nach Resonanzen, Schwingungen suchen, um sie richtig zu platzieren. Wir können die richtige Idee haben, die richtige Form der Umsetzung und doch können Ort oder Zeit falsch sein. Resonanz ist also wichtig. Gleichzeitig brauchen wir Freunde und Unterstützung, denn niemand kann alleine für sich etwas Großes bewirken. Letztendlich geht es um das Gespür, was die Welt im Moment braucht. Wir können Geniales erwägen, aber es wird keine Beachtung und Würdigung erfahren, wenn es nicht an den Menschen und der Welt orientiert ist.

Umgekehrt ist es so, dass wir irgendwann ein Gefühl für unser Leben entwickelt haben und sein Fluss im Gleichmaß dahin gleitet. Irgendwann kommt immer die Überprüfung im Leben, ob diese Schwingung noch zu unserer einstigen Seelenabsicht steht oder ob das Ziel noch stimmt, dem unser Fluss entgegensteuert.
Generell geht es damit auch um den Standpunkt unseres Ichs im Leben und der Fähigkeit der Fokussierung oder Zentrierung. Beziehung und Lebenssinn lassen sich nur aus einem eigenen Zentrum oder Standort heraus entwickeln Das bedeutet, wir müssen herausfinden, wer wir wirklich sind und was wir wollen in diesem Leben. Da die beteiligten Elemente in dieser Konstellation vor allem leicht und flüchtig sind, braucht es Erdung, Tiefe und Verwirklichung. Das Erdelement fehlt ja in dieser Spannung oder liegt im Unbewussten. Die aufsteigende Frage hier ist: Wer bin ich wirklich und was ist das kosmische Leben?

a) Konflikt zwischen Ich und Du

Hat das Feuer die Übermacht, so richten wir uns nur nach unseren eigenen Vorgaben, sprich der Eigenwillen ist betont. Unsere Gefühle, unser Begehren werden angeheizt. Wir achten nicht darauf, wo, wie und wann wir Resonanz in der Welt erfahren können. Uns interessieren die Spielregeln nicht und auch nicht die Beziehung zu anderen. Alles muss unserem Wollen dienstbar und nützlich sein. Wir machen viel Wind im Leben, investieren viel, werden umgetrieben und doch verflüchtigt sich alles Wesentliche. Am Ende mögen Erfolglosigkeit, Verlust und Beziehungslosigkeit stehen.

b) Konflikt zwischen Seele und Ich

Die Schwingung des Lebens führt uns von einer Blüte zur nächsten, macht uns mit der Vielfalt der Erfahrungen bekannt. Leben will aber immer wieder tief gespürt werden, damit es nicht an der Oberfläche bleibt. Daher kommt es zu schweren Lebenskrisen, um uns an unsere eigene Tiefe heranzuführen. Wir müssen überprüfen, ob unser Lebensweg noch zu unserem Seelenweg passt, am Ziel unseres Weges orientiert ist und ob es genügend dauerhafte Werte gibt, die alle Stürme des Seins überdauern können. Sinnlosigkeit, Interesselosigkeit. Verlust des eigenen Selbst, Ängste, Vergeblichkeit, Todessehnsucht mögen daraus resultieren.
Unser Leben pendelt zwischen den Eckpunkten dieser Dreiheit an Energiezuständen. Wenn wir eine Inspiration haben, einen geistigen Impuls, so ruft dies nach einer konkreten Umsetzung, nach Manifestation. Es wird sich eine

Spannung aufbauen zwischen unserer Absicht (Rajas) und dem konkreten Ziel (Tamas), die günstig für das Vorhaben ist. Haben wir unsere Absicht dann konkret umgesetzt, haben ein festes Ergebnis erzielt, dann kommt etwas in Fluss, denn es entsteht eine Schwingung, die eine Auswirkung hat in unser Umfeld hinein. Das führt letztendlich zu etwas Neuem, das dem Alten hinzugefügt wird und dies ist der Nährboden, auf dem dieser Prozess erneut in Gang kommen kann. „Beziehung“ kann ein gutes Beispiel sein, um dieses Prinzip darzustellen. Zwei Menschen verlieben sich, beschließen, eine feste Partnerschaft einzugehen. Die Idee (Rajas) wird konkretisiert (Tamas). Diese neue, feste Beziehung hat eine neue gemeinsame Schwingung und steht nun wiederum mit neuen Feldern in Resonanz. Daraus ergeben sich Veränderungen (Sattva), neue Interessen, neue Freunde, ein neuer Wohnort usw., was wiederum zu einer Neuausrichtung von Entscheidungen führen kann. Freunde haben vielleicht schon ein Haus und Kinder, und das wird vielleicht zu einem neuen, lohnenswerten Ziel für einen selbst. Haben wir dies alles, werden wir irgendwann überprüfen, ob dies auch wirklich unserer inneren Absicht (Rajas) noch entspricht, ob unsere Ausrichtung noch unseren Idealen und Träumen adäquat ist. So dreht sich das Rad weiter in steter Wandlung von Erfahrung zu Erfahrung. Manchmal läuft dieser Prozess glatt und rund. Aber es können auch Spannungen auftreten, was Krisen hervorruft. Haben wir zum Beispiel eine Absicht, deren Umsetzung sich die ganze Welt um uns, die Materie, widersetzt, so wird eine enorme Spannung zwischen Wollen und Tun in uns entstehen. In dieser Spannung können wir feststecken, was zu einer „Krise der Umsetzung“ führt. Um am vorherigen Beispiel „Beziehung“ zu bleiben: Vielleicht sind dann die Eltern gegen die Heirat. Aber auch wenn die feste Partnerschaft erreicht ist, kann es zu einem Problem werden, eine gemeinsame lebendige Schwingung aufzubauen. Wir wissen alle, wie zermürbend Alltag sein kann und wie viel Kraft es manchmal braucht im Leben, eine Beziehung frisch und lebendig zu halten.

Das Leben wird stets versuchen, uns lebendig zu halten zwischen den drei Grundkräften Rajas – Tamas – Sattva, um weiteres Wachstum, weitere Erfahrung für uns möglich zu machen. Alles, was zu ruhig, zu fest ist, erfährt irgendwann eine Belebung und Beschleunigung. Alles, was zu schnell ist, wird irgendwann einmal in die Ruhe geführt werden. Auf diese Weise finden wir Sattva, unseren ureigenen Lebensrhythmus. Solche Krisen können auch zu einem Scheitern auf der irdischen Ebene führen, davon erzählen die Romane und Geschichten wie auch das Leben selbst. Der russische Schriftsteller Leo N. Tolstoi beschreibt in seinem Roman „Anna Karenina“ eine solche Lebenskrise. Anna Karenina ist mit einem älteren, einflussreichen Mann verheiratet, mit dem sie einen Sohn hat. Ihr Leben plätschert gutbürgerlich und ohne große Momente ruhig dahin (ein Zeichen von „Tamas“), bis sie sich in den jungen Grafen Wronskij verliebt (ein Zeichen von „Rajas“). Beide setzen gegen jeden Widerstand der Gesellschaft ihre Liebe durch. Der Preis ist, dass der Sohn beim Vater bleiben muss. Als Paar haben sie ihr Ziel erreicht und leben im Ausland zusammen. Aber anstatt nun ihren eigenen, neuen Rhythmus (Sattva) zu entwickeln, bleiben sie in der Spannung zwischen ihrer alten und neuen Welt stecken. Ihre Beziehung wird öde und tot, reibt sich auf an den Kleinigkeiten des Alltags, was dann schlussendlich zu einer Tragödie führt. Sie hatten es nicht geschafft, das Erreichte lebendig zu halten, so dass etwas völlig Neues daraus hätte erstehen können, denn die Bindungen an das Alte, symbolisiert im Sohn, waren zu stark. Die Vision, der Impuls waren da, auch die konkrete Manifestierung derselben fand statt, aber auf dem Weg der Transformation sind beide steckengeblieben. Sie hatten es nicht geschafft, ihre alten Bilder in den Kessel der Verwandlung zu werfen. Märchen hören deshalb ja gerade an diesem Punkt der Geschichte auf, wo alles, für das man gekämpft hat, erreicht ist. Hat der Stallknecht seine Prinzessin erhalten, dann leben beide glücklich bis ans Ende ihrer Tage. Wer möchte schon als Leser von der Routine ihres Alltags erfahren, vom alltäglichen, häuslichen Kleinkrieg, vom harten Ringen, das Leben in Fluss und Fahrt zu halten? Tolstois Roman geht da weiter, wo das Märchen aufhört. Sattva ist Rhythmus, der aus dem Loslassen entsteht. Auch im Sterbeprozess spielt jene Phase des Loslassens, Lösens und Verwandelns eine wichtige Rolle. Das Fixe und Feste, was wir im Leben aufgebaut haben, kann nicht unendlich weiter auf dem Weg mitgenommen werden, sonst könnte das Leben nicht unendlich sein. Es muss eine Auflösung des Anhaftens an alles Feste, Sichere, an das wir bisher vielleicht geglaubt haben, eintreten. Nur damit entsteht eine neue Weite und Offenheit für das Leben. Auf diese Weise regeneriert sich das Leben auf unterschiedlichen Ebenen seit allen Zeiten.

Krise als Konflikt zwischen Seele und Ich

Betrachten wir nun einmal solche Krisen- und Spannungszeiten des Lebens vom geistigen Standpunkt aus. Die im vorherigen Kapitel angeführten Lebenszyklen sind eine aus der Erfahrung beobachtete Bemessungsgrundlage von Veränderungen, weshalb zu relativ gut bestimmbaren Zeitpunkten im Leben eines jedes Menschen solche Krisen- oder Wendepunkte eintreten. Jede Veränderung geschieht letztendlich aus der Spannung heraus, die sich zwischen dem Alten und dem Neuen aufbaut. Der höchste Krisenpunkt in einer Lebensphase resultiert aus einer großen Verengung oder Stauung der Lebensenergie, mit deren Lösung sich dann das Neue auftut. Was ist nun das „Alte" in uns und was das „Neue"? Der „alte Mensch" in uns ist stets unser Körper- und Egobewusstsein. Beide bilden sie die gesammelte Erfahrung aus der Vergangenheit, sind ihr Ergebnis, an dessen Gestaltung wir tatkräftig mitgewirkt haben. „Der neue Mensch" in uns ist der Zukünftige, der, auf den wir hinwachsen im Leben. Er ist nicht Teil der Materie, sondern ist Teil unserer Seele, des Geistes. Unser eigenes Seelenbewusstsein lenkt die Entwicklung. Damit haben wir zwei große Kraftströme, die unser Leben formen und gestalten: den unserer Persönlichkeit und den unserer Seele. Sie formen den Kreis eines Zyklus oder einer Phase unserer Erfahrung. An dem Punkt, an dem die Seele dem Ego ganz nahe kommt, der Kontakt am engsten ist, fließt eine mächtige Inspiration und Schwingung durch die festen, kristallinen Strukturen des Ego. Dadurch ergibt sich ein Knotenpunkt der Spannung zwischen Alt und Neu, was wir Krise nennen. Die folgende Abbildung zeigt das Verhältnis zwischen Ego und Seele, das unsere Lebensphasen prägt.

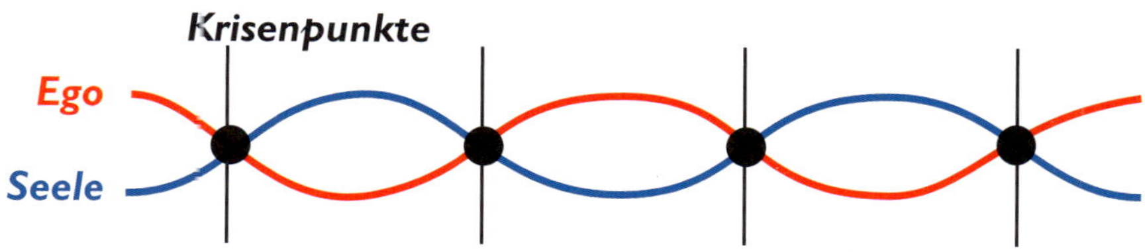

Ego und Seele

Am Schnittpunkt der beiden Linien („Wachstumsknoten") wird es möglich in einen neuen Kreis der Erfahrung einzutreten, was Veränderung und neues Wachstum bringt. Dafür braucht es unsere Entschlossenheit und unseren Mut. Nehmen wir die Krise an, sehen wir sie als Chance im Leben, dann werden wir erneuert zurückkehren in den Kreis des Lebens. Wird die Entscheidung zur Erneuerung an diesem Punkt nicht gefällt, wird die Krise abgelehnt, dann findet eine Wiederholung des Zyklus statt und der Mensch befindet sich in der Warteschleife. Er bewegt sich dann weiter im alten Kreis, was Entwicklung und Regeneration verhindert. Oftmals nehmen wir dann Positionen wie die Rolle des Opfers ein, eine Rolle, die uns vom Leben abtrennt. Isolierung, Vereinsamung und Verbitterung können die Folge sein. Dieses Im-Kreis-Gehen zieht zwei Möglichkeiten nach sich. Die erste Möglichkeit besteht darin, dass durch das stete Wiederholen die Energie langsam zum Stillstand kommt und keine weitere Entwicklung möglich ist. Das Leben wird schal, jegliche Kreativität und Potenz verschwindet, der Lebenssinn samt Freude geht verloren. Der Stillstand kann hier nahe an den Tod oder todesähnliche Erlebnisse heranführen. Die andere Möglichkeit besteht darin, dass in der steten Wiederholung immer neue Energie aufgebaut wird (wie zum Beispiel Hass auf das Leben), die aber keinen Kanal oder keine Öffnung findet, so dass eine Überspannung entsteht. Das Ergebnis kann eine Explosion sein, die den Menschen förmlich in eine neue Erfahrung hineinschießt oder den Menschen aus seinem jetzigen Leben vielleicht sogar ganz hinauskatapultiert. Wir kennen das Prinzip solcher Entwicklungen oftmals im Kleinen, wenn wir zum Beispiel etwas Unangenehmes vor uns herschieben. Wir können dann nicht wirklich frei weitergehen, weil das Problem noch in unserem Bewusstsein ist und wie ein Rad sich in unserem Kopf dreht. Dadurch bekommt ein Problem immer mehr Gewicht und Bedeutung und die späte Lösung kostet viel mehr Kraft, als wenn man sie gleich angeht.

Was geschieht nun an diesem Knotenpunkt genau? Betrachten wir noch einmal die vorherige Abbildung, so wird deutlich, dass die größte Spannung immer an der Stelle eintritt, wo der Seeleneinfluss am stärksten, die Seele dem irdischen Ego also am nächsten ist. In der Mitte finden wir dagegen das beste Wohlgefühl, da die Seele weiter weg ist vom irdischen Kern und die Spannung daher am geringsten ist. Dort, wo sich beide Linien treffen, haben wir den Punkt, an dem die Seele das Ego inspiriert zu etwas Neuem. Die nachfolgende Abbildung soll verdeutlichen, was an diesem Punkt genau passiert.

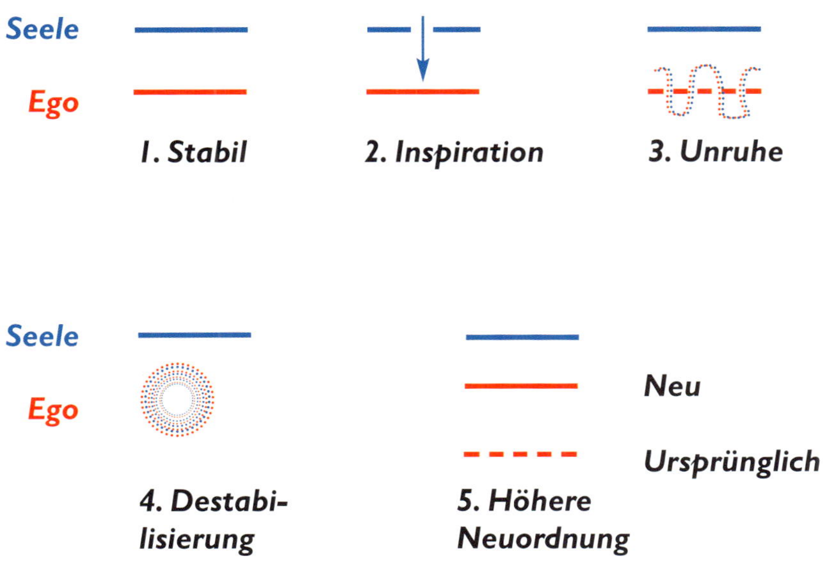

1. **Ist-Zustand:** Zustand der momentanen Integration. Die Persönlichkeitsform ist fest und klar.

2. **Inspiration:** Zuführung von Energie durch die Seele. Der Brennpunkt des Bewusstseins wird auf ein neues Ziel gelenkt.

3. **Spannung:** Auflösung des Alten. Der Zustand der Integration wird labil. Einführung des Neuen.

4. **Hochpunkt:** Höchste Unruhe oder Anspannung, völlige Auflösung, Krise.

5. **Lösung:** Veränderung, Neues, Öffnung, Entspannung, kreativer Fluss

6. **Neue Integration:** Den neuen Rhythmus finden und aufbauen.

Innerhalb unserer Lebenszyklen wechseln immer die Phasen der Stabilität mit jenen der Auflösung ab. Unser ganzes Leben ist ein Vorgang steter Integration. Fasst unsere Seele in der anderen Welt den Entschluss zu einer erneuten Inkarnation, dann verlagert sich ein Teil des Brennpunktes unseres Bewusstseins in die irdische Sphäre. Dieser Brennpunkt gewinnt im Laufe der neun Monate Schwangerschaft immer mehr an Energie, bis seine Anziehungskraft so stark ist, dass die Geburt erfolgt. In den ersten Jahren versuchen wir jene Teile in uns zu integrieren, die uns zu überleben helfen. Wir lernen unsere Bedürfnisse zu befriedigen, bis wir einen Zustand der körperlich-emotionalen Integration erreicht haben, bei dem alles gut funktioniert. Ist dieser Zustand annähernd erreicht, verlagert sich unsere Bewusstsein auf einen neuen Brennpunkt. Wir werden selbstständig. Der Übergang dazu findet mit Krisen der Ablösung statt, mithilfe der Kinderkrankheiten und auch des Zahnwechsels. Dann folgt der Zyklus ungefähr ab dem siebten Lebensjahr, in dem wir uns selbst als „groß" erleben möchten. So schreiten wir von einer Stufe der Integration zur nächsten voran, mittels der Verlagerung unseres Bewusstseins, was die Seele ausführt, um irgendwann eine Abrundung im Leben zu erreichen, was wir als Gesamtpersönlichkeit bezeichnen. In der Mitte eines jeden Entwicklungszyklus haben wir eine stabile Schwingung aufgebaut, ist die Integration dieser Stufe erreicht. Alles geht dann eine Zeit lang äußerlich seinen Gang, obwohl im Inneren schon der Impuls für den nächsten Schritt gelegt ist. Die innere Spannung nimmt daher zu und es tritt eine gewisse Nervosität ein, weil wir unbewusst spüren, dass die Seelenenergie näher kommt. Meist äußert sich dies in einem Gefühl, dass sich etwas ändern muss, dass es etwas Neues braucht im Leben. Eine gewisse Unzufriedenheit ist da, die irgendwann in Aufbruchstimmung umschlägt. Wenn die Inspiration durch die Seele erfolgt, was stets auch mit einem äußeren Anlass korrespondiert, dann kommt ein Schwung an neuer Energie herein, der das Leben durcheinanderwirbelt. Die Zusammenhaltekraft des bisherigen Lebens löst sich auf, der Drang, einen neuen Brennpunkt seines Seins zu finden, nimmt zu. Der Unruhezustand im Leben verstärkt sich, das Alte beginnt sich aufzulösen, während das Neue langsam Gestalt annimmt. Ängste, Irritationen und Körpersymptome gehören hier mit dazu, denn die Ablösung betrifft stets den ganzen Menschen. Damit es zu einer Abtrennung vom Alten kommen kann, erfolgt ein höchster Zustand der Spannung und Unruhe, der schließlich die Krise mit ihrer Wendung oder Lösung bringt. Danach fließt das Leben in sein neues Flussbett und das Leben nimmt einen neuen, wieder ruhigeren Rhythmus auf, bis es so stabil ist, dass eine neue Integration erreicht ist.

Krisen haben immer mit unserer Einstellung zum Leben zu tun. Sind wir in unserer Kraft und Mächtigkeit, so ist unser Fokus ganz nach außen gerichtet und damit extrovertiert. Der Lebensstrom fließt mit uns und alles geht uns gut von der Hand. Wir fühlen uns von der Welt angenommen, geachtet und geliebt. So könnte das Leben eigentlich nach unser aller Auffassung ewig weitergehen. Wir haben aber durch die vorgehenden Kapitel sehen können, dass es im rein Linearen keine Erneuerung des Lebens und keine Ewigkeit gibt. Könnten wir in unserem Bewusstsein weiter wachsen, könnten wir eine Vertiefung unseres Seins erfahren, wenn es nur ein nach Außen und Vorwärts gebe, wenn wir alle Tausende von Jahre alt würden im gleichen Körper? Wahrscheinlich nicht, denn wir würden dann nur von unserem Zentrum nach außen leben.

Treffen wir auf Widerstand oder geht etwas nicht nach unserem Sinn, so ist das zunächst noch keine Krise an sich, denn wenn wir stark genug sind, unsere Mission unerschütterlich ist, werden wir das überwinden. Erst in dem Moment, in dem der Druck aus der Welt stärker ist als unsere Ich-Kraft, wird diese nach innen gedrängt und wir erleben eine Erschütterung unserer Selbst, eine echte Krise. Solange der Austausch zwischen unseren Ich-Kräften und der Welt einigermaßen in Balance ist, mag es Widerstände geben, Unpässlichkeiten, kurze Krisenmomente, aber keine wirklich existenziellen Krisen. Man könnte solche Krisen „persönliche Krisen" nennen. Erst wenn die Seele ihre Kräfte zurückruft, kann uns das Leben vom Außen ins Innen zurückdrängen und es entsteht eine schwere, fundamentale, alles ergreifende Krise, die man daher als „seelische Krise" bezeichnen kann, da sie durch diese hervorgerufen wurde. Eine Krise wirft uns auf uns selbst zurück, kann uns in eine ganz bewusste innere Gegenwart bringen und in einen erhöhten Zustand der Selbstwahrnehmung, was eine große Chance des Lernens ist. Eine Krise orientiert sich an unserem unvergänglichen Mittelpunkt und richtet uns danach aus, um so eine Inspiration, Veränderung und Erneuerung auf allen Ebenen unseres Seins einzuleiten.

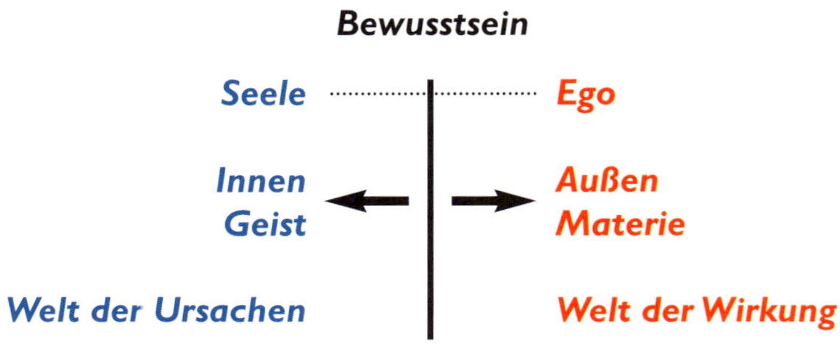

Das Innen und Außen

Das Ego hat stets mit den Inkarnationskräften zu tun. Sie sind es, die uns dazu antreiben, das Leben mit unserer Qualität und Energie zu durchdringen und das im Außen zu manifestieren, was uns innerlich bewegt. Das eigene Leben wird zur Mission und jede Krise ist eine Herausforderung an die eigene Mächtigkeit. Diese Kraft, die uns dazu treibt, uns in der Erde verwirklicht zu sehen, nennen wir Egokraft. Ein Mensch, der vor allem in seiner Egokraft lebt, dessen höheres Denkvermögen, das allein den Kontakt zur Seele ermöglicht, noch nicht bewusst entwickelt ist, wird meist weniger oft innere Krisen zu gewärtigen haben. Seine Schwerkraft hält ihn ganz an den Inkarnationskräften, die wie ein Stoßkeil ins Leben sind. Krisen bilden hier lediglich eine Behinderung der eigenen Mission. Dieser Entwicklungsbogen in die Welt hinein wird als Weg der Involution bezeichnet und bedeutet die Verbindung mit der Materie und deren Eroberung. Somit bedeutet Geborenwerden, dass wir die absteigende Hälfte des Lebenskreises als Weg beschreiten, der eine Verkörperung ermöglicht. Sterben bezeichnet jenen Weg anzutreten, der uns wieder zurück in die geistige Heimat führt. Unsere Bewusstseinserfahrungen nehmen wir als Samen mit in die andere Welt, eventuell auch für ein neues Leben, weshalb dieser Bogen „Fortschritt oder Evolution" gesamt wird. Allerdings gilt es darauf hinzuweisen, dass in den esoterischen Lehren der Begriff „Evolution" nicht darwinistisch zu sehen ist, sondern bedeutet, vom Lateinischen ausgehend, lediglich „Auskleidung", so wie Involution die „Einkleidung, Einhüllung" ist.

Krisen bekommen eine neue Bedeutung, wenn wir in unserer Bewusstseinsentwicklung und Selbsterkenntnis voranschreiten. Ab einem bestimmten

Punkt können wir erkennen, dass wir nicht Opfer irgendwelcher Umstände sind, sondern Krisen aus unserem Seelenmuster erwachsen. Mit zunehmender Sensitivität wächst das Interesse am Geistigen, wächst der Seeleneinfluss, während die Welt der Materie an Anziehungskraft verliert. Menschen, die offener für ihre Seelenschwingung sind, werden viel häufiger Krisen ausgesetzt sein, da ihre Sensibilität höher ist und beide Schwingungen, nämlich die des Ego und der Seele, sich viel intensiver aneinander annähern. Daher gilt es in den östlichen Schulungen als gutes Zeichen, wenn ein Aspirant viele Krisen durchläuft, weil es ein Hinweis dafür ist, dass die Seele viel aktiver in das irdische Dasein eingreift. Das bedeutet auch, dass, je mehr das menschliche Denken und die innere Erkenntnis zunimmt, die Häufigkeit der Krisen zunehmen wird.

Krisen als Mittel der Integration

Krisen bedeuten ein Innehalten, um unsere Aufmerksamkeit zu gewinnen oder eine Möglichkeit für Rückbesinnung oder Korrekturen. Alles was gut läuft in unserem Leben, haben wir als Erfahrung über viele Leben erworben. Wir haben in der Vergangenheit den Preis dafür bezahlt, damit wir heute bestimmte Fehler nicht mehr machen. Das sind die Lichtpunkte in unserem Dasein, da sie erlöste Energien oder Qualitäten bezeichnen, die im Fluss mit dem Leben sind. Aber jeder Mensch wird auch mit vielen dunklen Punkten geboren, die Gebiete in uns bezeichnen, die noch unerforscht, unerlöst, blockiert, krank, verzerrt oder übel sind. In der heutigen Esoterik werden diese dunklen Punkte meist als Karma bezeichnet. Unsere Seele möchte diese dunklen Punkte in lichte verwandeln und schickt uns entsprechende Erfahrungen.

Licht und Schattenpunkte im Menschen

Nehmen wir folgendes Beispiel. Wir wohnen in einem Mietshaus und in der Wohnung nebenan befindet sich ein Mieter, der seine Musik lautstark hört, der die Treppe nicht fegt, kurzum, ein schwieriger Zeitgenosse für uns. Wir setzen uns mit ihm auseinander, schreiben Briefe, aber es ändert sich nichts. Wir werden immer wütender auf den Nachbarn, könnten ihn umbringen. Eine wirkliche Krise bahnt sich an. Bevor es zum Äußersten kommt, beschließen wir wegzuziehen. Wird das unser Problem lösen? Ganz sicher nicht, denn gleich, auch wenn wir auf einen anderen Kontinent ziehen, wird schon der nächste schwierige Nachbar auf uns warten. Wir können unserer Lektion nicht entfliehen. Die schönste Geschichte dazu hat mir ein Freund erzählt, dessen Eltern in stetem Streit mit den Nachbarn lagen, die im Haus nebenan wohnten. Keiner wusste eigentlich noch um den Ursprung des Zwistes. Kurzum, irgendwann war das den Eltern des Freundes einfach nervlich zu viel und sie beschlossen wegzuziehen. Sie erwarben ein Haus in einem der Nachbarorte. Sie waren gerade eingezogen und saßen im Garten, als sie im Garten nebenan ihre alten Nachbarn wiedererkannten. Es stellte sich heraus, dass diese die gleiche Idee gehabt hatten. Jetzt beschlossen sie bei einem Glas Champagner endgültig den Streit beizulegen. Wir alle kennen ja viele solcher Erfahrungen. Wenn wir militante Nichtraucher sind, da können wir sicher sein, dass im Restaurant am Nachbartisch von uns Raucher sitzen werden. Aber warum schickt uns das Schicksal immer wieder diese schwierigen Leute? Eigentlich aus ganz freundlichem Grund, denn diese schwierigen Leute machen uns auf die dunklen Punkte in uns aufmerksam. Sie teilen uns unbewusst mit: „Hey Du, da ist noch eine ganze Menge Unduldsamkeit oder Aggression in Dir. Das solltest Du Dir einmal anschauen!“ Daher pflegte der Heiler Tom Johanson stets zu sagen: „Dein schwieriger Nachbar ist Dein bester Lehrmeister!“ Krisen sind also auch Lernerfahrungen, die uns helfen sollen dem Dunklen zu begegnen, damit das Licht in uns wachsen kann. Der Tod ist Vertreter des Schattens schlechthin. Da werden wir zwangsläufig mit dem Unbekannten, Dunklen konfrontiert. Das ist aber nichts, was außerhalb unserer selbst existiert, sondern es ist der Schatten in uns, dem wir da unvermeidlich begegnen. Wer viel Schattenarbeit an sich geleistet hat, wer viel Klärung und Heilung im Leben erreicht hat, wird entspannter in diese Dunkelheit eintreten als jener, der den Schatten gemehrt hat. Daher die stete Betonung in der Lehre Jesu auf solche Kräfte wie Liebe, Verzeihen, Danken und Ehren. Dies sind die Kräfte, die Schatten in Licht verwandeln können, so dass sich die innere Freiheit vermehrt. Krisen helfen uns, die Integration aller Kräfte in uns, die lichten wie die dunklen, voranzutreiben.

Krisen und Prozesse der Integration finden wir in allen Lebewesen, im Persönlichen wie Kollektiven. Eine geschichtliche Entwicklungsepoche über ihren langen Zeitraum folgt genau den gleichen Gesetzen, wie das individuelle Leben oder das Leben des Wesens Erde. Und daher finden wir auch hier das Prinzip der Synchronizität wieder, da die Zeit immer mit impliziert ist. Der eine Mensch wird in einen ruhigen Abschnitt der Geschichte geboren, wie meine Generation, die Nachkriegsgeneration, andere wurden in jene Phase

geboren, die ihnen diese große Krise des Weltkrieges beschert hat. Die Seele sucht sich jene Zeiten aus, in der sie ihre Entwicklungsaufgabe am besten erfüllen kann. So gibt es auch unter den vielen Leben eines Menschen ruhige und friedfertige, neben sehr kriegerischen und schmerzvollen.
Krisen sind Gelegenheiten und Chancen zum Wachstum, aus denen wir voll neuer Energie und gestärkt hervorgehen können. Eltern, die alles Unangenehme von ihren Kindern fernhalten wollen, helfen ihren Kindern bekanntlich nicht auf ihrem Weg der Entwicklung von Selbstständigkeit und Selbstbewusstsein. Ärzte, die alle Kinderkrankheiten vermeiden helfen wollen, die mit Impfungen eingreifen, werden das Immunsystem nicht auf das wirkliche Leben vorbereiten und werden es schwächen. Ein Gott, der uns ein immerwährend perfektes Leben schenken würde, würde uns entmündigen und uns unserer Entwicklung hin zu unserer eigenen „Göttlichkeit" berauben. Krisen stellen eine Herausforderung an unsere Integrationskraft und an unsere Identität dar, damit unser innerer Kern immer stärker wird. Bewusstsein und Leben brauchen eine Kombination von Integration (Stabilität) und Wandel. Das Ziel unserer menschlichen Entwicklung geht dahin, dass wir irgendwann einmal alle unsere Ebenen zu einem Ganzen integriert haben und damit volles Seelenbewusstsein, sprich die Erleuchtung, erlangt haben.

Was für die Zyklen unseres jetzigen irdischen Lebenslaufes gilt, gilt auch für die Gesamtheit unserer Leben, denn auch in ihnen herrschen Zyklen. Es gibt Leben, die bilden einen solchen Knotenpunkt, so dass Krise auf Krise folgt. Darauf folgen meist ruhigere Leben, bis in irgendeinem späteren Leben die Spannung wieder zunimmt. Ist dieses jetzige Leben im Großen und Ganzen integriert, dann nur deshalb, weil wir in den vorherigen Leben daran gearbeitet haben. Aber das nächste oder übernächste kann schon wieder den Wandel fordern, bis wir die Stufe der vollen Entfaltung unserer Seelenkräfte erreicht haben. Ist das jetzige Leben aber voller Krisen und Erschütterungen, so waren die letzten Leben integriert und jetzt steht Erneuerung, Verwandlung und Entwicklung an.

Aus spiritueller Sicht zeigt sich: Je schneller sich Krise und Stabilität abwechseln, desto stärker drängt die Seele zu spiritueller Entwicklung. Eigentlich ein wunderbares Zeichen, wenn es nicht so schmerzhaft wäre. Jemand, dessen Leben also krisengeschüttelt ist, sollte sich unbedingt ganz konsequent einem spirituellen Weg widmen. Letztendlich ist der Tod neben der Geburt wohl die größte Krise unseres irdischen Daseins, da dies die größte Verwandlung ist, die da erreicht werden muss. Die Ablösung der Seelenenergie aus dem physischen Körper und deren erneute Integration in die geistige Welt ist ein ziemlich schwieriger Akt. In gewisser Weise ist es ein Wechsel der Atmosphäre, wie sie vielleicht ein Schauspieler erlebt, der zwischen Garderobe und Bühne wechseln muss. Geht er ab von der Bühne, so muss er sein Kostüm ablegen, sich abschminken. Wenn er das Theater verlässt, gilt es sich zuerst wieder in der „normalen" Welt zurechtzufinden. Künstler können ein Lied davon singen, dass das nicht einfach ist und Lernen erfordert. Wie trete ich auf und wie trete ich ab? Der Wechsel in eine extrem andere, unterschiedliche Lebensatmosphäre hinein, bringt einen Umschwung von Energie mit sich, was mit dem Begriff „Krise" umfasst werden kann. Jede Krise, die wir im Leben erfahren und die wir meistern, nimmt uns die Angst vor jener großen Krise, die wir „Tod" nennen.

6.3.1 Übung

zum Thema „Krisen"

- **Betrachte einmal die kritischen Zeiten und die wichtigen Krisen Deines Lebens. Schreibe diese in Kurzform nieder und zwar auf die linke Hälfte eines Blattes. Welche Essenz, welchen Gewinn hast Du rückblickend daraus gewonnen? Wähle eine Farbe oder bestimmte Farben für Krise allgemein oder die einzelnen Krisen.**
- **Dann betrachte die glücklichen Zeiten, die Glückspunkte deines Lebens. Schreibe diese ebenfalls nieder, jetzt auf die rechte Seite des Blattes. Welche Essenz hast Du aus diesen gezogen? Wähle wiederum Farbe oder Farben für die glückliche Seite.**
- **Dann nimm Papier und Farbstifte. Male nun mithilfe deiner Kreativität alle diese Zeiten, die krisenhaften wie glücklichen, so auf, dass eine bunte Perlenkette oder ein Mosaik deines Lebens daraus entstehen. Nimm Dir Zeit und male aus dem Bauch heraus. Betrachte dann das fertige Bild und sage laut zu Dir: „Dies ist mein Leben mit all seinen Farben und Mustern und ich sehe, es ist gut! Ich und das Leben sind eins!"**

6.4
Schattenarbeit

Licht Schatten

Das Thema „Schatten“ begleitet den Menschen von Beginn seiner Bewusstseinsentwicklung an. In Mythen und Märchen haben unsere Vorfahren die Schattenthemen ihres Lebens bildhaft zum Ausdruck gebracht. C.G. Jung ist es zu verdanken, dass die bewusste „Schattenarbeit“ weite Verbreitung fand. Was ist nun der „Schatten“, was verbirgt sich hinter diesem Begriff?
Vom Wort her scheinen „Schatten, Dunkelheit und Wurzel“ eng zusammenzuhängen. Wenn die Sonne an der Wurzel des Baumes schlafen geht, so ist Nacht oder Winterszeit. Die Sonne sinkt in das dunkle Urwasser hinab, geht in den Steinsarg ein. In dieser Dunkelheit stirbt der alte Jahres- und Sonnengott, wird verwandelt und als ein junger Gott im neuen Jahr wiedergeboren. Auch im babylonischen Mythos muss die Frühlingsgöttin Ishtar ihre dunkle Schwester in der Unterwelt besuchen, um ihren verstorbenen Geliebten von dort zurückzubringen. Die Verwandlung und Wiedergeburt findet in der Dunkelheit statt. Da lauern die Gefahren und Abgründe, aber auch die Chance das Leben zu erneuern. Hier finden wir also schon die Doppeldeutigkeit des Schattens, dass er nämlich gleichzeitig gefährlich wie auch lebensfördernd ist.
Wie sehr Licht und Schatten die notwendigen Bedingungen unserer Sinneserfahrung auf dieser Erde sind, beschreibt der Sinnesforscher Hugo Kükelhaus:

„Im richtigen Verhalten zum Licht haben wir auch einen Schlüssel zum Leben in der Welt. Und kaum sonstwo ist es notwendig, so radikal umzudenken, wie in der Frage: Mensch und Licht. Denn, haben wir nicht alle die Vorstellung: „Je heller es ist, desto besser kann ich sehen?“ – Das klingt zwar äußerst plausibel; dennoch aber ist nichts so lebensfalsch, wie diese plausible Behauptung!
Stelle Dir in einem dunklen Raum eine Kugel vor. Solange, und nur solange, als sie dergestalt angeleuchtet wird, dass Schatten sich auf ihr bilden können, erscheint sie als Kugel. Wenn ich sie aber von allen Seiten anstrahle, also, dass sich keine Schatten bilden können, erscheint sie als Scheibe. Sie verliert in totaler Ausleuchtung ihre körperhafte Erscheinung. Sie erscheint als ein flächiges Gebilde, was sie gar nicht ist. Der Schatten oder das Dämmrige oder das Trübe (wie Goethe es nannte) ist das Ungewisse, welches der Seh-Akt benötigt, um das Gewisse, das nur als Teil und Stück wahrnehmbar ist, in der freien Vorstellung zu ergänzen. Nehme ich die Ungewissheit weg, so nehme ich die Freiheit, die zur Bildung der Vorstellung ist. Wenn wir also in unserer Lichttechnik darauf hinzielen, alle Schatten zu vertilgen, so betreiben wir im wahrsten Sinne des Wortes: Freiheitsberaubung.“

(Hugo Kükelhaus, Dennoch Heute, Weber-Kükelhaus-Archiv, Zürich, 1994, S.22)

Die Welt, so wie sie sich vor unseren Augen eröffnet, ist ein Teil der Wirklichkeit und die Dunkelheit, das Ungewisse und Ahnbare, die andere. Erst in der Integration und Transzendierung dieser Dualität über den Weg der Wandlung, eben unseren „Lebenwandel", können wir jenen Zustand der unio mystica erreichen, die absolute, göttliche Wirklichkeit, von der alle Mystiker berichten. Licht und Schatten sind zwei grundlegende existenzielle polare Kräfte der Lebenswirklichkeit und dementsprechend potenziert ist deren Kraft. Wenn wir heute im psychologischen Sinne von „Schatten" sprechen, meinen wir daher generell nicht all die Fehler, Schwächen und Unzulänglichkeiten, derer wir uns bewusst sind. „Ich weiß, ich sollte nicht so ungeduldig sein ..." ist kein Schattenthema, denn wir sind in diesem Falle uns unserer Schwäche „Ungeduld" bewusst. Da ist schon ein Teil „Licht-Bewusstsein" vorhanden. Mit Schatten meinen wir aber jene dunklen, düsteren Welten, Abgründe und Mächte, die unbekannt und unbewusst in unserer Tiefe schlummern, bereit, jederzeit unsere zarte, mühsam erworbene zivilisierte Bewusstseinsschicht hinwegzufegen. Es sind Mächte, die wir als böse, abstoßend, verkrüppelt, niederträchtig, giftig, gefährlich, hässlich, unwert und verachtenswert empfinden. Es ist der erstarrende, tote Blick der Medusa oder Gorgo, dem wir da begegnen und wir wollen mit solchen Alpträumen unseres Seins nichts zu tun haben. Wir entwickeln üblicherweise Techniken der Verdrängung solcher Kräfte, als eine Art psychischer Überlebenstechnik, aber trotzdem bergen jene Kräfte die stete Gefahr, dass sie uns bei passender Gelegenheit einfach überrollen und mit ihrer Macht einen großen Teil unseres bewussten Ichs auslöschen. Ich möchte dies an einem Beispiel darstellen. Nehmen wir einen überaus ungeduldigen Autofahrer. Wieder einmal befindet sich vor ihm einer jener Schleicher auf der Straße, die er hasst, weil sie ihn aufhalten. Sagt er nun zu sich selbst: „Ja, ich weiß, es ist schlimm mit meiner Ungeduld, aber manchmal könnte ich ...", so ist dies eine Unzulänglichkeit oder Schwäche, die wahrscheinlich kein größeres Problem verursachen wird. Aber ein Schatten ist es nicht, denn dieser hat eine viel größere Macht. Er besitzt eine solche Macht, dass er einfach die Führung und Lenkung über den Fahrer und dessen Auto übernehmen kann. Da fährt dann plötzlich nicht mehr der gesittete junge Mann, der eine gute Führerscheinprüfung abgelegt hat, sondern ein Mensch aus einer anderen Zeit, vielleicht ein Neandertaler, Hunnenkrieger oder Gladiator. Wenn also besagter ungeduldiger Autofahrer die Lichthupe ausfährt, dem Vorausfahrenden auf die Stoßstange auffährt, wild gestikuliert, den anderen aggressiv bedrängt, ja von der Straße drängt und wenn dieser dann immer noch nicht weichen will, den Revolver aus dem Handschuhfach holt, dann ist dies keine Schwäche mehr, sondern ein handfester Schatten. Ein unkultivierter, archaischer Teil, der eher an die Frühzeit der Menschheit erinnert, übernimmt die Führung, weil das bewusste Ich das Dilemma mit dem Schleicher nicht profund lösen kann. Der Schatten kennt Techniken, den Schleicher auszuradieren, ihn zu eliminieren, auf die eine oder andere Weise. Der „überschattete“ Mensch ist dann nicht mehr er selbst und wird sich später auch diesbezüglich in diesem Sinne äußern. Er weiß nicht, was da über ihn gekommen ist, ja vielleicht kann er sich bewusst an nichts Unrechtes erinnern.

Es leben nicht nur nette Seiten in jedem von uns, sondern auch hässliche Dinge, Relikte uralter Zeiten, Kräfte, die nie das Licht des Bewusstseins erblickt haben. Dabei kann es sich um Schattenanteile aus unseren eigenen früheren Leben handeln, aber eventuell auch um kollektive Schattenanteile, aus der Familie oder dem eigenen Volk.
Leben sich die Schatten nicht auf irgendeine Weise durch uns selbst aus, so neigen sie meist dazu, sich zu exkorporieren und nach außen zu projizieren. Auch dies ist ein Überlebensmodell des Bewusstseins, denn ewig kann man mit der hohen Energie eines unterdrückten Schattens nicht gut leben, der da im Untergrund gärt und die Atmosphäre vergiftet. Also tritt er von außen an uns heran, in Form zum Beispiel des schwierigen Nachbarn, als widrige Lebensumstände, Krankheit usw. Schatten besteht aus Kraft, Tat, Reaktion und Wirkung, ohne dass unsere höheren Instanzen beteiligt sind, weshalb wir da ja auch unsere blinden Flecke haben. Wir spalten ihn ab, erleben ihn als nicht zu uns gehörig, denn so primitiv können wir nicht sein. Wächst unser spirituelles Bewusstsein, dann haben wir die Chance gerade in den schwierigen Zeiten unseres Lebens zu erkennen, dass diese uns einen Spiegel vorhalten und uns auf unsere „dunklen Flecken“ aufmerksam machen wollen. Somit kann aus einem furchtbaren Feind ein guter Lehrer für uns werden. Solange wir den schwierigen Nachbarn bekämpfen, bekämpfen wir einen Teil von uns selbst und selbst wenn wir den einen loswerden, steht der nächste schon bereit. Daher lehrte Jesus ja nicht in die Reaktion zu gehen, sondern die „andere Wange auch hinzuhalten“, eine Lebenshaltung, die nicht einfach einzuhalten ist. Aber es ist wirksame Schattenarbeit, nicht in den Widerstand zu gehen, sondern Annehmen zu erreichen. Wie viel Intensität an Schatten bei scheinbar harmlosen Sachlagen auftreten kann, zeigen die zahlreichen Berichte in der Presse über die intensive Kriegsführung zwischen Nachbarn um Gartenzwerge, Grenzbäume und Zäune. Schatten ist etwas, das jegliche Vernunft sprengt, jegliches Bewusstsein wegdrückt, dem nicht mit einigen praktischen Vernunftregeln beizukommen ist.

Schatten ist ein Dilemma für uns, denn er hat eine Faszination und ist ein wichtiger Motor unseres Lebens selbst. Ich denke da an ein Beispiel wunderbarer Menschlichkeit: Albert Schweitzer. Zufällig kannte ich einige Familienmitglieder dieses berühmten Mannes. Albert Schweitzer muss nach deren Berichten als Mensch im persönlichen Bereich ziemlich despotisch und hart gewesen sein, übrigens auch sich selbst gegenüber. Aber letztendlich war diese Seite wohl gerade die Quelle seiner unerschöpflichen Kraft, die ihn Lambarene im afrikanischen Dschungel aufbauen half. Die Kraft des Schattens ermöglicht uns also wohl ganz außerordentliche Leistungen, wenngleich er auch eine existenzielle Bedrohung für uns ist, da er Macht über uns besitzt. Es ist also eine Gratwanderung, eine Frage der Stabilität innerer Werte und Motive. Und er geht uns letztendlich meist nie alleine an, stets sind andere darin involviert. Der Schatten scheint den Menschen erst zum Menschen zu machen, lässt die Menschen alle gleich sein, denn ob arm oder reich, jung oder alt, jeder trägt seinen Schatten mit sich, so wie jeder Körper bei entsprechendem Lichteinfall seinen Schlagschatten zeigt. Der romantische Dichter Adalbert von Chamisso (1781–1831) greift diesen Gedanken in seinem lesenswerten Märchen „Peter Schlemihls wundersame Geschichte" auf. Ein junger Mann verkauft in diesem Märchen dem Teufel seinen scheinbar unwichtigen Schlagschatten, um den Preis eines Glücksäckels, das ewig Geld spendet. Der Tausch erscheint vortrefflich, aber die Welt danach ist eine völlig andere. Jede Begegnung des jungen Mannes mit anderen Menschen wird schwierig, da alle bemerken, dass er im Licht keinen Schatten mehr wirft. Man hält ihn für unnatürlich, wenn nicht gar für Satan selbst und er wird ausgegrenzt. Sein Leben wird zum Desaster und das ganze Geld nützt ihm nichts. Diese Geschichte zeigt, wie wir durch unseren Schatten für andere Menschen menschlich werden. Ohne diesen Anteil gibt es nur zwei Wege des einsamen Lebens, das sich uns eröffnet: das Leben eines Heiligen oder das Leben eines in der Welt verlorenen Menschen.

Also Schatten hat durchaus auch positive Aspekte, wenn er nur nicht dieses moralische Dilemma in sich bergen würde, dass er aus archaischen Kräften der Urzeit besteht, die so wenig mit der Moral, der Kultur und den Werten unserer heutigen Gesellschaft vereinbar sind. Wer einst mit Attila oder Dschingis Khan als großer Krieger durch die Welt gezogen ist, für den war es aus der damaligen Zeit und Situation heraus ein völlig normales, angemessenes Verhalten, sich am Recht des Stärkeren zu orientieren. Er wird kaum Gewissensbisse beim Plündern, Töten und Vergewaltigen gehabt haben und würde unser ethisches Problem heute damit wahrscheinlich nicht einmal verstehen können. Nehmen wir nun einmal an, wenn wir an viele Leben glauben, ein solcher Hunnenkrieger wird in heutiger Zeit inkarniert und bringt zwangsläufig diese Kräfte mit, die damals so wichtig für ihn waren und mit denen er sich identifiziert hat. Was wird passieren? Er wird mit diesen Kräften im jetzigen Leben wieder konfrontiert, aber auf eine solche Weise, dass er sie jetzt aus anderer Perspektive erleben kann. Damit wird Lernen und Fortschritt seines Bewusstseins möglich und er kann lernen, diese Kräfte anders auszuleben, vielleicht als Künstler. Die innere Spannung aber, die in einem solchen Menschen herrscht, wird enorm sein. Da ist die alte, unbewusste, im Schatten ruhende Kraft von damals, die da sagt: „Nimm Dir alles, was schwächer ist!" Und da sind neue Einflüsse, vielleicht als moralische Instanz aus dem Konfirmandenunterricht: „Du sollst nicht begehren ..., Du sollst nicht töten ...!" Daraus können tiefe innere Spaltungen sich auftun, denn beide Kräfte wollen gelebt werden. Schafft es ein solcher Mensch, mit beiden Seiten kreativ umzugehen, so kann er viel bewegen im Leben. Wir wissen von kreativen Menschen, dass ein Großteil ihrer Schaffenskraft aus dem Schattenreich kommt. So ein „mongolischer Krieger" hat natürlich eine enorme Potenz und Kraft. Gießt man diese in ein Kunstwerk, bekommt es dadurch eine unglaubliche Magie. Würgt der Betreffende diesen „Krieger" aber in sich ab, da er blutrünstig und abstoßend ist, so wird seine Kunst ohne Saft und Ausdruck, sein Leben „blutleer" sein. Mir erscheint der Schatten als Motor für unsere Entwicklung, er ist das Öl für unser Lebensfeuer. Er treibt uns zum Lernen an, während uns das Licht den Weg und das Ziel weist. Licht braucht den Schatten, denn nur dadurch gewinnt es an Tiefe und Stärke. Schatten wiederum braucht das Licht, damit aus ihm Erkenntnis wird. Wir kommen um den Schatten nicht herum in unserem Leben, er ist ein Teil von uns.

Angesichts des Schattens ist die Hilflosigkeit des Betroffenen das bedeutendste Merkmal. Und diesen Zug betonen gerade die Märchen im Umgang mit den Schatten. In den Märchen tauchen Schattengestalten stets dann im Leben auf, wenn alles stagniert, wenn es keine Wahl mehr gibt, wenn das Leid überhand nimmt. Es herrscht da eine furchtbare Hilflosigkeit gegenüber dem Leben. Es geht in den Märchen immer um ganz handfeste irdische Themen. Da sind Menschen, denen plötzlich der Vater und damit die Versorgung genommen wird, die dann unter einer Stiefmutter oder einem Stiefvater elend leiden. Andere verlieren ihr Hab und Gut, die Kinder hungern zu Hause. Wir finden auch den an sich netten König, dessen Reich von grausamen Feinden bedroht wird. Sie alle stecken in einer Hilflosigkeit oder Ausweglosigkeit fest, bevor dann geheimnisvolle, mächtige Wesen auftauchen, die versprechen, ihnen zu helfen. Aber sie haben ihren Preis. Und da sie hässliche, verkrüppelte Wesen sind, mit denen man sich am liebsten nur in der Dämmerung trifft, sind ihre Forderungen dementsprechend. Der arme Müller muß dem Dämon sein Kind als Lohn versprechen oder die Königstochter dem Frosch ihre Liebe. Der Preis ist nicht verhandelbar. Es geht in diesen Märchen darum, Macht über die weltlichen Kräfte wieder zurückzubekommen, wenn man dem Leben gegenüber ohnmächtig ist. Stets gilt es, dafür das zu opfern, was einem am liebsten ist, was dem eigenen Leben am nächsten steht. Die Lösung der Probleme ist mit einem Selbstverlust verbunden und man ist bereit, Zukünftiges, Seelenhaftes als Wert einzusetzen, in der Hoffnung Zeit zu gewinnen. Man wird zum Spieler und glaubt die besseren Karten irgendwie in die Hand zu bekommen. So fordert manchmal das Zauberwesen vom Betroffenen ihm das zu geben, was ihm zu Hause zuerst entgegenkommt. Der Betroffene ist sich sicher, dass dies wie immer sein alter Hund sein wird und geht gerne auf das Spiel ein. Aber, oh Schreck, zu Hause kommt ihm dieses Mal zuerst seine Tochter entgegen. Ein solcher Dämon, der Macht verschenkt, indem er Opfer fordert, ist im Märchen stets eine Art Mephisto, der das Böse sucht, aber dabei letztendlich das Gute schafft. Es ist allerdings ein Weg des Leidens und des Opfers damit verknüpft. Das Dunkle zwingt als Schattengestalt den Betroffenen zu einer ganz neuen Entwicklung, initiiert ganz neue Schritte im Leben. Es findet ein Weg der Verwandlung statt im Märchen, an dessen Ende zumeist ein Happy End steht.

Der Schatten nähert sich also stets dann, wenn wir uns hilflos, wertlos, unnütz, kindlich (sprich ungeschützt) und machtlos fühlen. Dann bekommt er uns leicht in seine Hände. Der Zauberer und die Hexe im Märchen versprechen Macht und magische Kraft, um das Schicksal im Sinne des Leidenden zu verändern, aber das hat seinen Preis. Viele Menschen beschäftigen sich ja heute mit okkulten und magischen Dingen, eben gerade aus solcher Schwäche gegenüber dem Leben, aus dem Gefühl des Versagens heraus. Denken wir an die Verbreitung und Faszination des Satanismus unter jungen Menschen. Ich hatte im Fernsehen ein Interview gehört mit einer jungen Satanistin, die einen Menschen ermordet hatte, um sich selbst als mächtig und wirklich zu erfahren. Die lange Haftstrafe hat sie auf den Weg der Erkenntnis gebracht und heute hilft sie anderen Jugendlichen, die gerade sie als Vorbild verehrten, um sie aus dem Banne solch destruktiver Mächte herauszubringen. Schatten bringen jeden lichten Lebensfluss, jede positive, aufbauende Schöpferkraft zum Stillstand, aber rufen doch letztendlich auch den Erlöser und die Erlösung herbei. Schatten akkumuliert Energie. Da steigen Emotionen wie Wut etc. auf, die in die Fäuste schießen, die nach Handlungen drängen. Da bleibt es nicht bei reinem Desinteresse oder Abneigung, man möchte jemand z. B. verstummen machen. Würde man in diesem Zustand den Schatten ganz in sich hineinnehmen, dann würde er aufgrund seiner Spannungsenergie zu einer Bedrohung des eigenen Ich-Gebäudes. Daher neigt diese hohe Spannung dazu, sich ins Äußere zu projizieren und sich dort auszuagieren. Schatten stellen immer das in Frage, was uns am wertvollsten und liebsten ist, bringen die Angst mit sich, als die Person ausgelöscht zu werden, als die man sich kennt. Je höher und ausschließlicher unsere Ideale und Wertvorstellungen sind, desto gefährlicher und heftiger kann die Konfrontation mit dem Schatten verlaufen. Denken wir an all die Geschichten aus der Yellowpress um einige Pfarrer und ihre sexuellen Gelüste. Der Teufel wurde ja lange als schöne Frauengestalt dargestellt, die den armen Gläubigen verführt. Vom Pfarrer erwartet man ein reines, moralisches, gesellschaftlich einwandfreies Leben. Und dann tauchen da solche sexuellen Gelüste auf? Also, wo eine Gesellschaft ein hehres, absolutes Bild groß aufbaut, wird über kurz oder lang auch sein schattenhaftes Kehrbild zutage treten.

In sogenannten „primitiven Kulturen“ existiert der alte Brauch, dass man nie auf den Schatten eines anderen treten darf. Darin steckt viel Weisheit. Der Freund sagt gerade deshalb nichts, weil er die Freundschaft erhalten möchte. Wem könnten wir gut sein, wenn er uns stets unseren Schatten vorführt, unsere tiefen wunden Punkte berührt? Das kann unbeabsichtigt geschehen, vor allem wenn man eine hohe sensitive Begabung hat, die nicht kultiviert und geschult ist. Schnell tritt da der eigene Schatten auf den des anderen. Ich konnte das an einem eigenen Beispiel erfahren. Mit Studienkollegen saß ich abends beim Bier und in etwas angeheiterter Stimmung flachsten wir herum. Im Spaß sagte ich zu einem aus Hamburg stammenden Kollegen: „Na, wenn man wie Du im Puff auf der Reeperbahn groß geworden ist…“ Der Kollege wurde aschfahl, stürmte aus dem Zimmer und hat mit mir kein Wort mehr gesprochen. Von einem Freund erfuhr ich, dass ich unwillentlich voll in den Fettnapf getreten bin, dass seine Mutter Prostituierte sei und mit ihr das Trauma seines Lebens zusammenhänge. Da ist mein Schatten, der die verborgenen wunden Punkte anderer Menschen gerne ans Licht zerrt, auf seltsame Weise auf seinen Schatten getreten. So lange man in seiner eigenen Negativität steht, geschehen solche Dinge ganz leicht. Selbsterkenntnis und spirituelle Schulung helfen den unkontrollierten Spielraum des Schattens einzugrenzen.

Im Umgang mit Schatten gibt es keine absoluten, einzig richtigen Wege und keine einfachen Antworten. Es ist mehr ein Suchen und Finden. Urteilen über Schatten ist überaus schwierig, wie im Extremen immer wieder jene Gerichtsfälle zeigen, wo jemand eine furchtbare Tat begangen hat, weil er sich gerächt oder aufgrund einer furchtbaren Kindheit völlig verdrehte Lebensimpulse hat. Für den psychologischen Gutachter herauszufinden, ob jemand aufgrund von äußeren Umständen „bösartig“ wurde oder ob die Bösartigkeit sozusagen in ihm selbst liegt, ist überaus schwierig, wenn nicht sogar unmöglich. Auch der Heilige hat seinen Schatten und ein Teil seiner spirituellen Reife liegt wohl darin, sich mit ihm auseinanderzusetzen und ihm dann zu entsagen. Wie man mit einem Schatten umgehen kann, hat die griechische Mythologie wunderbar immer wieder aufs Neue thematisiert.

a) Man kann den Schatten einkerkern. Der Künstler Daidalos musste ein unterirdisches Labyrinth für das Ungeheuer Minotaurus bauen. Auch dann bleibt dieser Dämon noch eine Gefahr und jedes Jahr werden daher Jungfrauen geopfert, um ihn ruhig zu stellen. Man muss also Lebendiges opfern, um den Schatten zu verbannen. Die Folge ist, dass eine große Angst das ganze Land durchzieht und die Felder veröden. Der Preis dieser Methode besteht also in Verlust von Lebenskraft und Lebensqualität.
b) Man kann sich mit dem Schatten auseinandersetzen. Der Lichtkrieger Herkules bekämpft all seine Schattenanteile, was ihm nur dank guter Freunde, Intuition und Raffinesse gelingt. Die Körperkraft hilft ihm dabei am allerwenigsten. Es ist der Logos, die Lichtkraft des Bewusstseins, die gefragt ist. Aufgrund von Fehleinschätzungen oder auch von Arroganz verliert Herkules manchen guten Freund, der ihn begleitet, an den Tod.
c) Man kann den Schatten schöpferisch oder heilerisch ausleben, als eine Art Wiedergutmachung. Ein gutes Beispiel sind die Zentauren, die vom Leben verwundet sind. Sie sind große Zecher, die lüstern allen jungen Mädchen nachstellen. Gleichzeitig aber sind sie begnadete Heiler. Ihr Schatten ist, dass sie sich selbst nicht helfen können und sterben, zum Beispiel an einer vergifteten Wunde.

Das sind gangbare Wege, wie sie die alten Griechen lehrten, um mit dem Thema Schatten umzugehen, wobei jeder Weg auch seinen Preis hat und seine Opfer fordert.

Einige meiner eigenen Grundsätze zum Thema „Schatten“:

- Gleich, ob Du Licht oder Schatten begegnest, wenn deine Herzenskraft, deine Liebesfähigkeit dabei die Führung hat, kann nichts geschehen, was Dich behelligen würde. Diese unabdingbare Liebe muss sowohl Dir selbst gegenüber gelten als auch gegenüber anderen.
- Schatten braucht das Licht, denn nur so wird aus ihm klare Erkenntnis.
- Licht braucht den Schatten, denn nur so gewinnt es Tiefe und Kraft.
- Die Kraft des Schattens ist der Motor für deine Evolution, für deine Entwicklung. (s. den Dämon des Künstlers). Das Licht zeigt Dir Weg und Ziel.
- Die schöpferische, kreative Kraft deiner Seele vermag die Schatten zu verwandeln. Suche also kreative, förderliche Aufgaben, in die diese Schattenkraft einfließen kann.

6.4.1 Übung
zum Thema Schatten

Jeder spirituelle Weg, der uns in eine positive innere Ausrichtung hineinbringt, ist eine Möglichkeit, den Einfluss der Schatten abzuschwächen. Vor allem aber ist es der Weg des Ehrens und Dankens, der eine ganz wesentliche Hilfe bietet, der Macht des Schattens zu entrinnen. Alles, was wir nicht beachten, achten und ehren können, wandert in die Dunkelheit hinab und verkehrt sich dort in seinen Absichten. Je mehr wir also achtsam werden, eine Haltung des Dankens und Ehrens entwickeln, umso weniger bedienen wir die Schattenwelt, womit sich ihr Einfluss auf uns abschwächt. Wer immer nur das Dunkle sieht, befindet sich bekanntlich in der Dunkelheit. Danken und Ehren ist heute keine selbstverständliche Grundhaltung mehr. Wir leben zumindest in der westlichen Welt in einer Epoche des Überflusses und Konsums. Allzu vieles nehmen wir einfach als selbstverständlich. Zudem haben wir das Göttliche abgeschafft und leben in der Meinung, es seien Menschen, die alles erschaffen. Danken und Ehren will daher gelernt und geübt sein. So lohnt es sich, ein sogenanntes Dankbarkeitstagebuch zu führen. Darin trage man am Abend täglich jeweils folgende Komplimente ein:

1 Kompliment an sich selbst
1 Kompliment an den/die Lebenspartner/-partnerin
1 Kompliment an Freunde, Kollegen usw.
1 Kompliment an das Göttliche oder die Geistige Welt

7.
Medialität, die Brücke zur anderen Seite

„Die unsichtbare Welt ist nicht nur Realität, sondern sie ist die einzige Realität; der Rest, der nicht metaphorisch ist, sondern sich in begrifflichen und wissenschaftlichen Normen ergeht, ist lediglich eine Theateraufführung.“

Thomas Carlyle

„Die übersinnliche Welt ist keine zukünftige Welt, sie ist gegenwärtig.“

Johann G. Fichte

Die obigen Worte stammen aus einem Bewusstsein, das die „andere Seite", also die nicht sichtbare Existenz als genauso normal erfahren hat wie die sichtbare Realität. Dazu braucht man eine erweiterte Wahrnehmung. Außer den physischen Sinnen gibt es die so genannten „Hellsinne" oder inneren Sinne, die jeder schulen kann, da sie natürliche Fähigkeiten des Menschen sind. Wenn es um die Wahrnehmung der nicht sichtbaren, immateriellen Welt geht, wo unsere Ahnen nach dem physischen Tod weiterleben, brauchen wir diese Fähigkeiten. Wer schon einmal jemanden in seinem Sterbeprozess begleitet hat, weiß, dass sich die eigene Wahrnehmung ändert. Es ist vielleicht mehr ein Fühlen und Ahnen, aber dennoch der richtige Weg eine Brücke zu der Realität zu schlagen, auf der sich der Sterbende gerade befindet. Solange der Sterbende noch sprechen kann, wird er zwischen der diesseitigen und jenseitigen Welt hin- und herwandeln und sich mitteilen. Was uns vielleicht seltsam oder absurd anmutet, ist für den Wanderer auf der Brücke real. Die Worte können das oft nicht beschreiben. Da ist es äußerst hilfreich, wenn man als Begleiter mehr „sieht" als das materielle Abbild des Sterbenden und durch die dichte Materie hindurch fühlen kann. Das gibt dem Sterbenden Sicherheit.

Die Medialität ist die Gabe, zwischen den Realitäten bewusst zu wechseln und ist eine besondere Form der Heilergabe, denn durch sie wird bestätigt, dass

- der Tod eine Illusion ist,
- es ein Weiterleben gibt,
- eine natürliche Kommunikation zwischen beiden Welten jederzeit möglich ist,
- es eine feinstoffliche Welt gibt, in der alles ganz und vollkommen ist.

Alle großen Lehren der Welt sprechen in ihren Schriften vom ewigen Kreisen des Lebens. Themen wie Tod, Sterben und Wiederauferstehen nehmen einen wichtigen Platz in ihnen ein. So auch in der Bibel, deren Erzählungen eigentlich erst aus einem medial-spirituellen Verständnis heraus ihren wahren Sinn erhalten. „Es gab nie eine Zeit, in der du nicht warst", sagte Jesus, der Inbegriff des „Wiedergeborenen". Der „wiedergeborene Heilsbringer" ist nicht allein auf Jesus zu beschränken, sondern ist eine archetypische Gestalt, die mit unterschiedlichem Namen in noch viel älteren Kulturen vertreten ist. Jesus war einer der großen Menschheitslehrer und sah seine vordringlichste Aufgabe darin, den Menschen zu zeigen, dass es für das Bewusstsein oder die Seele keinen Tod gibt. Gerade in seinem Sterben zeigt er das Mysterium des Lebens seinen Schülern besonders deutlich. Jesus ist nicht in einem physischen Körper auferstanden, nachdem man ihn gekreuzigt und begraben hatte. Er konnte durch Steine und Türen gehen, um den Jüngern zu erscheinen. Das ist nur im Ätherkörper möglich. Der materielle Körper kann nicht wiederauferstehen, wenn ihn die Seele einmal verlassen hat. Jesus hat sich in seinem Äther- oder Lichtkörper den Jüngern gezeigt, um ihnen zu beweisen, dass er lebendiger denn je ist und nicht in einem Grab liegt. Das ist letztendlich nichts anderes als der Vorgang einer wirklichen, echten Séance, die nicht das Herbeizitieren eines Verstorbenen bedeutet, sondern eine Kommunikation zweier Welten auf einer feinstofflichen, geistigen Ebene ist.

Ganz ähnlich den indischen Weisen bezeichnete Jesus die vielen Menschen, die er in ihre eigenen Gedanken versunken durch die Straßen wandeln sah, als „Tote, Gestorbene". Sie waren für ihn Schlafwandler, da sie noch nichts von ihrem wahren, göttlichen Selbst wussten. Wahrhaft lebendig und wach war für ihn nur jener Mensch, der sich seines göttlichen Anteils bewusst ist. So erhält die Geschichte um die Wiedererweckung des toten Lazarus ihre echte Bedeutung. Jesus hätte nie vermocht, eine Seele in einen toten Körper zurück zu zwingen, das wäre gegen alles kosmisch göttliche Recht gewesen. Es geht im Falle des Lazarus um eine spirituelle Erweckung, eben eines Menschen, der zuvor auch wie „tot" durch sein Leben ging.
In den alten Kulturen gab es einen Ritus, den man „Sarglegung" nannte und der meist zum Zeitpunkt der Wintersonnenwende stattfand. Der Anwärter oder Schüler wurde zum Beispiel in einen Steinsarg gelegt und nachdem der Ritus vollzogen war, stieg er als Wiedergeborener, als neuer Mensch aus diesem wieder empor. Jesus lehrte in Gleichnissen, ja sein eigenes Leben sollte ein solches sein. Daher ist die historische, faktisch belegbare Seite seiner Lebensgeschichte völlig nebensächlich und unbedeutend. Wir sollten nicht vergessen, dass er ein Lehrer war, das war seine Mission. Und die ihm wichtigen spirituellen Lehren blieben bis heute in unterschiedlichen Strömungen lebendig.

Im 19. Jahrhundert begann besonders in England und Amerika der Aufgang einer neuen Zeit mit medialen Phänomenen. Es traten verstärkt medial begabte Menschen in die Öffentlichkeit, die auch das Interesse einiger kluger Wissenschaftler erweckten. Viele der Phänomene konnten sie als echt beweisen. Begleitet wurde dieses Phänomen von der Suche nach den Wurzeln der Kulturen, auch des Urchristentums. In Jesus sah man all jene Fähigkeiten vereint, die unter den Begriff „Medialität" fallen. Er konnte Menschen wiedererwecken, er erschien als Verstorbener seinen Jüngern, zeigte ihnen die Bedeutung der Séance und konnte vom göttlichen Geist inspiriert sprechen. In den Kranken erkannte er die seelische Ursache für ihre Krankheit und konnte sie aufgrund dessen heilen, was die Grundlage des Geistigen Heilens bildet. Jesus war damit einer jener großen Lehrer, die den Menschen zeigten, dass es eine viel weitere, lichtere Welt gibt, als die materielle. Er gab den Suchenden Methoden an die Hand, in jene größere Welt einzutreten. Da stehen in erster Linie spirituelle Gesichtspunkte, wogegen die Techniken spärlich und versteckt übermittelt wurden, um einem Missbrauch vorzubeugen. Die Grundlage aber bildet die Erkenntnis, dass der Mensch ein „Zwilling" ist, dass er in zwei Welten wohnt. Zum einen in der stofflichen, zum anderen in der geistigen. Die erstere ist dem Verstand zugänglich, die letztere dem Seelenbewusstsein. Diese beiden zu verbinden, stellt sich dem Suchenden als Aufgabe, was über eine Verlagerung des Fokus des eigenen Bewusstseins möglich wird. Vom Verstandesdenken gilt es zum ganzheitlichen Denken zu wechseln; dadurch verändert sich auch die Orientierung unserer Wahrnehmung.

In den folgenden Kapiteln werde ich darlegen, wie wir unser Denken und Fühlen kultivieren müssen, um dem Mysterium von Sterben und Tod mit den feineren Sinnen näher zu kommen. Was offenbart sich den medialen Sinnen?

7.1 Rationales und ganzheitliches Denken und Wahrnehmen

Im ersten Kapitel habe ich schon die zwei grundsätzlich unterschiedlichen Arten des Denkens angeführt und möchte das hier noch etwas erweitern. Unser rationales Denken ist linear ausgerichtet, besteht auf Folgerichtigkeit und ist in seiner Kausalität an die Gesetze der irdischen Materie geknüpft. Sukzessive reiht es Glied an Glied. Fehlt ein Glied in dieser Kette der Abfolge, ist es nicht mehr fähig, irgendeinen verbindlichen Sinn oder eine Folgerichtigkeit herzustellen. Der Verstand sieht einen Menschen in seinem beweglichen Körper und verbindet Lebendigkeit mit diesem körperlichen Zustand. Lebendigkeit ohne Körper, ohne seine Bewegung in Zeit und Raum, ist dem Verstand nicht vorstellbar. Schon der Zustand des Schlafes oder der Ohnmacht ist ihm ein Rätsel, das nur dadurch keine größere Verunsicherung hinterlässt, weil der Verstand aus Erfahrung weiß, dass dieser Körper wieder erwacht. Das kann sich ändern, wenn jemand existenziell in seiner Kraft erschüttert wird und er Angst vor dem Einschlafen hat, da er nicht weiß, ob er nach dem Schlaf noch einmal aufwachen wird. Wir sollten uns stets vor Augen halten, dass wir zumeist mindestens 1/3 jedes Tages in diesem unbewussten Zustand verbringen, den wir Schlaf nennen. In gewisser Weise bestimmen also die „Kräfte der Exkarnation“ schon im irdischen Dasein einen Gutteil unseres Tages. Aber wir kommen immer wieder ins Tagesbewusstsein zurück und erleben unseren Körper in Bewegung. Sobald der physische Tod eintritt, ist diese Bedingung der körperlichen Bewegung nicht mehr gegeben. Die Beweglichkeit des Körpers hört auf und damit endet für den Verstand das Leben. Der Verstand sieht das vollkommen logisch, denn auch er ist an den Körper, das Gehirn und die Nerven gebunden und somit endet sein Leben mit dem Körper ja ebenfalls. Der gestorbene Mensch verschwindet von unserer rationalen Bildfläche, denn der Verstand kann keine Verbindung aufbauen zu einem nicht-körperhaften Wesen, da er in dieser Welt nicht zu Hause ist. Die Linearität reißt ab, das Sein wird beendet. Unser Verstand ist an den Körper gebunden, weshalb er nur in dessen Grenzen arbeiten kann. Das Leben beginnt für ihn mit der Geburt und bewegt sich dann linear und unabänderlich früher oder später auf den Abgrund zu. Somit ist der Tod unausweichlich und bedeutet ein unerwünschtes Ende oder den Abbruch einer linearen Entwicklung. Der Verstand sagt uns auch, dass das, was wir räumlich und zeitlich über unseren Körper und unsere Sinne wahrnehmen, die einzige Realität ist. Ist etwas, das vorher in diesem Raum und in dieser Zeit war, nicht mehr da, dann ist es laut Verstand unwiederbringlich, endgültig verschwunden oder, wenn er sehr flexibel ist, dann muss es sich zumindest in einem anderen, weit entfernten Raum, einer anderen Zeit befinden, zu der er keinen Zugang hat. Daher die Vorstellungen vom Paradies oder Himmel als andere Orte, an denen die Verstorbenen weilen. Diese Art zu denken und die Welt zu sehen, ist eine sehr gängige bei uns im Westen und entspricht im Großen und Ganzen dem rationalen, wissenschaftlichen Denken.

Aber es gibt noch ein anderes Denken, das nicht im Linearen existiert und in frühen Kulturen weitaus besser ausgeprägt war. Es ist das sogenannte kreisförmige, zirkuläre oder ganzheitliche Denken. Für ein solches Bewusstsein ist alles zugleich und es gibt keine Trennungen. Ein echtes Medium besitzt ein solches Bewusstsein. Für dieses gibt es nur eine Zeit und einen Raum, in denen es sich unabhängig bewegen kann und somit befinden sich die Verstorbenen „jederzeit hier im Raum".

„Viele denken, wenn wir sterben, gehen wir weit weg in eine andere Welt. Das ist Unsinn, denn wir gehen nirgendwo hin. Wir bleiben da, wo wir sind, aber wir existieren dann auf einer anderen Ebene. Und vor allem bleiben unsere Seelenbeziehungen bestehen, auch zwischen Erde und Jenseits. Beide Welten sind ja nur durch das atomare Gewebe getrennt. Geist und Bewusstsein bleiben immer und somit bleibt auch die Möglichkeit der Kommunikation."

Tom Johanson (Mediale Welten. Ausgabe 9/2004)

„Die geistige Welt oder das Jenseits ist nicht irgendwo im Weltall zu finden, sondern sie sind hier, sind eine Welt in der Welt."

Margaret Pearson (Mediale Welten, Ausgabe 5/2003)

Unser Verstand oder Intellekt, den wir in den Schulen ausbilden, kann das nicht erfassen. Für ein „ganzheitliches Denken" dagegen gibt es keinen Platz in unserem traditionellen Bildungs- und Schulsystem. Aber nur ganzheitliches Wahrnehmen und Denken, Fähigkeiten wie Medialität und Intuition, geben uns die Möglichkeit, unser Bewusstsein auf ganz verschiedene Ebenen, Welten oder Wirklichkeiten einstellen zu können. Durch solche Fähigkeiten wird dann erreicht, dass das Bewusstsein sich leichter von der alleinigen Identifikation mit dem physischen Körper, dem Formaspekt, lösen kann. Wenn wir es schaffen, die Fixierung unserer Aufmerksamkeit auf das „Körperliche" aufzulösen und wir uns über unser Bewusstsein in allen Aspekten und Erscheinun-

gen des Lebens wiederzufinden, wird der Tod seinen Schrecken verloren haben. Dann erkennen wir, dass alles im Kosmos Leben ist, denn alles ist Teil des ewigen göttlichen Seins und das Leben ein steter Kreislauf der Verwandlung. Tod bedeutet dann keinen fertig abgeschlossenen Teil mehr, bedeutet nicht mehr Vernichtung, sondern lediglich Umzug oder Wandlung, wie der Tag sich zur Nacht wandelt. Am Tag ist das äußere Leben sichtbar, in der Nacht verschwindet es, um dem inneren Leben, unseren Träumen, Platz zu machen. Wenn die Seele sich einen Körper erschafft und in die irdische Welt geboren wird, tritt das körperhafte Ich in die Helle des Lichtes unseres Bewusstseins. Das innere Seelenlicht dagegen tritt zurück, was bildlich folgendermaßen ausgedrückt wird: „Die Seele tritt in die Nacht, die Meditation oder Verdunklung ein." Das Ich wird aktiv, die Seele dagegen passiv. Verlässt der Mensch beim Tod seinen Körper, so verdunkelt sich dagegen das Ich, der Körper verliert all seine Farben, während das Licht der Seele wiederum strahlend aufsteigt. Jakob Böhme bezeichnete diesen Vorgang als „Aufgang der Morgenröte".
In der folgenden Darstellung ist dieser Kreislauf der Dualität dargestellt, wobei je nach Blickpunkt, Geburt und Tod ihre Vorzeichen tauschen.

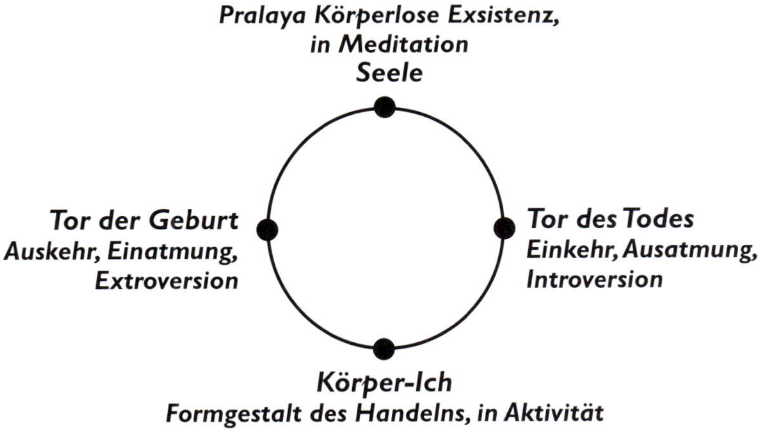

Leben und Tod im Wandel

Das Sein ohne Körper bezeichnen die Inder als Zustand des Pralayas, als Rückzug des Selbst auf die Seelenebene, als Ruhezustand. Hier meditiert das Selbst sozusagen über sein Leben, bevor es vielleicht in eine neue Inkarnationsrunde geht. Seele und Körper sind unterschiedlich dichte Zustände der göttlichen Energie. Es gibt keine tote Materie, sondern Materie ist lediglich ein Aspekt oder die dichteste Form des göttlichen Lebens. Die Sensitivität und vor allem die Medialität können helfen, die Kontinuität des Bewusstseins zu erreichen und somit wird Wahrnehmung auf den anderen Lebensebenen möglich, die unabhängig von der physisch materiellen Ebene existieren.

Je nach Sichtweise ist die irdische Geburt der Weg zur Offenbarung, gleichzeitig aber verschwindet das geistige Sein in die Verborgenheit. Im Tod kehrt sich das Ganze dann wieder um. Daraus entstand in der Antike der Gott Janus, der Gott mit den zwei Gesichtern. Sein eines Gesicht blickt nach vorne, das andere zurück und doch sind sie beide eins. In diesem Sinne finden wir auch zwei Teile im Körper. Es gibt den grobstofflichen Körper, die Physis und den feinstofflichen, den Ätherkörper. Unser physischer Körper mit seiner Veranlagung ist ein Ergebnis der Vergangenheit, denn daraus ist er geformt. Er wird geformt nach der Vergangenheit des letzten Lebens und wird ebenfalls geprägt von der kollektiven Vergangenheit des morphogenetischen Feldes, in das er geboren wird. Wir sprechen dann von Erbanlagen.

Richtet sich unser Bewusstsein rein auf die Körperwelt, so leben wir stets aus und in der Vergangenheit. Denn irgendwann wird der Körper zerfallen und der Vergangenheit angehören. Alle Zukunft dagegen liegt auf der „feinstofflichen" geistigen Ebene, da sie unvergänglich ist. Veranschaulichen wir die Bedeutung der Vergangenheit für unser Erleben am profanen Beispiel des Essens. Nehmen wir an, wir haben Lust auf einen Eisbecher und dieser Gedanke daran kreist in unserem Mentalkörper. Irgendwann wird diese Gedankenform so dicht und schwer, dass sie zum emotionalen Verlangen wird. Unser Astralkörper gibt diesen Impuls an den Ätherkörper weiter, der wiederum dem physischen Körper das Hungergefühl gibt, aber auch die Energie, uns auf die Beine zu machen, um eine Eisdiele zu finden. Wir essen das Eis und es wird in unseren Körper eingebaut. Damit wird es zu einem Produkt der Vergangenheit, denn der Gedanke war weit vorher. Ziehen wir so viel sinnliche Befriedigung aus diesem Erleben, dass ein starkes Verlangen oder gar eine Sucht nach Eis entsteht, dann werden wir irgendwann kugelrund und schlagen uns mit den gewichtigen körperlichen Folgen herum. Das wird dann ganz aktuell für uns, obwohl es das Ergebnis einer weit zurückliegenden Vergangenheit ist. Irgendwann hatte einmal der erste Impuls, der erste Gedanke oder das erste Gefühl gestanden, dessen wir uns in vielen Fällen gar nicht mehr erinnern können. Was wir im Körper dann verstofflicht finden, ist diese Vergangenheit. Was wir vorher gesehen haben, ist die Beschreibung der Inkarnation eines sinnlichen Gedankens. Wenn wir als Seele unsere Inkarnation, die Formung unseres irdischen Lebens vor der Geburt vorbereiten, dann ist nach Auffassung der esoterischen Lehren, was von Medien bestätigt wird, der Vorgang ein ähnlicher. Gehen wir nochmals zurück zum Beispiel „Eisessen". Fühlen wir uns nicht mehr glücklich und wohl, in diesem engen Lebensmuster, das uns stets zu der Suche nach Eis drängt, ahnen wir, dass es mehr und Schöneres gibt in der Welt als Eis, dann müssen wir aus diesem Muster wieder heraus. Es braucht einen Vorgang der Ablösung. Albert Einstein postulierte einmal, dass ein Problem nie auf derselben Ebene gelöst werden kann, auf der es entstanden ist. Also bringt nicht das stete Beschäftigen mit der Vergangenheit oder ihre Fortsetzung die Lösung, sondern vor allem jener Impuls, der in die Zukunft hineinwirkt. Dieser Impuls kommt aus dem Geistigen, aus der Welt der Inspiration. Oftmals brauchen wir einen Helfer oder Therapeuten, der uns über diese Schwelle zwischen Vergangenheit und Zukunft hilft. Auch der Tod ist ein Prozess der Ablösung aus einer Welt der Begrenzung, damit sich über eine Veränderung neue Möglichkeiten für uns manifestieren können. Ein Medium ist gleich dem Therapeuten ein Helfer, der eine Brücke zwischen Vergangenheit und Zukunft baut. Es ist wichtig zu wissen, woher wir kommen, warum etwas war, aber noch viel wichtiger ist es zu wissen, welches vor uns liegende Ziel wir erreichen möchten, zu was wir werden möchten. Darauf gilt es unser Denken und Bewusstsein auszurichten. Medien versuchen in ihrer Arbeit uns hierbei zu unterstützen, damit wir nicht einseitig stehen bleiben bei dem, was wir verlieren oder verloren haben, sondern was wir gewinnen werden. „Tod ist ein Verlust von Leben!" ist eine fatale Aussage. Wir verlieren unseren Körper, einen Teil unserer Vergangenheit, aber wir gewinnen dafür Freiheit, Leben und Weite, ja einen neuen Himmel, so die Lehre der Medien. Das bedeutet nicht, dass damit Trauer und Schmerz eliminiert werden, denn so lange wir fühlende Wesen sind, werden sie immer ihren Platz in unserem Leben haben. Aber ihr Platz wird innerhalb eines erweiterten Bewusstseins ein anderer sein.

Wer allein bei der Betrachtung des toten Körpers, der „leeren Hülle", stehen bleibt, bleibt gefangen von der Vergangenheit. Es ist ein wichtiger Akt, diese Vergangenheit noch einmal Revue passieren zu lassen, sie zu ehren und zu feiern, sich von ihr abzulösen, was ja ein wichtiger Schritt der Trauerarbeit ist. Schmerz und Trauer sind natürliche Reaktionen beim Verlust eines geliebten Wesens und haben ein Anrecht auf Zeit und Würdigung. Auch wenn wir ein zirkuläres, ganzheitliches Bewusstsein entwickelt haben, wird die Zeit des Schmerzes bleiben. Aus der Gewissheit heraus, dass es eine andere Realität, ein Leben nach dem Tode gibt und das Leben eines Menschen nicht an den Körper gebunden ist, können wir aber anders damit umgehen. Wir dürfen nicht in der Vergangenheit stehen bleiben, wir müssen weiter in die Zukunft gehen, in der der Verstorbene ja schon ist. Daher pflegen die Medien in England auch nie in der Vergangenheit von einer verstorbenen Person zu sprechen, sondern stets im Präsens. Solange ein Mensch diese Entwicklung hin zu einem ganzheitlichen Bewusstsein bei sich selbst noch nicht eingeleitet hat, können Medien wirkliche Hilfestellung darin leisten, eine Brücke zu bauen zwischen Vergangenheit und Zukunft, Trost in der Phase des Verlustes und Schmerzes geben.

7.2 Was ist ein Medium?

Betrachten wir die Themen der vorangegangenen Kapitel, so ist das, was darin vielleicht zunächst einmal rein hypothetisch erscheint, für manche Menschen eine absolute Realität. Wir nennen diese dann zum Beispiel spirituelle Menschen, Mystiker oder Heilige. Für sie sind das Göttliche, die Seele, das unendliche Leben, die Wiedergeburt, der Weg der Wandlungen absolute Realitäten. Ihr Bewusstsein vermag sich über den Ding- oder Objektraum wie auch über die lineare Zeit hinaus zu erheben, so dass sich eine neue Wirklichkeit erschließt. Dies gilt auch für ein Medium. Aber darüber hinaus spielt bei einem Medium eine besondere Art mit den Sinnen zu arbeiten eine wichtige Rolle. Unsere körperlichen Sinnesorgane sind vollkommen auf die äußere Objektwelt gerichtet oder auf das, was organisch und psychisch in uns selbst vorgeht. Zu diesen Körpersinnen gibt es aber eine innere Entsprechung, sozusagen feinstoffliche Sinnesorgane, die wir als Hellsinne bezeichnen. Sie ermöglichen den Kontakt zur energetischen und geistigen Welt. Ein Medium ist ein spiritueller Mensch, der in sich aber auch die Begabung hat, zwischen den inneren und äußeren Sinnen hin- und herzuschalten. Er lebt also an dieser Berührungsfläche beider Welten und kann sich in beiden bewegen. Die Sinne können uns helfen, die Welt der Materie und die des Geistes zu verbinden. Die Schulung von Sensitivität und Medialität hat zum Ziel, die Kommunikation zwischen äußeren und inneren Sinnen zu intensivieren. Ohne Schulung oder natürliche Begabung erleben wir die feinstoffliche Seite der Welt nur in Extrem- oder Ausnahmefällen. Zum Beispiel im Sterben, aber auch im Koma, schließen sich unsere äußeren Sinne, aber die inneren werden dafür umso wacher. Zahlreich sind die Berichte von Sterbenden oder Zurückgekehrten über ein intensives Farberleben, wunderbare Sphärenmusik und Namen, mit denen sie gerufen würden. Mithilfe der inneren Sinne kann zum Beispiel auch ein Komapatient sehr eindrücklich wahrnehmen, was um ihn herum vorgeht. Selbst wenn er sich sprachlich äußern könnte, würde es ihm schwer fallen zu erklären, was er wahrnimmt, da es keine „wortbegriffliche" Welt ist. Es ist eine Welt der Bild- und Symbolsprache, der Telepathie. Daher ist es für ein Medium die wichtigste Aufgabe, die Sprache der anderen Welt zu lernen und sie in die irdische Sprache des Verstandes umzusetzen. Geht der Verstorbene ins Jenseits ein, so wird er finden, dass die Kommunikation dort ebenfalls ausschließlich über die Hellsinne geschieht, denn es gibt keine physischen Hilfsmittel mehr, wie Stimmband, Lippen oder Ohren, die alle Impulse umsetzen oder übertragen. Aber die Hellsinne bleiben. Jeder Gedanke oder jedes Gefühl wird dort telepathisch übertragen. Das geschieht auf die gleiche Art und Weise, wie sie auch ein Medium erlernt. In diesem Sinne ist Medialität auch eine Vorbereitung auf das Leben nach dem physischen Tod, denn sie schult die „Technik" des Kontaktes und der Kommunikation mit den unterschiedlichen Daseinsebenen. Ein Medium lernt mit jenen Mitteln zu arbeiten, die auch die sogenannten Verstorbenen in der jenseitigen Welt anwenden.

Irdisches Leben („Normalbürger")	**Jenseitiges Leben (Medium)**
Körpersinne	Hellsinne
Sprache	Telepathie, Farben, Klänge
Schwache Imagination	Starke Imagination (Alles ist in der Wahrnehmung intensiver)
Handeln	Sein
Leidenschaften, Wünsche, Begehren erschaffen unser Magnetfeld (Anziehung-Abstoßung)	Herzenskraft bildet das Magnetfeld (Harmonisierung)
Verstand, Intellekt (orientiert an der Beziehung zwischen Ich und äußerer Welt)	Intuition, spirituelles Bewusstsein (Einheit, wesensorientiert)
Einstellung ergibt sich aus Erfahrung und Erkenntnis	Alles wird vom Licht der Seele aus betrachtet
Ich	Gemeinschaft
Analyse	Synthese
Lineare Zeit; Objektraum; Wirklichkeit der Substanz	Zirkuläre Zeit; energetischer Raum; Wirklichkeit des Geistes
Alles Göttliche ist eine Hypothese, eine Sache des Glaubens	Das Göttliche ist Realität, eine Sache des Wissens

Daraus leiten sich auch die Aufgaben der Medialität ab:

1. Unsere Wahrnehmungsfähigkeit zu erweitern, damit wir anderen Menschen und Wesen hilfreich sein können, wann immer es erforderlich ist.
2. Uns zu schulen, die Begrenzung von Zeit und Raum zu überwinden und ein

kontinuierliches Bewusstsein zu entwickeln, damit wir zu Botschaftern verschiedener Welten und auch Naturreichen werden können.

3. Uns die Sprache und die „Techniken" zu vermitteln, wie sie in der geistigen Welt – aus der wir stammen und wohin wir einst zurückkehren werden und in der jene weilen, die uns schon vorausgegangen sind – verwendet werden. Dies soll unsere Furcht vor dem Übergang beseitigen.

Manchen Menschen wird unbehaglich bei der Vorstellung, dass die so genannten Verstorbenen eigentlich noch da sind, ja um sie herum sein können. Sie glauben sich dann in ihrer Privatsphäre beobachtet. Und manche möchten gar keinen Kontakt zu einem Verstorbenen mehr haben, sind unwillig, wenn gerade dieser in einer medialen Sitzung auftaucht. Dazu ist zu sagen, dass Verstorbene an sich kein Interesse an unserem Privatleben haben, auch nicht generell Interesse an uns oder der irdischen Welt, außer es besteht ein enges Band der Beziehung. Über Beziehung wird ein Kontakt möglich und sie erschafft das Tor, damit Verstorbene für eine bestimmte Absicht in unser Leben treten können. Dies kann ein Band der Zuneigung und Liebe sein oder aber auch ein Band der Verpflichtung und des Karmas. Sind Dinge zwischen zwei Personen noch nicht erledigt, kann der Kontakt zwischen Lebendem und Verstorbenem eine große Chance sein für beide, denn es gibt nie nur die eine Seite der Medaille. Menschen, die eine Beziehung miteinander haben, gleich wie diese auch aussehen mag, haben etwas miteinander zu tun. Solche Beziehungen haben, im Guten wie im Schlechten, eine auch über den Tod hinausreichende starke Bindungskraft. Im negativen Fall kann eine solche Energie die Freiheit einer noch auf dieser Erde lebenden Person total einengen. Hierbei gilt es aber jede Schuldzuweisung zu vermeiden, denn letztendlich existiert die Beziehung, in welcher Qualität auch immer, um Heilung und Erlösung zu erfahren. Mithilfe eines guten Mediums lässt sich ein Kontakt und eine Kommunikation herstellen, die solche negativ besetzten Bindungen und Beziehungen verwandeln können. Das kann eine wichtige Aufgabe für ein Medium sein. Auch in der Kinesiologie und beim Familienstellen arbeitet man an solchen Thematiken. Wir müssen aber keine Angst haben, dass die Verstorbenen nun stets in Kontakt mit uns sind, ob wir das wollen oder nicht. Es hängt ganz alleine von uns selbst ab. Wenn wir keinen Anruf zu Hause empfangen wollen, dann ziehen wir den Telefonstecker aus der Leitung und es wird kein Anruf mehr erfolgen. Mit unserem Bewusstsein ist es ganz ähnlich. Haben wir „den Stecker" gezogen oder die Türe geschlossen, so wird kein Kontakt stattfinden. Es liegt an uns selbst, inwieweit wir Kontakt haben möchten. Daher ist eine solide Schulung der Hellsinne, die auch Erdung, Abgrenzung und Kontrolle lehrt, unabdingbar.

Hatte ich früher überhaupt kein Interesse an dem Thema „Verwandtschaft und Ahnen", so bin ich über die Medialität eines Besseren belehrt worden. Heute bin ich sehr froh zu wissen, dass meine Vorfahren Interesse an mir und meiner Welt haben, dass sie hilfreich sein möchten. Ist das nicht eine hoffnungsfrohe Botschaft, dass wir nicht alleine sind in der Welt, gleich in welcher Situation wir uns auch befinden mögen, dass es verstorbene Menschen in jedem Familienkreis gibt, die uns begleiten und unterstützen möchten?

Liegt die Aufgabe der Sensitivität mehr im Bereich der eigenen Bewusstseinsentwicklung und Lebensberatung, ist das Wesentliche einer medialen Sitzung nicht irgendeine Zukunftsvorhersage, sondern der Kontakt mit der geistigen Welt, mit verstorbenen Freunden und Angehörigen. Durch die „feineren" Energien aus jener Welt werden heilsame Prozesse in unserem eigenen Energiefeld eingeleitet, was Rückwirkung auf unser Leben hat. Medialität verändert unsere Vorstellung vom Leben und vom Tod. Der Geistheiler Tom Johanson hat auf die Frage, was er tun würde, wenn er wüsste, dass er morgen sterben wird, einmal geantwortet:

„Ich glaube nicht, dass ich überhaupt irgendetwas tun würde, denn für mich ist der Tod eine natürliche Angelegenheit. Es ist, wie wenn ich mir sage: Ich schlafe heute Abend ein, aber ich weiß, dass ich morgen früh aufwache. Tod ist die größte Illusion in jeder Religion, denn in Wahrheit kann nichts sterben. Jesus sagte: „Es gab niemals eine Zeit, in der Du nicht warst. Sogar bevor die Welt überhaupt entstanden ist, weiltest Du mit deinem göttlichen Vater im Himmel." Nichts kann erschaffen werden. Hast Du schon festgestellt, dass der Mensch an sich nicht fähig ist, irgendetwas wirklich neu zu erschaffen? Alles, was der Mensch kann, ist transformieren oder umwandeln. Wir haben von Wissenschaftlern gehört, dass sie neues Leben im Labor kreiert haben. Das ist totaler Unsinn. Alles, was sie da getan haben, sie haben Leben genährt. Denn was brauchen sie dafür? Sie brauchen immer zuerst ein „Ausgangsmaterial", den Samen und die Eizelle. Sie können das nicht herstellen. Die „prima materia" muß da sein. Um einen Grashalm herzustellen, braucht der Laborant zuerst den Samen. Er kann das nicht künstlich herstellen. Ein Schreiner kann keinen Tisch an sich erzeugen, er braucht dafür zuerst das Holz. Und bevor er Baum und Holz hat, muß er den Samen dafür haben. Du siehst also, alles ist eigentlich schon da, ist schon vorbereitet. Es kann also nichts neu erschaffen werden, folglich kann auch nichts zerstört werden oder sterben."

(Interview aus „Mediale Welten" Heft 7 2004 Mediale Welten Verlag, Offenburg)

Die Beschäftigung mit der anderen Wirklichkeit, der Medialität, bringt ein erweitertes Denken und eine erweiterte Fähigkeit zur Kommunikation. Die Isolierung des einzelnen Ich wird dadurch aufgehoben, die Trennung verschwindet und Vertrauen in die Ewigkeit des Lebens kann einziehen.
Es ist sehr tröstlich zu wissen, dass man mit allen Wesen, mit denen man in Liebe verbunden ist, stets eine innere Verbindung hat und sie wiedersehen wird im Jenseits. Ich durfte diese wunderbare Wahrheit bei einer medialen Sitzung ganz eindrücklich miterleben. Unsere Freundin und Lehrerin Mary Duffy gab einer Dame eine Sitzung, die gerade unter tragischen Umständen ihren Mann verloren hatte. Sie kam pünktlich zur festgesetzten Zeit und brachte einen Jagdhund mit, der sich ziemlich ungebärdig aufführte. Sie entschuldigte sich, aber sie könne den Hund, ein treuer Jagdgefährte ihres Mannes, nicht zu Hause lassen. Seit dem Tod ihres Mannes sei er wie verändert und würde, alleingelassen, die Wohnung zerlegen. Mary hatte nichts dagegen, dass sie den Hund mit in den Sitzungsraum nahm. Die Sitzung begann und Mary eröffnete die Sitzung mit ihrer Wahrnehmung: „Ich sehe im Moment einen Herrn durch die Tür hier kommen, der sieht so und so aus …“ In dem Moment, als Mary den Herrn beschrieb, riss sich der Hund von der Leine los, sprang freudig bellend auf die Tür zu und dort in die Luft. Die Dame war vollkommen überrascht und teilte Mary mit, dass er auf genau diese Weise immer sein Herrchen begrüßt habe, wenn dieser nach Hause kam. Wir waren tief gerührt. Während der Sitzung lag der Hund zu Füßen seines unsichtbar anwesenden Herrn. Mit Beendigung der Sitzung, als Mary den Verstorbenen wieder durch die Tür verschwinden sah, sprang der Hund auf, um seinem Herrchen hinterher zu eilen und blieb unruhig bellend an der Tür zurück. Ein Wink des Verstorbenen stellte ihn ruhig. Einige Zeit später teilte uns die Dame mit, dass sich das Verhalten des Hundes nach der Sitzung wieder völlig normalisiert hätte. Ich war tief ergriffen von diesem eindrücklichen Erlebnis und es war ein großes Geschenk für mich aus der geistigen Welt und ich denke, die Dame empfand das auf die gleiche Weise.

Noch einen weiteren Aspekt kann uns die Medialität besser verständlich machen, nämlich unsere Angst vor dem Gericht und der Hölle. Jeder Mensch nimmt sein Denken und Fühlen, all seine wichtigen Erinnerungen mit in das andere Leben. Keiner wird automatisch zum Engel, wenn er stirbt. Es gibt einen Transformationsprozess, ein Umdenken, durch die Rückschau auf das eigene Leben, nun aber unter dem Einfluss des eigenen Seelenbewusstseins. Je stärker das Licht, desto deutlicher treten bekanntlich die Schatten hervor und das Seelenlicht ist sehr stark. Hat ein Mensch nun Dinge getan im Leben, die vor der Wahrheit des Seelenlichtes keinen Bestand haben, kann er durchaus eine Art „Höllenqual“ erleiden, allein durch die Erkenntnis und das Wissen, dass er das Rad seines Lebens nicht zurückdrehen kann. Schon aus dem jetzigen Leben wissen wir, dass wir unsere schärfsten, unerbittlichsten Kritiker sind. Ich denke, dass man sich auf diese Weise eine Vorstellung von der „Höllenqual“ machen kann, wobei die dazugehörigen eigenen Gefühls- und Gedankenkomplexe ja sehr real in der anderen Welt sind und so auch durchaus eine Form von Dämonen annehmen können, je nach Vorstellungswelt des jeweiligen Menschen. Aber immer gilt es deutlich zu machen, dass es unsere eigenen erschaffenen Bilder oder Kreaturen sind, denen wir begegnen, denn die Hölle ist kein Ort, sondern ein Bewusstseinszustand. Es gibt das Schlechte oder Teuflische in der Welt, das ist keine Frage, aber das ist keine Person oder Gestalt an sich. Das „Schlechte“ ist ein morphogenetisches Feld, erzeugt und genährt durch alle schlechten Gedanken, Gefühle und Taten, die Menschen je produziert haben und produzieren. Jeder von uns hat insofern teil an diesem Schatten der Menschheit, als er vergangene Leben gehabt hat, in denen er vielleicht nicht ethisch war und er nährt mit jeder schlechten Absicht auch heute noch dieses Feld. Diesen Schatten gilt es nicht zu bekriegen, sondern zu erlösen. Erlösen können wir nur etwas, wenn wir unseren Teil daran erkennen aus jenen Tagen unserer Entwicklung, als wir es noch nicht besser wussten. Aus diesem Grunde bezeichnete Jesus einen Übeltäter nicht als schlechten Menschen, sondern verglich ihn mit einem Blinden, der einfach das Wahre nicht sieht. Gehen wir auf der Straße und werden von jemandem angerempelt, so steigt in uns doch oft sofort Ärger hoch und wir wollen aufbrausen. Dann entdecken wir die Blindenarmbinde an diesem Menschen und sofort vergeht unser Ärger und wir helfen diesem Menschen, der uns zuvor umgestoßen hat. Nach den Worten von Jesus sind Menschen, die Übles wollen und tun, seelisch blinde Menschen. Im Übergang ins Jenseits sehen wir klar, die Blindheit ist von uns genommen, was nicht immer angenehm sein wird. Aber geht ein Mensch in die andere Welt ein, unterzieht er sich selbst seiner Transformation, so erhält er Unterstützung von Freunden und hilfreichen Wesen in der Geisteswelt. Er ist in diesem Prozess des Erkennens seines Lebens nicht allein. Das bedeutet auch, dass dieser Mensch sein Leben im Rückblick anders sieht und damit auch zu einem anderen wird. Dies ist überaus wichtig zu verstehen für die Hinterbliebenen, die den Verstorbenen ja meist als Vergangenheit im Gedächtnis behalten. Mancher möchte mit einem Verstorbenen nichts mehr zu tun haben, da sich unangenehme oder sogar böse Erinnerungen mit ihm verbinden. Nicht selten habe ich erlebt, dass gerade auch solche Verstorbenen bei einer medialen Sitzung durchkommen, zunächst oft zum Erschrecken des Klienten. Der Verstorbene kommt zurück, um sich zu entschuldigen und seine Hilfe anzubieten. Das ist ein Werk der Versöhnung über alle Grenzen hinweg. Die meisten Klienten können das annehmen und erfahren selbst dabei eine Befreiung und oftmals fließen Tränen. Dies kann ein wichtiger Schritt im Bewusstwerden des eigenen Lebens sein. Wir singen zwar das herrliche Lied „Die Gedanken sind frei", aber in Wirklichkeit sind unsere Gedanken oftmals unsere furchtbarsten Kerkermeister. Versöhnung, Brückenschlag, Bewusstwerdung und Heilung sind Aufgabe der Medialität. Damit entwickelt sich auch ein anderes Verständnis über Leben und Tod, über Schuld und Sühne.

Die Voraussetzungen für Medialität sind:

- Glauben an das göttliche Wirken
- Wissen um die Einheit, dass jede Trennung Illusion ist
- Spirituelles Erwachen und Berufung
- Innere Harmonie
- Ein waches Seelenbewusstsein
- Die Fähigkeit, seine Persönlichkeit zurücknehmen zu können
- Die Fähigkeit zu dienen

7.3
Sterben aus medialer Sicht

Die beste Lehrmeisterin ist die Natur. Kulturen wie in Tibet, Indien und Ägypten, die sich mit dem Sterben aus spiritueller und medialer Sicht befasst haben, erkannten im Sterbeprozess ein Naturgesetz: Indem ein Lebewesen seinen Körper abgibt, verstrahlt es sich. Jeder Herbst führt uns das vor Augen.

Auf der Abbildung sehen wir den Sterbeprozess der Ahornblätter. Zwischen dem grünen, saftigen und dem vertrockneten Zustand flammt das Blatt in feurigen Farben auf. Alle materielle Substanz wird in einem letzten Aufblühen verbraucht.
Sind wir nicht fasziniert von den fast unwirklich wirkenden Farben? Gelb, Orange, Rot sind die Lichtfarben des Sterbens. Es offenbart sich eine ganz eigene Schönheit im Vergehen und Verebben. Je mehr der physische Leib aus unserer Wahrnehmung rückt und unbedeutender wird, umso strahlender flammen die Energiekörper eines Lebewesens auf.
Damit haben wir schon ein erstes Prinzip medialer Sichtweise beschrieben: Wir erkennen Zusammenhänge und sehen in einem Detail mehr als seine physische Erscheinung. So wie hier im großen Maßstab der Natur der Sterbeprozess identisch ist mit den Vorgängen bei uns Menschen. Innere und äußere Sinne müssen also zusammenarbeiten.

Was immer wir medial wahrnehmen, sind Schwingungen. Man kann sie in menschliche Formen, Symbole, Klänge und Töne oder in Farben umsetzen. Hier ist es einfacher, über Farben die Lichtwerdung eines Menschen beim Sterben zu beschreiben. Schauen wir uns zunächst das Energiefeld eines Menschen in seiner vollen Kraft an:

Die Aura des Menschen

Ein Mensch ist ein lebender Regenbogen, seine Farben vibrieren, bewegen sich dynamisch und strahlen intensiv. Dabei sind sie aber transparent. Malt man die Farben auf, entsteht natürlich ein statisches Bild. Dennoch sind die Bewegungen der Energien gut zu erkennen. Die Farben drücken auch immer einen Bezug zum Körper aus, denn der materielle und immaterielle Körper bilden eine Einheit.

Wenn sich nun ein Mensch anschickt, seinen physischen Leib abzulegen und zu verlassen, schwinden mehr und mehr die kräftigen Farben. Stattdessen wird das Licht immer heller.

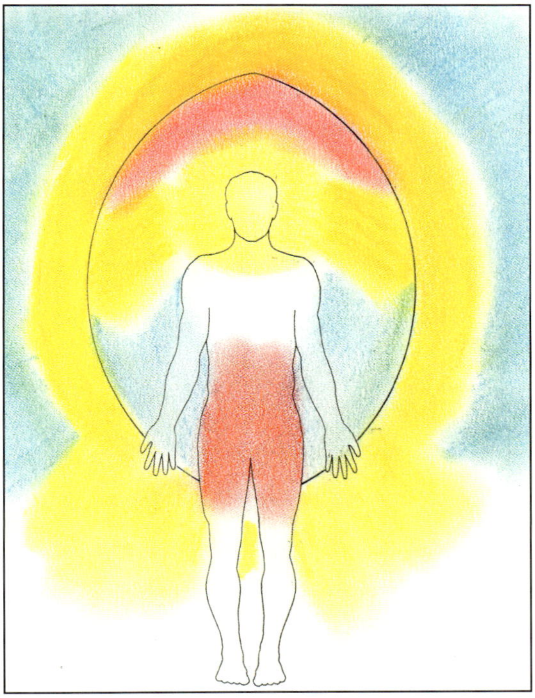

Beginn des Sterbens

Das Aurabild zeigt, wie sich das Energiefeld allmählich zusammenzieht und einzelne Farben noch intensiv strahlen.

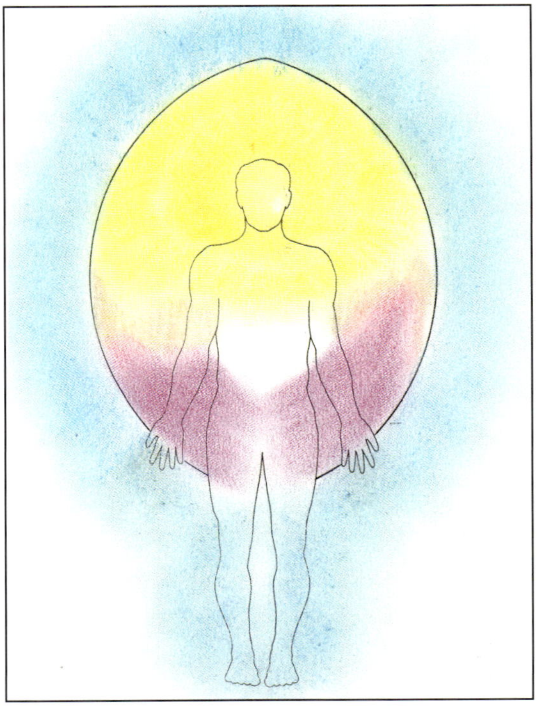

Während des Sterbeprozesses

Diese Abbildung zeigt dieselbe Patientin zwei Tage später. Die Farben werden blasser und schwingen langsamer. Das erscheint einem ganz normal, weil ja auch der Körper immer schwächer wird.

Doch dann folgt das letzte Aufblühen, ein unbeschreiblich helles strahlendes Licht, was sich im folgenden Aurabild durch das intensive Gelb kennzeichnet.

Loslösung vom Körper

„Der Tod geschieht von den Füßen zum Kopf. Das ist der gute, natürliche Tod", so sagen die Tibeter in ihren kleinen und großen „Büchern der Wandlung" (Bardo tödol). Vielleicht haben Sie auch schon mal eine altägyptische Darstellung des „Totengottes" Osiris gesehen. Er trägt eine Krone in der Form der letzten Abstrahlung wie auf der vorherigen Abbildung.

Wie schon erwähnt, ändert sich beim Sterbenden die Wahrnehmung in dem Maße, wie er den Körper verlässt. Er sieht Verstorbene ganz real; sie können sich ohne Raum- und Zeitbegrenzung bewegen. Das kann bisweilen Angst auslösen. In diesem Fall ist es wichtig, dass man als Begleiter versichert, dass dies möglich ist.

Ein beeindruckendes Beispiel erlebte ich bei einer Frau, die im Sterben lag und mich und meinen Heilerzirkel bat, zu ihr zu kommen. Obgleich sie sich viel mit spirituellen Themen in ihrem Leben befasst hatte, war doch das reale Erleben, Verstorbene wie Lebende sehen zu können überwältigend. Da sie sich davor fürchtete, wollte sie zusätzlich zur Heilenergie ein homöopathisches Mittel. Rosina Sonnenschmidt gab ihr Causticum. Das Aurabild dieses Heilmittels ist sehr aufschlussreich:

Auragraf des homöopathischen Mittels „Causticum“

Wir sehen im Hintergrund schemenhafte Gestalten und die Dominanz der blauen Farbe, die Körper und Psyche beruhigt. Darin zeigt sich, wie ähnlich der Zustand der Patientin und das Wesen der Arznei sind. Als die Patientin das Mittel nahm, sagte sie: „Ich sehe immer noch die Gestalten, aber sie flößen mir keine Angst mehr ein. Ich kann mich jetzt so gut entspannen.“

Wir können einem Sterbenden Trost von höchster Qualität spenden, wenn wir nicht auf seinen desolaten Körper schauen, sondern auf seine Lichtwerdung. Dann können wir ihn ermuntern, den Weg ins Licht ganz bewusst und aufrecht zu gehen, die Brücke in die andere Realität ohne Angst zu überschreiten. Wir müssen nicht hellsichtig dazu sein. Es reicht schon, es zu wissen und tief im Herzen zu vertrauen, dass die Natur immer das Beste für ihre Geschöpfe vorgesehen hat.

7.4
Die Erwerbung medialer Fähigkeiten

Jeder Mensch hat eine Grundbegabung, das heißt, einer der Hellsinne ist von Natur aus die Quelle seiner Intuition. Nun braucht es „nur" der Übung, auch die anderen Sinne dazu zu schalten und abrufbar einzusetzen. Ich habe zunächst einmal selber vor 23 Jahren zusammen mit Rosina Sonnenschmidt angefangen, meine medialen und heilerischen Kräfte zu schulen. Seit nunmehr 10 Jahren leiten wir unsere Medial- und Heilerschulung, die sehr sorgfältig die Gaben erweckt. Es würde den Rahmen dieses Buches sprengen, wollte ich jetzt detailliert auf die Inhalte der Schulung eingehen. Dazu haben wir das Buch „Moderne Medial- und Heilerschule" geschrieben.

Ich möchte ein paar prinzipielle Erkenntnisse im Zusammenhang mit der Buchthematik vermitteln.

Für uns ist wichtig, dass bei der Entfaltung der Hellsinne Außen- und Innenwelt immer in Verbindung bleiben. Das bedeutet, dass die Schulung jeglicher inneren Fähigkeiten stets mit Selbsterkenntnis und Spiritualität einhergeht. Wir haben daher die Medial- und Heilerschulung in drei Stufen eingerichtet:

1. Stufe: Die Schulung der Sensitivität und Kreativität, führt in die Weite und Fülle des eigenen Seins und verstärkt die Selbsterkenntnis.
2. Stufe: Die spirituelle Schulung ermöglicht den Kontakt mit den eigenen Seelenkräften und führt in eine erweiterte, kosmische Sicht von Leben.
3. Stufe: Die eigene Seele ist die Brücke zur geistigen Welt und macht Medialität möglich.

Nach unserer Erkenntnis ist die Sensitivität oder Intuition, die jeder Mensch besitzt und in hohem Maße entwickeln kann, die Vorstufe zur Medialität. Hiermit ist allerdings die geschulte Sensitivität gemeint, die sich deutlich von der „natürlichen Sensitivität" abhebt. Medialität arbeitet mit denselben „Techniken" wie die Sensitivität, aber bewegt sich auf einer höheren Ebene des Bewusstseins. Die geistige Welt darf für ein Medium keine Sache des Glaubens, sondern muss Wirklichkeit geworden sein. Für einen Sensitiven ist eine solche Erfahrung für den Erfolg seiner Arbeit nicht wirklich ausschlaggebend.

Er muss keinen Kontakt zum Jenseits haben, muss nicht an das „Göttliche" glauben und muss auch keine Erfahrung gemacht haben, dass es ein Weiterleben nach dem Tod gibt. Für ein Medium sind dies aber unabdingbare Voraussetzungen. Aus diesem Grunde schulen wir zunächst die Sensitivität durch viele Übungen für die verschiedenen Energieebenen, während die Medialität dann in unserer Spirituellen Schulung ausreift. Der Sensitive kann über kontinuierliche Arbeit und ein gutes Training seine Hellsinne sehr weit entwickeln und auch selbst bestimmen, ob und wie er diese einsetzt. Begibt sich der Sensitive gleichzeitig auf einen spirituellen Pfad, kann es sein, dass irgendwann ein Kontakt zur geistigen Welt entsteht. Diese prüft den Sensitiven auf seine Eignung, bevor sie ihn zur Arbeit und als Medium beruft. Sie bestimmt auch die Art seiner Arbeitsweise und das Feld seines Dienens. Innerhalb der Sensitivität kann ich sagen, ich möchte hellsichtig arbeiten. Dann kann ich über Üben, Ausdauer und Begeisterung eine ganze Menge in diese Richtung tun und Erfolg haben. Ich mag als Sensitiver sehr hellsichtig sein und es kann trotzdem sein, dass die geistige Welt bei meiner Berufung zum Medium sich entschließt, mich zum Beispiel als Heiler einzusetzen. Das mag seine Gründe vielleicht in der aktuellen Not der Welt haben oder auch in Gründen, die für den Verstand nicht einsichtig sind. Als Medium gehe ich aber den von der geistigen Welt vorgegebenen Weg und mein Ego, das nach Erfolg in der äußeren Welt strebt, wird sich nicht einmischen dürfen. Das erfordert schon viel Einsicht, Demut, Hingabe, Selbsterkenntnis, Bescheidenheit und absolutes Vertrauen in die geistige Welt. Man kann also sagen, dass die Sensitivität viel mehr in der irdischen Welt, die Medialität aber in der geistigen zu Hause ist. Daraus leitet sich die Unterschiedlichkeit ab, die ich in nachfolgender Tabelle zusammengestellt habe.

Geschulte Sensitivität	**Medialität**
Natürlich, aber trainiert	Spirituell
persönliche Begabung und Fähigkeiten, selbstbestimmt, persönliche Ausstrahlung, Beruf	Berufung; von der geistigen Welt bestimmt; die Fähigkeit des Egos, jederzeit zurückzutreten, sozusagen „unpersönlich" zu werden, Dienst
Irdische Welt	Geistige Welt
Richtet sich zum Beispiel auf Potenziale des Klienten	Richtet sich auf den Kontakt zur geistigen Welt

Geschulte Sensitivität	**Medialität**
Bietet handfeste, praktische Informationen für das irdische Leben	Möchte das Bewusstsein eines Menschen ansprechen
Gibt Antworten auf Fragen und Nöte des Klienten	Gibt das weiter, was geistige Wesen/Jenseitige durchgeben möchten
Beruht auf persönlicher Leistung und kann somit leichter finanziell abgerechnet werden.	Ist eine Teamarbeit mit den geistigen Wesen. Ist ein spiritueller Dienst, weshalb die traditionellen Medien meist nur innerhalb der Kirche und ohne wirkliches Honorar arbeiten.
Hilft einem Klienten, sich selbst und sein Umfeld besser zu erkennen, zu verstehen und auch mit seinen Energien umzugehen. Kann zum „Spiegel" des Klienten werden.	Baut eine Brücke zwischen Ich und Seele, zwischen Lebenden und Verstorbenen, zwischen Schüler und Geisthelfer. Wird zum „Spiegel" der geistigen Welt.
Möchte das persönliche Leben und auch den Tod verständlich machen und Erkenntnis verweitern	Möchte die Einheit des Lebens, die Wirklichkeit des Göttlichen erfahrbar machen

Medialität bedeutet ein erweitertes Feld des Dienens. Ein Medium kann in den großen Lebenskrisen und Lebensfragen Trost geben und Orientierung sein, da es um Leben und Sterben weiß und aus einer spirituellen Reife heraus arbeitet. Gerade das Geistige Heilen, ein wichtiger Bereich der Medialität, kann unter Mithilfe geistiger Helfer eine echte Hilfe in schwierigsten Lebensphasen sein. Daher ist die Medialität auch eine ideale Möglichkeit, Lebende wie Sterbende auf ihrem Weg zu begleiten.

7.5 Die spirituelle Grundlage der Medialität

Bei dem Begriff „Spiritualität" denken wir in der Regel sofort an religionsphilosophisch ausgerichtete Meditationsarten, Disziplin oder gar Askese. Das ist jedoch der zweite Schritt vor dem ersten. Zweifellos muss ein Medium in seinem Bewusstsein spirituell ausgerichtet sein, was ein Sensitiver durchaus nicht sein muss. Wie wir eingangs hörten, dient die gründliche Schulung der Sensitivität und der Heilergaben als nötige Basis für die Medialität. Das ist aber nicht alles. Damit wir in tiefere oder höhere Dimensionen dringen können, brauchen wir ein ganzheitliches Menschen- und Weltbild, das wir in uns tragen und das uns sozusagen durch „dick und dünn" trägt, vor allem in unerwarteten Lebenssituationen. Es muss unser ganzes Bewusstsein ausfüllen.

Ein ganzheitliches Menschenbild, um damit zu beginnen, entsteht durch ein kreisförmiges, zyklisches Bewusstsein. Leben und Sterben nicht als nacheinander folgende Seinszustände, sondern als gleichzeitige Seinsformen zu begreifen, verhilft uns zu einer ganzheitlichen Schau. In einer zyklischen Sicht des Lebens gibt es keine Konstante. Alles ist steter Wandel und stete Verwandlung. Die größte Verwandlung, deren wir Menschen bewusst innewerden können, ist das Verlassen des physischen Leibes im Exkarnationsprozess. Sich mit dem Tod zu befassen, ist für die Medialität unabdingbar, weil wir uns von der Vorstellung von Endlichkeit befreien müssen. Die Vorstellung, der Tod sei das Ende von etwas und das Leben der Beginn von etwas, erschafft genau das, was die mediale Arbeit lähmt: die Angst vor dem Leben und die Angst vor dem Tod. Deshalb reicht es nicht, an ein Jenseits zu glauben.

Zunächst lernt das Medium, an das Leben zu glauben, sein Leben, einerlei wie es sich gestaltet, voll und ganz anzunehmen, seinen Platz im Alltag auszufüllen und durch diesen „Lehrmeister" zu erfahren, dass alles Wandel und Verwandlung ist. Dies im Leben zu erfahren und zu verwirklichen bedeutet, eine Tugend zu entfalten, die uns Menschen enorm schwer fällt, das Loslassen von Vergangenem, das Loslassen der Sorge um Zukünftiges. Wenn wir lernen, nichts festzuhalten, leben wir mehr im Jetzt und vertrauen wir auf den Lebensfluss. Schritt für Schritt wird die Durchlässigkeit der verschiedenen Seinsebenen und Zeitebenen größer, was uns dazu verhilft, jederzeit „reisefertig" zu sein, um in die „Große Verwandlung", die wir Tod nennen, einzugehen. Das heißt aber beileibe nicht, des Lebens überdrüssig zu sein. Ganz im Gegenteil! Das Leben in seiner Fülle anzunehmen und dennoch bereit zu sein, es loszulassen, wenn es soweit ist, ist hier gemeint. Das erfordert tägliches Üben in den unauffälligen Dingen des Alltags. Diesen Bewusstwerdungsprozess können wir nur bedingt durch den Intellekt steuern oder durch das Lesen von entsprechender Literatur. Nicht die Texte erschließen einem das spirituelle Bewusstsein, sondern das spirituelle oder ganzheitliche Bewusstsein erschließt einem die Texte. Gleichwohl ist es sinnvoll, sich durch Literatur inspirieren zu lassen, aber ohne eigene Erfahrung bleibt alles Lesen im Intellekt gefangen und der Intellekt kann nur linear denken, nicht zyklisch.

Wir sehen also, die Medialität ist in eine Bewusstwerdung von Wandlungsprozessen gebettet, die Leben und Sterben beinhalten. Diese Bewusstwerdung ist spiritueller Natur und völlig unabhängig von einer Religionsphilosophie.

Für alle, die den Weg nach der Sensitivitäts- und Heilerschulung weitergehen und ihre medialen Gaben entwickeln wollen, gilt es viele Zusammenhänge zu verstehen, damit sich der innere Horizont weitet. Wichtig ist in der Tat, dass Leben und Sterben ebenbürtig betrachtet werden, denn später wollen wir uns als Medium in einer Dimension ohne Existenz von Gegensätzen bewegen.

7.6
Beispiele aus der Praxis

Wer jemanden im Sterbeprozess begleitet, wird immer spüren, was im Augenblick richtig ist. Es gibt keine Techniken zu erwerben oder Spezialwissen. Im Sterbeprozess begegnen wir uns als Menschen auf intimste spirituelle Weise. Jeder macht einen Quantensprung in seinem Bewusstsein: Der Sterbende, weil er vielleicht zum ersten Mal in seinem Leben seiner Lichtnatur innewird, der Begleiter, weil er vielleicht zum ersten Mal spürt, dass etwas Großartiges, Unnennbares mit ihm geschieht. Jeder macht auf seine Weise einen Wandel durch.

Wenn wir mehr verstehen wollen, müssen wir die Gesetzmäßigkeiten der Geburt in die körperlose Dimension genauso studieren wie die Geburt eines Menschen in unsere Welt hinein. Inkarnation und Exkarnation gehorchen denselben Naturgesetzen.
Die Krönung ist zweifellos, mit den Hellsinnen den Sterbeprozess zu durchschauen und die Möglichkeiten des Geistigen Heilens in der Begleitung Sterbender einzusetzen.

Über die wesentlichen Grundlagen des Geistigen Heilens, auch über die Arbeit in Heilerzirkeln, habe ich schon ganz ausführlich in meinem Buch „Geistiges Heilen" geschrieben, so dass ich auf dieses verweisen möchte. Das geistige Heilen bietet einem gute Möglichkeit, ein sterbendes Wesen, sei es Mensch oder Tier, wie auch seine Angehörigen zu begleiten. Das Heilen wirkt beruhigend und unterstützt den Einfluss der Seelenenergie, so dass die Ablösung erleichtert wird. Den Angehörigen kann es helfen, ihren Blick mehr auf den Geist zu richten, als auf das körperliche Geschehen. Ihre Gefühle können eine Beruhigung erfahren und Zweifel am Leben im Angesicht des Todes können zerstreut werden.

In unserer Ausbildung zur Medialität und zum Geistigen Heilen spielt die Zirkelarbeit, also die Arbeit in einer festen Gruppe, eine ganz wesentliche Rolle. Ein Zirkel ist eine feste Gemeinschaft von Menschen, die sich der spirituellen Arbeit in bestimmter Weise widmen. Ein Zirkel kann aus der Ferne heilend an einen Kranken seine Energie senden oder auch persönlich anwesend sein. Wir haben mit unserem Zirkel schon beide Fälle erleben dürfen, was ein großes Geschenk für alle war und ist. Häufiger ist natürlich die Bitte um Fernheilung, da man nicht immer vor Ort sein kann und oftmals auch nur einzelne Angehörige einen Zugang dazu haben. Unser Zirkel hat vielfaches Feedback erhalten, wie sich die heilende Wirkung entfaltet hat. Gerade bei langem Todeskampf, zum Beispiel auch über einen Zustand des Komas, hat die Heilkraft Entscheidungen im ganzen Feld herbeigeführt, die ein Loslassen dann möglich machten. Ist ein Zirkel sehr sensitiv oder gar medial, so kommen oftmals auch Informationen durch, was der Grund für ein zu langes Verharren in einem ungelösten Zustand sein kann. Das können Dinge sein, die der Sterbende noch zu erledigen wünscht, bevor er befreit gehen kann. Es leuchtet ein, dass für diese Art der Sterbebegleitung ein stabiles Energiefeld nötig ist, das nur erreicht wird, wenn eine Gruppe bzw. ein Zirkel einige Jahre regelmäßig zusammen gearbeitet hat.

Atemstillstand bei einem Neugeborenen

Es geht uns allen sehr nahe, wenn ein Kind geboren wurde und anscheinend schon wieder die Welt verlassen will. So geschah es bei einem Ehepaar, das sich viele Jahre lang ein Kind ersehnte. Dann wurde die Frau unverhofft schwanger, durchlief die Schwangerschaft ohne Komplikationen und gebar im Krankenhaus einen Jungen. Man kann sich die große Freude vorstellen. Als nun der Vater überglücklich seinen Sohn im Arm hatte und ihn der Mutter überreichen wollte, hörte das Kind plötzlich auf zu atmen. In Windeseile wurde der Junge an eine Beatmungsmaschine angeschlossen. So hing er bereits eine Woche an der künstlichen Lunge, als an einem Dienstagabend ein Verwandter zu Besuch kam und den Eindruck hatte, das Kind liege im Sterben. Er erinnerte sich, dass wir dienstags unseren Zirkel abhalten. Er rief am Abend an und bat uns, den Kleinen im Sterben zu begleiten. Den Eltern hatte er nichts gesagt, weil sie Angst vor intuitiven Kräften hatten und in ihrem engen katholischen Glaubensbild alles für Teufelei hielten, was dem Verstand widersprach. Wir vereinbarten mit dem Verwandten, dass er von 20 – 21.30 Uhr im Krankenhaus bei dem Kind bleiben, am Morgen es wieder besuchen und er uns dann Bescheid geben solle.

Wir saßen im Zirkel, 560 km entfernt, stimmten uns auf das neugeborene Kind ein und empfingen zunächst einmal unklare Bilder mit der Botschaft, dass es im Unklaren sei, ob es leben oder sterben wolle. Wir „scannten" den Körper und sahen, dass die Lungen zwar etwas schwach waren, aber voll funktionsfähig. Folglich sandten wir dem Knäblein Mut und Zuversicht, das gewählte Leben voll und ganz anzunehmen, seinen Eltern zu danken, dass es diese Welt erleben

darf. Wir hüllten ihn in orangefarbenes Licht ein und beendeten die Fernheilung mit der Überzeugung, dass Sterben nicht angesagt sei.
Am nächsten Morgen rief der Verwandte an und bestätigte, dass schon am frühen Morgen beim Schichtwechsel die Kinderschwester feststellte, dass der Junge selbstständig atmete. Das Atemgerät wurde abgestellt, der Junge noch einen Tag zur Beobachtung dabehalten und schließlich den glücklichen Eltern mitgegeben. Sie glaubten an ein Wunder und dankten Gott dafür.

Der Verwandte erzählte erst nach acht Monaten von unserer Fernheilung, weil er sehen wollte, ob der Junge stabil bleibt. Heute ist er fünf Jahre alt und hat sich völlig normal entwickelt.

Der sanfte Abschied

Eine völlig verzweifelte Dame rief uns an wegen ihres Mannes, der schwer krebskrank sei, im Rollstuhl sitze und in jedem unbewachten Augenblick versuche, sich mit einem scharfen Gegenstand wie Messer oder Schere das Leben zu nehmen. Der Mann war 82 Jahre alt. Sein Problem war, dass er den Tod herbeiwünschte und des Lebens überdrüssig war. Er sah keinen Sinn mehr im Leben und rastete immer wieder aus, stieß Frau, Kinder und Enkel wütend von sich. Die Familie war ratlos. Nun bat die Frau um Hilfe; sie hatte das Buch „Exkarnation – der große Wandel" gelesen und wollte wissen, in welcher Sterbephase sich ihr Mann befinde. Außerdem bat sie um eine Sterbebegleitung aus der Ferne.

Als erstes verordnete Rosina Sonnenschmidt das homöopathische Mittel Arsenicum album und Blaulichtbestrahlung. Das tat sofort seine Wirkung, indem der Mann ruhiger wurde und aufhörte zu randalieren. Als zweites sandten wir ihm im Zirkel Kraft und Harmonie, um die Zeit zu nutzen, mit sich ins Reine zu kommen. Zwei Dienstagabende saßen wir etwa 15 Minuten für diesen Patienten. Die Ehefrau berichtete, dass ihr Mann weniger Schmerzen habe und sich sehr um die erwachsenen Kinder und die drei Enkel bemühe. Er konnte bei vollem Bewusstsein mit allen sprechen. Am dritten Dienstagabend erschien bei uns im Zirkel ein sehr helles Licht, als wir gerade die Fernheilung mit dem Patienten beginnen wollten. Wir waren uns einig, dass die große Verwandlung stattfand und hatten das Gefühl von Frieden. Zwei Stunden später gegen 23 Uhr rief der Sohn an und berichtete, dass sein Vater alle Familienmitglieder an sein Bett gebeten, sich von jedem verabschiedet habe. Dann sei er mit einem Lächeln auf dem Gesicht eingeschlafen.

Die ganze Familie war glücklich trotz aller Trauer, weil sie zum ersten Mal das Mysterium der großen Verwandlung in allen Phasen erlebt hatte. Sie betrachteten das als Geschenk und sandten uns einen Dankesbrief. Wir begleiteten den Verstorbenen noch eine Weile mit der Botschaft, „drüben" alles zu lernen, was seine Seele brauche und stets den Pfad des Lichts zu wählen.

Der Vermisste

Eine ältere Dame kam mit dem Bild eines jungen Mannes, überreichte es mir mit der Bitte zu schauen, ob der Mann noch lebe. Sie sagte, das sei ihr Mann, der nach dem zweiten Weltkrieg in amerikanische Gefangenschaft geraten war. 1949 bekam sie die schriftliche Nachricht seiner Entlassung. Aber auf dem angegebenen Bahnhof kam er nie an. Alle Nachforschungen liefen ins Leere. Ihr Mann war und blieb verschollen, aber ihr Herz kam nicht zur Ruhe. Sie spürte intuitiv, dass es doch noch Spuren geben müsse.

Als ich das vergilbte Foto berührte, tauchte sofort ein zweites Foto auf mit einer Gruppe Menschen. Aus der Gruppe tönte der Namen „Sam" und es stach eine Person heraus, die wie ein amerikanischer Soldat aussah. Ich vernahm die Worte „Sam fragen". Dann sah ich eine Karawane alter Jeeps mit Männern beladen durch einen Wald fahren, dann folgte absolute Stille.

Wie zu erwarten, konnte die Klientin nicht sofort die Bilder verstehen, spürte aber, dass sie einen Hinweis auf den Verbleib ihres Mannes seien. Sie hatte zu Hause noch einen Karton mit alten Fotos. Eines davon identifizierte sie als das von mir wahrgenommene, denn es war darauf tatsächlich ein junger Soldat mit Bürstenschnitt zu sehen. Um ihn herum standen Gefangene. Die Klientin wandte sich an eine spezielle Vermisstenbehörde und ließ nach einem „Sam" nachforschen. Es gab deren viele, aber nur einer hatte einst eine Kolonne deutscher Gefangener unter sich. Nach einigen Monaten brachte die Klientin in Erfahrung, dass bei einem Gefangenentransport zum Zwecke der Entlassung einige Männer dennoch geflüchtet waren. Das entsprach dem Bild der Jeeps, die in den Wald fuhren. Die Klientin sagte, die große Stille am Ende dieser Wahrnehmung und Szenerie sei für sie ein Zeichen, dass ihr Mann einer der Flüchtlinge war und auf der Flucht umgekommen sei.

Wir sehen, bei dieser Sitzung blieb trotz aller Nachforschungen die Frage offen, ob der Mann noch lebte oder nicht. Was allein zählte, war der Trost, den die alte Dame aus der medialen Sitzung gewonnen hatte. Immerhin, so sagte sie, habe sie dadurch die Spur doch ein wenig weiter verfolgen können und sei sicher, ihr Mann habe aus dem Jenseits den Namen „Sam“ und das Foto als Wegweiser gesendet.

Zu diesem Beispiel ist zu sagen: Wir wissen nie, was auf einen Menschen heilend wirkt. Wir können nur unsere mediale Ratgebertätigkeit seriös und frei von persönlichen Einmischungen ausüben und sie in den Dienst einer höheren Instanz stellen. Dann fügt es sich, wie auch hier, dass ein Mensch getröstet und zuversichtlich aus der Sitzung hervorgeht.

Der verstorbene Sohn

Es kam ein Arzt, tief bekümmert über den Tod seines achtzehnjährigen Sohnes. Er machte sich Vorwürfe, die Vorzeichen der Suizidneigung nicht ernst genug genommen zu haben und litt so stark unter den Schuldgefühlen, dass er nicht mehr fähig war, seine große Praxis zu führen. Nun hatte seine Lebenssituation einen kritischen Punkt erreicht; er glaubte verrückt zu werden und in die Psychiatrie gehen zu müssen.

Er brachte den Abschiedsbrief seines Sohnes mit und gab ihn mir mit der Bitte, hineinzufühlen, ob sein Sohn „auf der anderen Seite“ bereit sei, ihm, dem Vater zu verzeihen. Außerdem hatte er die dringende Frage auf dem Herzen, wie es dem Sohn „drüben“ gehe.
Ich las weder den Brief, noch nahm ich ihn in die Hand, sondern ließ mir den Namen des Jungen laut nennen. Dann öffnete ich mich wie eine Röhre zum Vater auf der einen und zum Sohn auf der anderen Seite. Es kam ein Gesicht, das ich beschrieb und das der Vater als das des Sohnes identifizierte. Dann folgte die Szene einer fröhlichen Geburtstagsfeier, die offenbar dem Vater galt. Er bekam ein verpacktes Geschenk überreicht, das der Vater öffnete und erstaunt feststellte, dass der Karton leer war. Ich hörte ein Kichern. Die Szene wechselte zu einem laborähnlichen Raum. Dazu vernahm ich die Worte „Geh nur voran, mir geht es gut. Es war meine Zeit zu gehen. Dank an Vater und Mutter.“
Der Klient bestätigte die Wahrnehmungen. Sein Sohn war bis zum sechzehnten Lebensjahr ein lustiger Junge gewesen, der zum 40. Geburtstag des Vaters tatsächlich einen scheinbar leeren Karton als Geschenk überreicht hatte. Aber das Geschenk, eine Taucheruhr, war in einem Seitenstreifen des Kartons versteckt. Das Labor, so sagte der Arzt, sei ein Raum seiner Praxis, in den er sich oft zurückgezogen habe, wenn ihn Weinkrämpfe überkamen. Über die

Botschaft, dass es seinem Sohn gut gehe und dass kein Wort des Vorwurfs, sondern die fröhliche Szene der Geburtstagsfeier herüberkam, machte den Klienten überglücklich und tröstete ihn. Er rief mich eine Woche später an und sagte, er habe seine Praxisarbeit wieder aufgenommen, habe zwei Mal von seinem Sohn geträumt und komme allmählich wieder ins Lot.

Drei Dinge sind bei diesem Fallbeispiel typisch:
Die am meisten gestellte Frage derer, die einen Menschen verloren haben ist, wie es dem „drüben" gehe. Wir müssen aus eigener Erkenntnis sagen können, dass die Todesursache unsere irdische Dimension angeht und den Sterbenden nicht interessiert. Zum Zweiten sind unsere Ahnen, die hinter uns stehen, in der Regel daran interessiert, dass wir Lebenden unser Leben leben und nicht zu lange in der Trauer verharren. Sie haben weder einen Grund, uns zu beeinflussen oder Hiobsbotschaften mitzuteilen, noch uns zu ängstigen. Alles was wir Gruselndes oder Spektakuläres wahrnehmen, ist die Widerspiegelung unseres eigenen Unterbewusstseins. Es sind unsere belasteten Vorstellungen von Sterben und Tod, von Jenseits und Ahnen, die maßgeblich eine mediale Wahrnehmung eintrüben zu dem Horrorszenario von unerlösten Seelen oder okkulten Angriffen aus dem Jenseits.

Der dritte Punkt ist der, den wir immer wieder betonen müssen, weil sich unser Ego-Bewusstsein einschleicht: die Intention der medialen Sitzung. Das Medium muss die Bilder und Szenen selber nicht verstehen oder deuten, die es wahrnimmt. Sie müssen nur in einer verständlichen Sprache übermittelt werden. Es ist Aufgabe des Klienten, eine Rückmeldung zu geben. Was auch immer an Botschaft kommt, ob sie sofort vom Klienten verstanden wird oder nicht, sie sollte von einer positiven und erhöhten Energie getragen sein, so dass der Klient sich besser fühlt. Manchmal kann ein Klient erst im Nachhinein eine Rückmeldung geben und die Wahrnehmung des Mediums bestätigen.

8. Abschluss

Die Medialität bildet Chance und Zukunft für einen neuen Umgang mit den großen Fragen des Lebens. Viele Facetten des faszinierenden Unbekannten, was wir Leben nennen, haben wir gestreift und an dieser Stelle schließt sich das Buch vom Leben und Sterben. Am Schluss sollen noch einige Zitate genialer Menschen und großer Geister stehen, die uns Mut machen, das Leben als eine Einheit zu sehen. Das Wort „Leben" leitet sich aus der Bedeutung „das Währende, Bleibende, Beharrende" ab und dessen sollten wir uns wieder eingedenk sein. Die folgenden Zitate verstehen sich als Leitgedanken für die eigene Kontemplation und Meditation. Sie fordern uns auf, unsere eigene Definition von Leben zu finden und zu formulieren.

„Tod bedeutet lediglich eine Verwandlung des Seins oder, um es in einem alten Sinnbild zu sagen, ist das Verlassen des Kokons, damit die geflügelte Psyche oder Seele in ein reicheres, freieres Leben entweichen kann. Tod ist die Geburt des ätherischen Körpers in seine angestammte Welt und seine volle Entfaltung, nun nicht länger an die Begrenzungen der Materie gebunden."

Stanley de Brath

„Tod hat keine Macht, die unsterbliche Seele zu töten,
Denn, wenn ihr gegenwärtiger Körper einmal zu Staub zerfällt,
Sucht sie ein neues Heim sich und mit unveränderter Macht
Inspiriert sie eine andere Formhülle mit ihrem Leben und Licht."

Pythagoras

„Alles ist nichts anderes als Teile eines wunderbaren Ganzen,
Dessen Körper die Natur und Gott die Seele ist."

Alexander Pope

„Wenn wir sterben, werden wir entdecken,
Dass wir dann nicht unsere Träume verloren haben,
Sondern lediglich den Schlaf."

Jean Paul Richter

„Tod ist der Vorgang, in dem der Mensch zu seinem wahren Sein gelangt und von dem relativen Nicht-Sein befreit wird, in dem er ganz erscheint, was er ist. Tod ist Zurückführung auf das Wesentliche. Nach dem Tod ist er nur noch Er selbst."

Friedrich Wilhelm Joseph Schelling

„Der Körper ist nur der Vorhang des Geistes, ist so ähnlich dem Geist wie das Kleid dem Körper, ist sein Einband.
Es ist, als hätten die Menschen gar nicht den Mut, sich recht lebhaft als unsterblich zu denken: sonst genössen sie einen anderen Himmel auf Erden, als sie haben, nämlich den echten, das frohere Anschauen des Alters und des Todes, als des Abendrotes und des Mondscheins des nächsten Morgenlichts …"

Jean Paul

„Die unsichtbare Welt ist nicht nur Realität, sondern sie ist die einzige Realität; der Rest, der nicht metaphorisch ist, sondern sich in begrifflichen und wissenschaftlichen Normen ergeht, ist lediglich eine Theateraufführung."

Carlyle

„Der Leib eines jeden unterliegt dem mächtigen Tode. Die abgeschiedene Seele aber bleibt für uns lebendig; denn sie allein ist aus den Göttern."

Pindar

„Begrabt mich, wo ihr wollt, wenn ihr meiner habhaft werden könnt, aber sagt dann nur nicht, dass ihr den Sokrates begraben hättet, sondern saget, ihr hättet seinen Leib begraben."

Sokrates

„Der Tod unterbricht nur das Leben, er raubt es uns nicht, kommen wird ein Tag, der uns ins Licht zurückführt."

Seneca

„Die Seelen kennen keinen Tod;
so oft sie ihren Sitz verlassen,
nehmen sie neue Wohnungen."

Ovid

„Es ist schwer zu sagen, welches der Geburtstag ist, denn der Geburts-Tag in dieser Welt ist der Todes-Tag in einer anderen Welt; und der Geburtstag in der anderen Welt ist der Todestag in dieser."

Plotin

„Nimmer vergeht die Seele,
Vielmehr die frühere Wohnung
Tauscht sie mit neuem Sitz
Und lebet und wirket in diesem.
Alles wechselt, doch nichts geht unter."

Giordano Bruno

„Jeder Mensch ist auch, während er noch im Körper lebt, hinsichtlich seines Geistes von Geistern umgeben, wiewohl er nichts davon weiß."

Emanuel Swedenborg

„Wie Gras auf dem Felde sind Menschen dahin wie Blätter. Nur wenige Tage gehen wir verkleidet einher. Der Adler besuchet die Erde, doch säumt nicht, schüttelt vom Flügel den Staub und kehret zur Sonne zurück."

Matthias Claudius

„Was geboren ward, muß sterben:
Was da stirbt, wird neu geboren.
Mensch, du weißt nicht, was du warest.
Was du jetzt bist, lerne kennen,
Und erwarte, was du sein wirst."

Johann Gottfried Herder

„Der Tod ist nicht die absolute Aufhebung des Lebens, sondern eine Befreiung der Hindernisse eines vollständigen Lebens."

„Der Anfang des Lebens ist die Geburt, diese ist aber nicht der Anfang des Lebens der Seele, sondern des Menschen. Das Ende des Lebens ist der Tod, dieser aber ist nicht das Ende des Lebens der Seele, sondern des Menschen."

Immanuel Kant

„Was euch Tod scheint, ist eine Reife für ein höheres Leben."

Johann Gottlieb Fichte

„Wer hier nicht zur Vollendung gelangt, gelangt vielleicht drüben dahin oder muß eine abermalige irdische Laufbahn beginnen. Sollte es nicht auch drüben einen Tod geben, dessen Resultat irdische Geburt wäre?"

Novalis

„Wie alt? Ich bin so alt wie die Welt;
aber als Haus existiere ich erst dreißig Jahre."
Friedrich Hebbel

„Wie wir Träume in diesem Leben Tausende durchleben, so ist auch dieses unser Leben eins von den Tausenden der Leben, in die wir aus dem wirklicheren, realeren, wahreren Leben eintreten, aus dem wir beim Eintritt in dieses Leben kommen, und in das wir sterbend zurückkehren."
Leo Tolstoi

„So wenig ein Mensch je sterben kann, der einmal gelebt, so wenig könnte er zum Leben erwacht sein, hätte er nicht vorher gelebt."
Gustav Theodor Fechner

„Man findet sich zu der Ansicht gedrängt, für die eine streng wissenschaftliche Begründung so vieles andere spricht, dass neben dieser materiellen Welt noch eine andere, zweite, rein geistige Weltordnung existiert mit ebensoviel Mannigfaltigkeiten als die, in der wir leben. Ihrer sollten wir teilhaftig werden."
Karl Friedrich Gauss

„Der Tod ist eine Berührung durch die Seele, die für den Körper zu stark ist; er ist ein Ruf des Göttlichen, der keine abschlägige Antwort duldet; er ist die Stimme der Inneren Geistigen Identität, die da sagt: Kehre vorübergehend zu deinem Zentrum oder deiner Quelle zurück und denke über die gemachten Erfahrungen und erfassten Lehren nach, bis es Zeit wird, zu einem neuen Zyklus des Lernens, Fortschritts und der Bereicherung zur Erde zurückzukehren."

„Wiedererwachen (Auferstehung), nicht der Tod ist der Grundton der Natur; der Tod ist nur das Vorzimmer des Wiedererwachens."

„Und dann ertönt ein WORT. Der herabgestiegene, strahlende Lichtfunke steigt auf; er folgt dem schwach gehörten Ton, der ihn zurückruft und wird von seinem Urquell angezogen. Dies nennt der Mensch Tod und dies nennt die Seele Leben."

„Es ist möglich, den Tod am besten als Erfahrung anzusehen, die uns von der Illusion der Form befreit."
Alice A. Bailey

„Weder Naturwissenschaft noch Religion wußten, dass rundum und in dieser unserer Welt eine andere Welt existiert aus feinerer Materie, in die diejenigen, die sterben, unmittelbar eintreten in einem Ätherleib, der ebenso greifbar und genauso wirklich ist wie die physische Hülle, die zur Erde zurückkehrt, von der sie gekommen ist."

Arthur Findlay

Anhang

Die CD „Alpha Reisen“ und die Baumessenzen sind über www.mediale-welten.com zu beziehen.

Bibliographie

Exkarnation – der große Wandel, Rosina Sonnenschmidt, Verlag Homöopathie und Symbol, Berlin, 2001
Der Tod – das große Abenteuer, Alice A. Bailey, Association Lucis Trust, Genf, 1990
Eine Abhandlung über kosmisches Feuer, Alice A. Bailey, Lucis Verlag, Genf, 1951
Briefe über okkulte Meditation, Alice A. Bailey, Lucis Verlag Genf, 1973
Die Arbeiten des Herkules, Alice A. Bailey, Lucis Verlag, Genf, 1974
Spiritual Body und Celestial Earth, Henry Corbin, I.B. Tauris, London, 1990
Wo sind die Toten?, Erhard Bäzner, Theosophischer Kulturverlag, Leipzig, 1927
Die Heilige Urschrift der Menschheit, Herman Wirth, Neue Erde Verlag, 1997
Kosmische Zyklen, Alexander Ruperti, Verlag Hier & Jetzt, Hamburg, 1978
Der Schlüssel zum Tierkreis-Geheimnis, Hans Sterneder, Drei Eichen Verlag, München, 1956
Psychic Philosophy, Stanley de Brath, Spiritualists National Union, London, 1921
The secret of Death, William G. Gates, Psychic Book Club, London, 1944
Zeit, Marie Louise von Franz, Kösel Verlag, München 1992
Traum und Tod, Marie Louise von Franz, Walter Verlag, Zürich, 1999
Beweise für ein Leben nach dem Tod, Arthur Findlay, Verlag Hermann Bauer, Freiburg, 1991
Die Entwicklung der Seele im Lebenslauf, Rudolf Treichler, Verlag Freies Geistesleben, Stuttgart, 1981
Die Kunst des Teilens, Norbert Jürgen Schneider, Piper Verlag, München, 1991
Im Umkreis des Todes, Jaffe, Rohn, Franz, Daimon Verlag, Zürich, 1980
Der Mensch nach dem Tode, Theosophische Handbücher, J.Th. Heller Verlag, Nürnberg, 1907
Das Mysterium der Zahl, E. Diederichs Verlag, München, 1993
Jenseits, Johannes Hemleben, Rowohlt Verlag, Reinbek, 1975
Eranos Jahrbuch Bd.20, Rhein Verlag Zürich, 1952
Eranos Jahrbuch Bd.18, Rhein Verlag Zürich, 1950
Der verborgene Puls der Zeit, William Bryant, Vlg. Die Pforte, Dornach, 1997
Tier- und Pflanzenführer, BLV Verlag München, 1992
Vom Glück mit der Natur zu leben, Edith Holden, dtv Verlag, München 1979
Joseph Freiherr von Eichendorff, Sämtliche Werke Bd 1, Stauffacher Verlag, Zürich, 1965
„Wie es euch gefällt“, William Shakespeare, Reclam Verlag, Stuttgart, 1986

Harald Knauss studierte zunächst Musik und war als Solist und Kammermusiker international erfolgreich tätig. Er gründete das Musikfestival Hohenloher Kultursommer. Gleichzeitig absolvierte er eine Ausbildung in Kinesiologie und widmete sich vor allem der Therapie von Musikerproblemen. Er war über viele Jahre Ausbilder am IAK, dem in Europa größten Ausbildungszentrum für Kinesiologie. Die Begegnung mit dem englischen Geistheiler Tom Johanson ließ ihn seine mediale Begabung entdecken. Es folgte eine Zeit in England, wo Margaret Pearson, Gordon Higginson, Ron Buckle und Mary Duffy zu seinen Mentoren gehörten. Die Entwicklung medialer Fähigkeiten führt zwangsläufig zur Konfrontation mit der großen Frage des Seins: Was ist Leben, was ist Tod? In seiner medialen und heilerischen Arbeit begegnet Harald Knauss immer wieder ganz praktisch den Grenzsituationen, die das Leben bereithält. Das Motto seiner Arbeit orientiert sich an folgendem Ausspruch:

„Das Höchste, was wir als Medium erreichen können, ist,
dass wir Menschen dazu anregen können, mehr über sich herauszufinden.
Wir können nicht den Schmerz über einen Verlust wegnehmen,
aber wenn wir es schaffen, da Hoffnung zu geben, wo es vorher keine gab,
dann hat sich unsere Arbeit gelohnt."

Albert Best

Edition ElfenOhr – neu bei Mediale-Welten

Harald Knauss und Rosina Sonnenschmidt haben mit dieser Editionsreihe ein Forum für ihre unerschöpfliche Kreativität geschaffen. In dieser Reihe erscheinen schriftliche und auditive Werke, die ihre künstlerischen Inspirationen und die Vereinigung der Schönen Künste und der Heilkünste widerspiegeln. Das heilende poetische Wort hat hier genau so seinen Platz wie die Erkenntnisse aus ihrer medialen und heilerischen Arbeit und ihrer Schulung.

Harald Knauss, der Baumliebhaber, Vogelkundler, spirituelle Gartengestalter und Heiler hat den Zauber der Natur in seinen Geschichten eingefangen. Er öffnet die geheimen Tore zu den ätherischen Wesen, die hinter den Blumen, Gräsern, Steinen und Vögeln weben und beflügelt damit auch die Fantasie des Lesers. Bezaubernde Fotos aus dem eigenen Garten lassen den Künstler im Erzähler unverwechselbar erkennen. Bald wird dieses Kleinod auch als Hörbuch erscheinen!

Die einzigartige Medial- und Heilerschule im deutschsprachigen Raum wird hier klar, unterhaltsam und lehrreich in ihren wichtigsten Zügen dargestellt. Rosina Sonnenschmidt und Harald Knauss stehen für eine moderne Schulung der Medialität und haben damit schon viele Menschen frohgemut und lebenstüchtig gemacht. Das Buch eignet sich zum Einstieg, ist aufgrund des vermittelten Hintergrundwissens aber auch der ideale Begleiter zur Schulung. Die Botschaft „Sei kritisch, aber offen“ ist wohltuend und das Credo, einen freien Geist und innere Unabhängigkeit durch die Schulung der Medialität und des Geistigen Heilens anzustreben, zeitgemäß.

Kurse mit Harald Knauss und Dr. Rosina Sonnenschmidt

Moderne Medial- und Heilerschulung

Diese Kurse dienen dazu, die ganze Fülle der Potenziale und Fähigkeiten, die in jedem Menschen verborgen sind, zu entdecken und zu entwickeln. Grundlage dafür ist die Schulung der eigenen Wahrnehmungsfähigkeit, der Sensitivität. Dies erweitert den Lebenshorizont, das Bewusstsein und stärkt die heilenden Kräfte, was eine verstärkte Sinnfindung für das eigene Leben mit sich bringt. Die Ausbildung führt bis an die Schwelle zur Medialität heran, die durch eine nachfolgende spirituelle Schulung vertieft wird.

Kurse 1 und 2	Schulung der Sensitivität über alle Sinne und Entwicklung der Hellsinne
Kurs 3	Die Zirkelarbeit – Vertiefung der Arbeit im Team
Kurs 4	Schattenarbeit und erweiterte Lebenssicht
Kurs 5	Techniken der medialen Beratung
Kurs 6	Abschlussprüfung

Es besteht danach die Möglichkeit an unserer spirituellen Schulung teilzunehmen.

Inkarnation und Exkarnation

Alle zwei Jahre bieten wir einen speziellen Kurs zu diesem Thema an.
Im Mittelpunkt stehen die Themen aus diesem Buch und aus dem Werk „Exkarnation – der große Wandel" von R. Sonnenschmidt.

Die Welt der Baumenergien und weitere Kurse …

Infos: www.mediale-welten.com
Tagungs- und Kongressorganisation Markus Mayer
Gartenstr.7
79189 Bad Krozingen
Tel. 0 76 33 9 33 42 23
Fax 0 76 33 93 94 36
info@mediale-welten.com